非營利組織概論 _{增訂二版}

NPO

Introduction to
Non-profit Organizations

林淑馨——著

巨流圖書公司印行

國家圖書館出版品預行編目（CIP）資料

非營利組織概論／林淑馨著. -- 二版. -- 高
雄市：巨流，2016.06
面：　公分

ISBN 978-957-732-522-8（平裝）

1. 非營利組織　2. 組織管理

546.7　　　　　　　　　　　105008905

非營利組織概論

（增訂二版）

著　　　者 林淑馨
責 任 編 輯 邱仕弘
封 面 設 計 Lucas

發 　行 　人 楊曉華
總 　編 　輯 蔡國彬

出　　　版 巨流圖書股份有限公司
　　　　　　80252 高雄市苓雅區五福一路 57 號 2 樓之 2
　　　　　　電話：07-2265267
　　　　　　傳眞：07-2233073
　　　　　　e-mail: chuliu@liwen.com.tw
　　　　　　網址：http://www.liwen.com.tw

編 　輯 　部 10045 臺北市中正區重慶南路一段 57 號 10 樓之 12
　　　　　　電話：02-29222396
　　　　　　傳眞：02-29220464

劃 撥 帳 號 01002323 巨流圖書股份有限公司
購 書 專 線 07-2265267 轉 236

法 律 顧 問 林廷隆律師
　　　　　　電話：02-29658212

出版登記證 局版台業字第 1045 號

ISBN ／ 978-957-732-522-8（平裝）
二版一刷 · 2016 年 6 月
二版三刷 · 2019 年 8 月

定價：400 元

再版自序

　　沒想到五年這麼快就過去。五年來社會上發生許多事情，也面臨大大小小的災難。幸好政府與民間共同努力，才能克服與度過，這就是我們最珍貴的社會資產。當初寫這本書，原本是希望給非本科系的學生閱讀，希望透過較精簡的文字和多樣個案的介紹，引領學生認識非營利組織。但結果出乎意料之外，不但是本科系學生，連在職專班、實務界的反應都相當良好，認為書中有很多個案，讓大家很容易就進入非營利組織的世界。這真的是超出我的預期，也帶給我很多震撼，真的是「教學相長」。

　　因此，有機會再次修正本書時，除了訂正錯別字、刪除不必要的論述外，也將修正的重點放在實例的補充與更新，希望在不增加讀者過多的負擔下，又能很快瞭解我國現今非營利組織的發展現況與問題，因此，每一章幾乎都做了相當的補充。另外，有感於非營利組織通常處於較被動的管理心態，在本書中新增加一章「非營利組織與公共關係」，期望透過公共關係的概念介紹，喚起非營利組織重視外在環境的管理。

　　修正本書時，正值個人的教授休假期間。雖然人在日本，資料蒐集上較不容易，但因不用上課，也沒了日常的瑣事，而能專心修正。加上有靄伶、宛育、哲瑋、茹玫、宗穎和哲丞等多位優秀研究助理隨時應付我的需求，幫忙資料收集、掃描，以及協助文稿校正，才能使我在這麼短的時間內有效率地完成此書的修正。另外，感謝巨流出版社長期以來對此書的支持，以及台北大學所提供的良好研究環境，系上的同事與助教，相關研究領域的先進這些年來對我的提攜與鼓勵，都是促使我努力的主要因素，在此一併表示感謝。非營利組織的研究已經相當豐富多元，若是有所疏漏不周，敬請給予批評指正。

　　最後，依然感謝家人長期的鼓勵與支持，如果不是你們對我的工作與

研究給予充分的體諒與尊重，使我能無後顧之憂完全投入學術研究，應該
不會有此書的問世。當然，外子十多年來毫無怨言，默默的包容與守護著
我，也是我最應該感謝的人。當此書再版之際，這個喜悅還是最應與他和
家人共享。

林淑馨

2016.3.19

於日本青森

目 錄

第一篇

基礎概念篇

第 **1** 章

非營利組織的基礎概念

─────────────── 前言 ───────────────

　　1980 年代以後，非營利組織（nonprofit organization，簡稱 NPO）成為一股世界性潮流而逐漸引起眾人的注目。根據 Salamon 的分析，非營利組織之所以興起的時代背景可以歸納為「四大危機」和「二大革命」；所謂的「四大危機」分別是指：福利國家危機（高負擔）、開發的危機（南北差距）、環境的危機和社會主義的危機（官僚性分配而產生的無效率）。而「二大革命」則是指因通訊技術改善或新工具的開發而產生的通訊革命，以及因 1960 年代到 70 年代的經濟成長和都市中產階級的出現而發生於第三世界各國的（第二次）市民革命（Salamon, 1995）。

　　近年來，台灣的非營利組織如雨後春筍般蓬勃發展，尤其是在 921 大地震發生時，以慈濟為首的非營利組織發揮相當大的救援力量，同時也協助災後的重建，促使社會或政府開始正視非營利組織所扮演的角色和發揮的功能，進而引發一連串有關整合非營利組織研究的成果出現。然而，相較於美國，台灣的非營利組織研究仍可算是一個新興的領域，有許多方面亟待努力與充實。在現今的社會中，非營利組織在服務的提供上，扮演了不可或缺的角色，不僅提供人民參與社會事務的管道，還能滿足自我實現的需求，另一方面，更能夠有效彌補政府在面臨當今社會需求的多元卻力不從心之困境。所以，非營利組織蓬勃發展乃為社會力的展現，也代表著社會的多元與開放。

　　基於上述，為了增加讀者對非營利組織的基本認識，在本書第一章中首先釐清非營利組織的相關概念與功能；其次介紹非營利組織的興起背景；接著探討影響非營利組織發展的重要因素；最後整理非營利組織的理論基礎，以作為後續論述之基礎。

1-1 非營利組織的概念與功能

一、非營利組織的定義

　　在美國，非營利組織意指符合1954年的國家稅法（the 1954 Internal Revenue Code, IRC）501(c)為公共利益工作而給予免稅鼓勵的團體，其中包含有教育、宗教等（鄭怡世、張英陣，2001：4）。關於非營利組織一詞，目前國內研究引用最多者應屬 Salamon 之定義。根據 Salamon（1992：3-7）的定義，非營利組織的構成應具備有下列六項特點：

（一）正式的組織（formal）

　　意指非營利組織必須具有某種程度的制度化，若僅是暫時性、非正式性的民眾集合並不能稱為非營利組織；同時該組織必須得到政府法律的合法承認，並且有正式的組織章程、定期的會議以及規劃運作過程。

（二）私人性質（private）

　　意指非營利組織必須與政府機構有所區隔，並非隸屬於政府部門，亦非由政府官員所掌理。但這並不是代表非營利組織不能接受政府的特定支持，或是政府官員不能成為其董事，最主要的關鍵在於非營利組織的基本結構必須是民間組織。

（三）非營利且不得分配盈餘（non-profit-distributing）

　　意指非營利組織並非為組織擁有者獲取利益而存在，非營利組織雖可以獲取利益，但必須將所獲取之利益運用在組織宗旨限定的任務上，而非分配給組織成員，此乃是非營利組織與企業最大不同之處。

（四）自主管理（self-governing）

　　意指非營利組織具有能夠管理自身活動之能力，不受政府部門與企業部門等外部力量所影響。

（五）志願性質（voluntary）

意指非營利組織在組織行動與事務管理上，應有某種程度是由具有志願性質的志工來參與，但並不意味組織的多數員工都必須是志工。

（六）公益屬性（philanthropic）

意指非營利組織的成立或活動之目標，應具有公共利益的性質，並以服務公共為目的。

而另一位較常為其他非營利組織研究者所介紹的為 Wolf，其認為非營利組織具有六項特質（Wolf, 1999: 21）：

1. 必須具有公共服務的使命。
2. 必須組織是非營利或慈善的機構。
3. 其經營結構須排除私人利益或財物之獲得。
4. 經營享有合法免除政府稅收的優惠。
5. 須具有法律上的特別地位，捐助者或贊助者的捐款得列入免（減）稅範圍。
6. 為政府立案之合法組織，且接受相關法令規章規範管轄。

根據 Salamon 和 Wolf 的定義可知，非營利組織一詞或許缺乏統一的定義，但無論何者皆強調組織的公益和不以營利為目的之特質。此外，正式的民間組織與享有稅賦上的優惠也是非營利組織的重要構成要素。

另外，在台灣，非營利組織一詞經常和非政府組織（Non-Governmental Organization ；簡稱 NGO）混合使用，鮮少有明確的區隔。但若從組織關心的議題和服務供給的對象來看，這兩個名詞依然有顯著的差異。

一般而言，非政府組織所從事的活動通常是全球性的，且以公民為主體的海外協力、民間交流、環境保護、人權議題或是開發協助，強調有別於國家的非政府活動（林淑馨，2008：10），如國際上享有盛名的無國界醫師、紅十字會、綠色和平組織，以及我國的路竹會等都屬於非政府組

織。非政府組織強調國際性，組織活動需跨越國境，包括其組織成員、財政或活動範圍都不限於單一國家。相反地，非營利組織的活動範圍、組織成員與財務多以單一國家爲主，具有草根、在地的性質。大抵而言，非政府組織應可以包含非營利組織的特質，但非營利組織卻無法完全涵蓋非政府組織的特性。根據林淑馨（2008：391）的定義，「**非政府組織係指組織規模與運作範圍爲國際層次、跨國性，有非營利特質及超國家之一般性目標的永久性機構**」，由此可看出非營利組織和非政府組織在本質上的差別。

二、非營利組織的功能

關於非營利組織所扮演的社會功能，如參考學者 Kramer（1981：8-9）所言，應可以整理爲下列四項：

（一）開拓與創新的功能

非營利組織常因有豐富的創意與彈性，對社會變遷與大眾需求較爲敏銳，因而發展出新的因應策略，並從實際的行動中去實現組織目標，達成組織使命；例如董氏基金會爲國內最早推動菸害防治的非營利組織，致力於國內菸害防制工作規劃、教育宣導，並促成相關政策法案制定及監督執法。基金會於民國八十六年完成《菸害防制法》立法（歷經六年）；民國八十九年成功推動菸品開徵「健康福利捐」，政府開始有專款專用於菸害防制。

（二）改革與倡導的功能

非營利組織往往從社會各層面的實際參與中洞察社會脈動，並運用服務經驗所得資訊展開輿論與遊說，以促使政府改善或建立合乎需要的服務；如我國《兒童及少年福利法》即是由勵馨基金會推動而制定的兒童少年保護法規。

（三）價值維護的功能

　　非營利組織透過實際運作以有系統地激勵民眾對社會事務的關懷，並藉由各種方案的實施，提供人們人格教育與再社會化的機會，其中如人本文教基金會，即透過不同的管道與相關研究，來推動尊重學童的人權，反對體罰的價值觀念，這些均有助於正面價值觀之維護。

（四）服務提供的功能

　　非營利組織的出現彌補了政府因資源有限，無法充分保障到社會中所有人民之限制，而提供多元服務以滿足特定民眾，使其適時獲得需要的幫助，例如台灣兒童暨家庭扶助基金會，其服務涵蓋有對於貧困的兒童家庭進行扶助，或是對於受虐兒童進行保護，甚至對於發展遲緩兒童提供早期療育服務等皆是。

1-2 非營利組織的興起背景

　　在進入非營利組織的研究領域之前，需先瞭解非營利組織興起的時空背景。學者 Salamon（1995：255-261）將其主要歸納成為「四大危機」與「二大革命」，茲分述如下：

一、四大危機

（一）福利國家危機（the crisis of welfare state）

　　社會福利或福利國家的建構是現代國家用以預防或解決社會問題、實現社會正義、協助人民享有美滿生活的重要機制。因此，歐美國家於1940年代之後逐漸介入社會福利，甚至在 1960 年代達到高峰，成為福利國家的全盛時期。然而隨著時間以及全球政經情勢的發展，福利國家開始出現下列四項危機：

　　第一、1970 年以來的石油危機阻礙西方國家的經濟成長，使人們認為社會福利的支出，將會排擠個人對於生產資本與設備的投資；第二、愈來愈多人認為，政府已經負擔超載（overloaded），且變得過度專業化與官僚化，使得政府對於日益增多的需求與服務顯得分身乏術；第三、由於福利國家的理念導致政府所需提供的服務日益增加，而維持這些服務所需之經費已經超出人民願意承擔之範圍；第四、福利國家的理念不僅可能削弱人民進取的心態，更會增加人民對政府的依賴感，對於發展經濟帶來負面的影響。

　　因此，福利國家的政府開始逐步縮減福利支出，到了 1980 年代初期，由於先進國家出現財政危機，以及保守勢力的抬頭，因而使得具有彈性的非營利組織與家庭部門開始受到重視。

（二）發展危機（the crisis of development）

　　1970 年代的石油危機對於世界經濟發展造成負面的影響，包括薩哈拉沙漠區的非洲國家、西亞以及中南美洲等地的發展中國家都難以倖免。到了 1990 年，這種經濟衰退的情況不但未見好轉甚至更為嚴重，因此直至今日，全球大約仍有五分之一的人口生活在相當貧困的環境中。

　　上述情形使許多國家與學者開始反省並試圖找出解決之道，其中，「協助自立」（assisted self-reliance）或稱作「參與途徑」（participatory approach）的觀點乃因而產生。其認為要有效協助這些國家發展經濟，必須要善加運用人民的能力與熱忱。實證研究發現，若要推動經濟發展，僅依賴當地政府將有所困難且受限，因為政府由上而下科層體制的運作型態，不但使須議決的相關政策耗費時日，在解決民眾需求上也顯得緩不濟急。另外，就發展中國家而言，特別是在非洲，由於目前的政府多屬於外來政權，其政策是否能夠符合一般民眾需要也頗令人質疑，因此人民認為，藉由「參與途徑」推動經濟發展，其效率將較依賴政府為佳，而此種途徑多透過非營利組織加以執行，因而間接促成了非營利組織的發展。

（三）環境危機（the crisis of environment）

　　全球環境惡化也促進非營利組織的發展。若探究因素可以發現，造成環境危機的原因：一方面是由於發展中國家為促進經濟發展而破壞環境，另一方面則是由於富裕國家過度濫用資源所致。在上述的情況下造成全球熱帶雨林急速減少，非洲、亞洲與拉丁美洲的土地快速沙漠化，以及歐洲國家出現嚴重的酸雨問題。這些都讓全球人民無法再坐視環境惡化的情況繼續嚴重下去，並且認為光靠政府難以解決此一問題。

　　因此，人民試圖依靠自己力量來挽救生態環境，這些力量促成中歐與東歐各國「綠黨」（Green Parties）的成長。至於在發展中國家，生態行動主義（ecological activism）亦刺激當地非營利組織的快速產生。其藉由民間力量動員人力、募集資金，並試圖改變可能污染環境者或濫用資源對象的行為，以達到保護環境之目的。

（四）社會主義危機（the crisis of socialism）

　　共產制度（communist system）的瓦解也是促使非營利組織發展的因素。1970 年代中期的經濟衰退，造成許多社會主義國家對於共產制度所擘劃能夠兼顧社會正義與經濟富裕的藍圖產生動搖。因此為了維持統治的正當性，許多國家開始引進市場導向的機制以提升國家經濟發展。然而，此種行為除了促進國家經濟發展外，也產生意想不到的結果，即促成「公民社會」（civil society）的發展，使人民在享有較佳的經濟發展之外，亦瞭解透過非營利組織可以滿足需求，以及獲得一個不受限制的意見表達管道。因此有學者認為，非營利組織之所以發展如此迅速，乃起源於人民對中央政府與制度的不信任所致，希望對於經濟、政治與社會相關事務得以直接控制或影響，而在這樣的情形下非營利組織即為合適管道。

二、兩大革命

（一）通訊設施革命（the communications revolution）

通訊設施革命的發展，乃起源於1970至1980年間，由於電腦的問世、光纖網路的普及、通訊衛星的廣布，導致人類的相互通訊大幅進步，即使身處於較偏遠的位置，通訊亦相當便利。

此外，由於同時期全球教育與知識迅速的普及，使得人民容易彼此溝通，並進行意見交流與凝聚組織，因此促使非營利組織的急遽發展。

（二）中產階級革命（the bourgeois revolution）

自1960年代至1970年代初期，全球經濟情勢呈現快速成長的狀態，因而造就了一群經濟上的中產階級。而這些中產階級的領導者，在拉丁美洲、亞洲與非洲等地對於非營利組織的發展均扮演著決定性的角色，因此對於非營利組織的發展而言，中產階級革命亦為促進其成長的因素。

1-3 影響非營利組織發展的重要因素

影響非營利組織發展的因素有很多，其中願景和使命因關係組織的定位與發展方向，扮演著重要的角色與功能。另外，由於不同階段的組織所面臨的課題皆不相同，因而生命週期也關係著非營利組織的發展。以下分述之。

一、非營利組織的願景與使命

（一）願景與使命

1. 願景

對於營利組織而言，追求利潤是組織發展的重要目標，但對於不以追

求利潤的非營利組織來說，願景（vision）和使命（mission）則被認為是指引組織發展方向的重要因素。

有研究指出，所謂願景是在充分瞭解本身的處境，人們心中對期盼的未來所有著清晰明確的意象（高寶華，2006：103）。對於非營利組織而言，願景就宛如是「夢想」，給予組織無限的希望。也因為有夢想，所以組織會有想達成夢想的動力（田尾雅夫、吉田忠彥，2009：70）。而非營利組織的成員更因有著共同的願景，可以創造出彼此一體、休戚與共的歸屬感。

2. 使命

一般來說，當組織擬定好願景之後，接下來要將組織願景轉化為組織的使命。任何一個組織創設與存在都有其神聖的目的，此一目的即是使命，也就是組織行動的動力基礎。使命對於非營利組織的發展與運作而言，是不可或缺的基本要素。因為使命是組織的價值系統，也是組織的長期目標及長期承諾，其說明組織的營運範圍，包含組織發展方向，且引領組織成員達成目標（田尾雅夫、吉田忠彥，2009：68-69）。

那麼，非營利組織的使命究竟所指為何？簡言之，組織的設立與存在目的即是使命，也就是「為某些人提供某些服務」。具體而言，使命的內涵應包含「這些服務對他們有何價值？滿足了他們哪方面的需求？本組織為何有能力做好這項工作？」等多項意義（司徒達賢，1999：48）。

管理學大師 Drucker（1998）表示，使命乃是組織為了達成重要目標所需的特定策略，同時也創造出訓練有素的組織（轉引自洪久雅，2003：44）。換言之，組織必須透過正式的過程以界定組織所欲完成的使命，並將這些使命以清楚陳述的方式讓組織中的成員充分瞭解、明白與接納。另一方面，組織主管等相關人員則基於使命來訂定各項具體目標。因之，使命一詞應具有下列幾項重點（陸宛蘋、何明城，2009：78；何素秋，2012：83）：（1）宗旨：表明了組織存在之目的、宣示組織究竟要為哪一群對象做出什麼貢獻與所欲實現的成果；（2）任務：為達成此目標所運用

的主要方法或業務（方案、行動、服務等）；（3）價值觀：引領員工達成組織目的之原則或信念。因此，使命的宣言綜述組織的「所是、所爲與所由」（what, how, and why）。意即非營利組織的使命在宣示：（a）組織成立的目的；（b）爲哪些人服務和提供哪些服務；（c）這些服務對受服務者的價值；（d）滿足受服務者的哪些需求；（e）組織本身爲何有能力可完成工作任務。

　　總結上述得知，如比較願景和使命的差異可以發現，若將願景比喻是「組織的夢想」，那麼使命即是「組織可以達成的夢想」，願景比使命具有較高的理想性，兩者的差異可以參考圖1.1。在面臨現實環境瞬息萬變的情況下，非營利組織所有的行爲與決策都以使命的實現爲其最高指導原則，因此，使命的表達應該簡單明瞭。而好的使命意指富有行動潛力，並集中在組織眞正努力要做的且眞正可行的事情上（余佩珊譯，2004：46-47）；如主婦聯盟環境保護基金會的使命是「結合婦女力量，關懷社會，以提升生活品質，促進兩性合諧，改善生活環境」，因而自成立以來，該基金會乃致力於環保觀念的宣導與環境議題的倡導。由此可知，使命爲非營利組織擘劃出組織發展之藍圖，而組織所有作爲乃在於促進藍圖之實現。

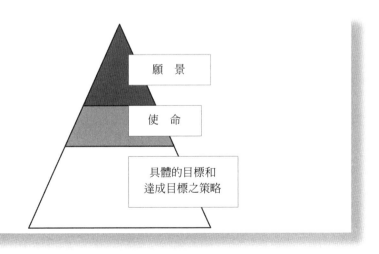

圖1.1　願景與使命的關係圖

資料來源：田尾雅夫和吉田忠彥（2009：71）。

（二）重要性

對於非營利組織而言，使命除了可作為組織行為指導的準則，使得組織成員在面臨活動或決策時得以有所共識之外，更具備資源凝聚的功用。由於非營利組織並未如企業以追求利潤為目標，財務資源容易出現困境，所以清楚明確的使命則有助於社會大眾瞭解組織運作與發展，自然能夠吸引較多社會資源的投入。

另外，清楚明確的使命亦會對於非營利組織的職工或志工形成號召力量，影響其投入於組織運作的時間與熱忱，甚至影響參與程度，對於非營利組織的人力資源亦能夠產生正面效果（陸宛蘋、何明城，2009：78-79；司徒達賢，1999：50-52）。因此，使命對非營利組織的重要性即在於將組織活動、組織資源以及組織發展等予以連結，使非營利組織得以有效提供服務，並且能夠永續發展。

二、非營利組織的發展週期

在當今社會中，非營利組織為政府與社會提供了一個福利服務的中介平台，扮演著發展社會力量的角色。然而，對於非營利組織而言，組織的發展並非日益茁壯，本身會依循某種周而復始的循環現象，此乃所謂的生命週期。非營利組織的生命週期與其他組織相似，基本上包含開創期、過渡期、正式期以及僵化或更新期四個階段，各時期的特徵如下（馮燕，2000：25-32）：

（一）開創期（origin phase）

非營利組織的興起多是透過成員的熱情、對理想的號召（calling）或對於公共議題的關懷（cause）而開始組織發展。這時期非營利組織的特色為充滿熱情活力，理想也較高。但相對而言，人力與資源可能較為缺乏。

（二）過渡期（transition phase）

第二個時期為過渡期，此階段的特色為內部可能出現衝突，組織成員

流動率可能偏高等現象。對於非營利組織而言，過渡期所產生的變化性與不確定性皆較高。

（三）正式期（formalization phase）

第三個時期爲正式期，也稱爲「科層化期」（bureaucratic phase）或「穩定期」（stabilization phase）。當非營利組織經歷過渡期的混亂與壓力後，便會興起對於制度化、建立秩序與明確化的強烈要求，進而建立或修正各項制度與關係。這個階段的特色是組織的運作將漸趨穩定，成員的專業性高、溝通順暢且強調分工合作的重要性。

（四）僵化期或更新期（stagnation phase or renew phase）

當組織穩定經營一段時間後，即可能面臨組織的僵化或更新。之所以產生僵化的情形乃是組織在正式期已具備科層化特質，如缺乏創新與競爭，則組織可能漸趨僵化。但此時若有越來越多專業人員進入組織服務，加上溝通順暢使內部衝突減緩，所有成員開始追求組織進步，則組織可脫離僵化而邁向更新期。

1-4 非營利組織的理論基礎

非營利組織的出現由於學科的不同，所關注的理論基礎會有所差異。主要的相關理論約可以簡單整理如下：

一、市場失靈（market failure）

經濟學的基礎假定就是人是自利的。因此，當人們處在一個自由競爭的市場中，每個人（買方與賣方）會爲自己的利益做出最佳的決定，進而達成供需平衡，這就是所謂的「帕雷圖最適配置」（Pareto Optimality），而此機制就稱爲市場機制（馮俊傑，2004：33）。照理來說，市場機制會自

由運作，但在某些情況下，卻會產生「市場失靈」的現象，主要原因之一乃是「資訊不對稱」。所謂「資訊不對稱」是指消費者對於產品品質與價格沒有完善的資訊或判斷能力，因此處於不合理或不公平的地位，使得生產者有機會以欺騙消費者的方式，抬高產品的價格或是提供劣質的產品。在此情況下，資源的配置自然不會是最佳配置而產生失靈。

此外，造成市場失靈的另一個原因乃是「外部性」（externalities）。所謂「外部性」是指市場交易的結果對非交易的第三者所造成的影響，此影響可能是負擔，也可能是享受。例如國民納稅可能享受警察保護，但沒有納稅的人也享有同等的保護。外部性所涉及的利潤或成本，並非專屬生產之企業，亦非由價格系統所掌控之因素（張潤書，2009：282）。然而，非營利組織因不以追求本身的利益為目的，故不會降低品質以追求組織利益，較為人民所信賴。

二、政府失靈（government failure）

當市場面臨失靈的情況時，消費者希望政府能提供其可以信任的產品或服務，因為政府的出現與功能被認為可以彌補市場的缺點，並提供市場所無法提供的集體性財貨（Salamon, 1987）。Wolf（1979）指出，在各種情況下，政府欲介入私有經濟部分、修正市場失靈可能創造出新的無效率，且強調政府在某些條件下，其公共服務可能生產過度或生產不足，甚至在過高的成本下提供公共服務。而 Weisbord（1974, 1988）建構的政府失靈理論中，有一個重要的前提是，愈是在人民多元化發展的地區，非營利組織的發展愈是活躍，且該類型的組織對於政治上的少數者之需求滿足扮演了重要的角色（轉引自官有垣，2003：11-12）。

政府失靈的論點指出，因為政府在提供某些財貨以滿足社會的少數族群需求上不夠充分，因此他們需要的這些財貨，特別是在質方面是不同於政府所能提供的。因為政府所提供的財貨，其數量與品質是由多數選民經

由政治過程決定，而多數選民選擇服務或財貨提供品質僅是滿足於社會上中間選民的偏好（the median tastes）（官有垣、杜承嶸、王仕圖，2010：115-116）。基於此，非營利組織因有其公益的特質，可協助政府解決部分的公共問題，改善政府資源有限的事實。因此，政府失靈可視為是非營利組織存在的原因。

三、第三者政府理論（the third party government）

基於上述兩種理論，也就是由於市場失靈與政府失靈，導致非營利組織可以藉由其特殊性來彌補市場與政府運作的不足。對此，Salamon（1995：41-43）提出「第三者政府理論」來說明，認為由於政府行動的轉變與多樣性，在公共服務的輸送上，必須仰賴非政府的機構來加以提供，即政府須透過代理人來運作。

第三者政府理論認為，在公民社會中第三部門是提供公共財產的最佳機制，因此，由下而上具有志願基礎的第三部門是解決逐漸擴大的社會經濟問題最適當也是最有效率的方式。該理論認為，公部門可以扮演第二線的後援角色，當私部門運作失靈時，政府才需介入干預。如此，私部門除了能以彈性、簡約的特性幫助公部門提升公共服務的效能外，更可解決許多服務效率的問題，節省不必要的行政支出。

四、利他主義（altruism）

心理學家認為利他精神是發自內心，對別人的福祉有強烈責任感。就本質而言，利他精神基本上源自於為他人的利益而犧牲自己的利益，或以利己為目的而以利他為手段的道德原則。由此可知，利他精神有著奉獻型和互惠型的形態出現。對於公民社會中慈善關懷的行為，乃是立基於公民社會中利他精神的發揮（郭登聰，2015：73）。若將此精神援引到非營利組織，其創設的原因可能就是源自於所謂的「利他主義」，並且在創始之

初，依靠私人的捐贈來籌募財源。然而，一個人的捐贈行為必然有具體成本的增加，但仍有許多人忽略本身財務利益上的損失而從事捐贈的行為，其動機為何（官有垣，2003：12）？此乃是基於助人最樂的心理動機，才能無視於本身利益的損失。

然而，即使非營利組織得以彌補政府與市場的不足，但其自身也有失靈的時候，稱之為**志願失靈**（voluntary failure）。有關志願失靈的主要內容如下（馮燕，2000：11；江明修、梅高文，2002：21-22；Salamon, 1995：45-48）：

（一）**慈善的不足性**（philanthropic insufficient）

非營利組織往往無法獲得足夠充分和可依賴的資源以服務人民需求，且服務也無法涵蓋所有地理範圍，使得需求或問題較為嚴重的區域可能無法取得所需資源。

（二）**慈善的特殊性**（philanthropic particularism）

非營利組織雖以公益為使命，然而在服務或資源提供上，經常集中受惠於少數特定次級人口群體，因而忽視社會其他次級群體，此一現象可能導致服務資源出現缺口，使得服務不普及，也可能造成資源的重複浪費。

（三）**慈善的家長制**（philanthropic paternalism）

非營利組織的資源，部分是透過外界捐助，因此，組織中掌握最多資源者對於組織運作與決策具有相當程度之影響力，造成非營利組織的服務對象與目標由掌握資源者來加以決定，非經由組織評估審議過程而決定。

（四）**慈善的業餘性**（philanthropic amateurism）

非營利組織的服務多依賴未受過正式專業訓練的志工來加以執行提供。另外，由於非營利組織受限於資源困境，較無法提供職工具有競爭力的薪資，因此難以吸引專業人員參與，進而影響組織運作成效。

1-5 結語

　　從本章的介紹中可以瞭解非營利組織的基本概念雖無統一的定義，但至少包含「正式、民間、自主、志願、公益與不分配盈餘」的特性，且非營利組織的經營一般享有稅賦優惠，其捐助者的捐款也得列入減（免）稅的範圍。在民眾需求多元的今日，非營利組織扮演開拓與創新、改革與倡導、價值維護，以及服務提供等社會功能。對非營利組織而言，願景和使命是指引組織發展方向的重要因素，組織成員更因有著共同願景，而產生高度的歸屬感。但因願景較具理想性，所以，任何非營利組織皆需要有明確的使命，以作為組織行為指導和實現理想的準則。此外，非營利組織的經營發展也與生命週期息息相關，組織如欲永續發展，應時時檢視本身所處的生命週期階段所可能面臨的問題，以避免組織發展漸趨僵化的危機。

　　問題與討論

1. 請問非營利組織的興起背景為何？
2. 非營利組織的「願景」和「使命」有何不同？試比較分析兩個非營利組織的「願景」和「使命」之差異。
3. 何謂「市場失靈」與「政府失靈」？
4. 請問非營利組織為何會出現「志願失靈」？
5. 請找出一個非營利組織，觀察分析其各階段生命週期之特色，並判斷組織目前所處的生命週期為何？

NPO 小檔案

紙風車文教基金會[1]

> 風，讓紙風車不停地轉啊轉！
> 您，讓紙風車一步步向前邁進！
> 讓我們共同爲這一塊土地的藝術、文化盡一份心力，
> 我們邀請您加入藝術家的行列，圓一場我們共同的夢想！

● **紙風車的由來**

　　1992 年 11 月，現任紙風車文教基本執行長李永豐想也不想就找了一群藝術工作者，包括吳靜吉、柯一正、徐立功、羅北安等人，共同成立了紙風車劇團。之所以叫做紙風車其實沒有太大的道理。Y、X、Z 世代的小朋友，大概對這種神奇的玩具沒有印象，簡簡單單的一張紙、一根細竹棍所做成的紙風車。「讓風吹動，迎風向前走」成爲精神上的指標。

　　紙風車劇團基本的理念：「兒童需要兒童劇，台灣需要台灣的兒童劇場。」堅持作品的原創性成爲紙風車創作的重要指標，而在創作的內容與形式上，「我們不會因爲對象是兒童，就因此把內容和形式簡化」，現任團長任建誠認爲，兒童劇場不應該自我矮化成一個只是說故事的地方。因爲劇場的元素與形式千變萬化，包括音樂、舞蹈、戲劇、文學、燈光、美術……等，只要經過適當的調整，可以提供給兒童的東西非常多。「劇場提供的不只是教育性、娛樂性」，任團長強調，「更重要的是，在劇場裡，我們創造了一個眞實卻又夢幻的奇妙空間，小朋友在這裡面得到的，除了一次異於電視電影的獨特觀賞經驗，還能擁有一個不同於日常生活的想像世界，那才是最重要的。」

---

[1]　紙風車文教基金會，http://www.paperwindmill.com.tw/，檢閱日期：2016/03/16。
　　紙風車劇團，http://www.paperwindmill.com.tw/paper/，檢閱日期：2016/03/16。

● 紙風車的業務

　　紙風車劇團以創意起家，致力於將表演藝術在生活裡紮根。每年創作優質的年度大戲之外，並積極地將多元的劇場創意融入生活之中，除了承接各式大型活動還走入鄉鎮社區、尋求異業合作……等，目的除了支撐劇團運作之外，更重要的是將「創意、美學、愛與關懷」的中心思想散播到孩子們的心中，多年來，無論在承接政府機關、企業團體的活動，或是教育推廣，都能得到高度的肯定，多面相的活動承接，也讓紙風車劇團成為全台最獨特、最活潑的團體。

參考文獻

一、中文文獻

司徒達賢，1999，《非營利組織的經營管理》，台北：天下遠見。

江明修、梅高文，2002，〈非營利管理之法治議題〉，收錄於江明修主編，《非營利管理》，台北：智勝，頁19-44。

江明修、曾冠球，2002，〈非營利管理之理論基礎〉，收錄於江明修主編，《非營利管理》，台北：智勝，頁1-18。

余佩珊譯，2004，《彼得·杜拉克：使命與領導──向非營利組織學習管理之道》，台北：遠流。譯自 Peter F. Drucker. *Managing the Non-Profit Organization: practices and principles* 。

何素秋，2012，〈策略性行銷於非營利組織與企業合作勸募之運用〉，《非營利組織管理學刊》，第11期，頁80-104。

林淑馨，2008，《非營利組織管理》，台北：三民。

官有垣，2003，《第三部門的理論：非營利組織與政府、企業、非正式部門之間的互動關係》，行政院國家科學委員會補助專題研究計畫成果報告。

官有垣、杜承嶸、王仕圖，2010，〈勾勒台灣非營利部門的組織特色：一項全國調查的部分研究資料分析〉，《公共行政學報》，第37期，頁

111-151。

洪久雅，2003，《我國非營利組織產業化之研究》，台北：國立政治大學公
　　共行政研究所碩士論文。

高寶華，2006，《非營利組織策略經營管理》，台北：華立圖書。

張潤書，2009，《行政學（修訂四版）》，台北：三民。

陸宛蘋、何明城，2009，〈非營利組織之使命與策略〉，收錄於蕭新煌、
　　官有垣、陸宛蘋主編，《非營利部門：組織與運作》，台北：巨流，頁
　　75-102。

馮俊傑，2004，《以非營利組織之觀點探討其與政府互動關係──以社會福
　　利團法人為例》，台中：東海大學行政管理暨政策學系研究所碩士論
　　文。

馮燕，2000，〈導論：非營利組織之定義、功能與發展〉，收錄於蕭新煌主
　　編，《非營利部門：組織與運作》，台北：巨流，頁 1-42。

郭登聰，2015，〈對非營利組織利他精神及行善行為的檢視與思考〉，《輔
　　仁社會研究》，第 5 期，頁 65-99。

鄭怡世、張英陣，2001，〈非營利組織與企業組織合作募款模式之探討
　　──以民間福利輸送型組織為例〉，《東吳社會工作學報》，第 7 期，頁
　　1-36。

二、日文文獻

田尾雅夫・吉田忠彥，2009，《非營利組織論》，東京：有斐閣。

三、英文文獻

Kramer, R. M. 1981. *Voluntary agencies in the welfare state*. Berkeley: University of
　　California Press.

Salamon, L. M. 1987. *The Nonprofit Sector: A Research Handbook*. New Haven,
　　Conn: Yale University Press.

Salamon, L. M. 1992. *America's Nonprofit Sector: A Primer*. New York: Foundation Center.

Salamon, L. M. 1995. *Partners in Public Services: Government-Nonprofit Relation in the Modern Welfare State*. The John Hopkins University Press.

Wolf, T. 1999. *Managing a Nonprofit organization in the Twenty-First Century*. New York: Simon & Schuster.

第**2**章

非營利組織與政府的協力關係

─────────── 前言 ───────────

　　20世紀末，世界主要經濟發展國皆面臨「雙環困境」（Catch-22），即政府財政危機日益惡化，但民眾需求卻日益增多，因此各國政府無不致力於政府再造工程，希望以「師法民間」精神改善政府績效（江明修、鄭勝分，2002：81）。長期以來，政府在公共服務的提供上具有獨占性，政府留給民眾的是「不能立即因應問題及有效處理公共事務」的刻板印象。然而，反觀企業，由於在其所生產或販賣的同類商品或服務中有相近的顧客群，所以有高度彼此競爭特質。企業如欲在該環境中求得生存，除了要能迅速因應環境的變遷外，還需能充分掌握所處環境未來的動脈（吳英明，2000：586-587）。也因此，若能引進民間部門的特性，使其能協助政府共同來提供公共服務，或許能改善政府部門僵化的行政效率，因應民眾的需求。

　　公私協力泛指公部門與私部門共同處理事務之情形（詹鎮榮，2003：10）。隨著公私部門關係的改變，由陌生到競爭合作，甚至於政府主動尋求私部門的協力參與，在在都象徵著公部門不再只是強調公平性原則，也開始注重公共服務的水準與民眾之滿意度（吳英明，1996：15）。所以，公私協力所代表之意涵，早已經超越了單純的公部門與私部門共同從事某項事務的概念，還象徵著新的社會經營價值觀之建立。以我國而言，近年來，公共服務的供給效率普遍不彰，加上受到民主政治與經濟快速發展的影響，民眾參與公共事務的意識越來越高，對生活品質和公共服務水準的要求也日益提升。而非營利組織因具有公益的特性，乃成為政府部門在思考協力對象時的一個重要的選擇。

　　基於上述，在本章中欲介紹非營利組織與政府的協力關係。首先整理非營利組織與公共性的關聯；其次介紹協力關係的意涵、形成背景與預期成果等基本概念；再者闡述非營利組織與政府協力的相關理論；最後討論非營利組織與政府協力所可能帶來之限制與挑戰。

2-1 非營利組織與公共性

一、非營利組織的公共性特質

　　近年來，非營利組織在世界各國中所扮演的角色越來越顯得重要。國內學者顧忠華（2000：183）曾在其論文中提到：「非營利組織是現代社會不可或缺的一個環節，未來不管是在台灣和世界各國中都將扮演越來越吃重的角色，這不僅僅因為非營利組織從事的是『公益』事業，更重要的意義還在於非營利組織為『公民社會』所累積的能量。」因之，相較於營利事業，大多數合法設立的非營利組織皆標榜「公共」的使命和「公益」的功能，以吸收並運用社會資源，因此難以和生產「公共財」的政府部門清楚區隔。

　　另一方面，非營利組織又有別於政府部門，兩者在服務提供原理和方式上有所不同：亦即政府部門因以不特定的多數民眾為對象，且受到科層體制的限制，組織較為僵化保守，在遵循公正與平等的原則下，以公平、均一方式提供服務，同時也注重服務提供的持續與安定性。相對地，非營利組織未擁有強制性的公權力，且不受行政體系所限制，所提供之服務可以特定的少數為對象，強調即時與隨機應變的原理，以多樣、個別、機動方式來提供服務，並注重其自發性與專門性（內海成治、入江幸男、水野義之編，1999：67-68；東京都，2001：22）（參考表2.1）。

表2.1　政府部門與非營利組織的服務提供原理、方式與特質之比較

	政府部門	非營利組織
原理	公正、平等	即時、隨機應變
方式	一致、畫一、一元 公平性、遵守法律	多樣、個別、多元 機動性、先驅性、實驗性
特性	持續性、安定性	自發性、專門性

資料來源：作者參考內海成治、入江幸男、水野義之編（1999：67）之內容加以修改而成。

在台灣，有關非營利組織公共性的相關論述可以說是相當缺乏，學者顧忠華（2000：159）針對我國非營利組織之公共性與自主性所做之經驗性研究，應是目前國內較完整且具有相當參考價值者。該研究中歸納六項分析非營利組織公共性的面向，並賦予其操作化概念，其分別是：

（一）倡議性（新觀念、社會改革、公民意識、社會運動與政治參與）。

（二）（非）私有性（家族關係、政黨關係、營利行為與財源）。

（三）知名度（大型活動、民眾參與、媒體知名度、公關工作）。

（四）公信力（監督功能、落實宗旨程度、合法性與社會信賴）。

（五）透明度（資訊公開、財務收支公開、決策運作透明化、領導方式民主化）。

（六）公益性（服務弱勢團體、心靈改革、生活品質改善、社會網絡凝聚與教育功能）。

如是的分類應有助於瞭解非營利組織抽象的公共性內涵，並用以協助日後非營利組織有關公共性之實證研究。

二、非營利組織的公共服務功能

如上所述，由於非營利組織具有即時、多樣、先驅、自發性等特質，若從公共行政的角度觀察，非營利組織對公共問題的解決具有相當重要的貢獻，如根據學者之研究，非營利組織大約具有下列幾項公共服務的功能（江明修，2000：150-151）：

（一）非營利組織與大多政府部門一樣，均為服務導向。

（二）非營利組織可以擔任政府與民眾間的橋樑。

（三）非營利組織為行動導向，針對其服務對象直接提供服務。

（四）非營利組織較少有層級節制的限制，較有彈性。

（五）非營利組織常採取較創新與實驗性質的觀念和方案。

（六）非營利組織關心的範圍，包含公私部門的產品與服務品質，以
及對社會和民眾之影響，因此扮演著維護公共利益之角色。

以上所述皆是非營利組織所擁有的基本公共服務功能，爾後，伴隨非
營利組織的發展，以及其對公部門、社會以及民眾所帶來之影響力與重要
性日益增強，進而衍生出新興的公共服務功能，茲說明如下[1]：

首先，對公部門而言，包括發展公共政策與監督政府；前者意指非營
利組織可以廣泛的運用其影響力，塑造政府的決定，對於長程政策，持續
地進行研究與分析，創造新的觀點與視野。後者意指政府部門內部雖有防
弊的設計，但仍難保完全公正無私。非營利組織則可以不斷提醒政府與民
眾，使政府與民眾均盡到其責任，更關心和投入公共事務的參與。另外，
在政府功能無法充分發揮的範疇中，非營利組織可扮演市場超然的監督
者，甚至還可以提供其他選擇方案，提供更高品質的服務給社會。

其次，對民眾而言，非營利組織最主要的功能，在於培養民眾的公民
意識與價值，提供民眾更多參與的機會。換言之，非營利組織可以提供公
共精神的創造與活動空間，持續地鼓勵利他主義，積極實現公共目標。

2-2 協力關係的基本概念

一、協力關係的意涵

協力關係或稱夥伴關係，是非營利組織與政府互動形式的一種，其意
指某項事務的參與者，不屬於公部門也不屬於私部門，而是由公私所結合
而成的組合。換言之，除了政府之外，也由公民或者非營利組織來共同提

---

[1] 此部分內容作者整理自江明修（2000）的論文而成。

供公共財貨或者服務輸送。這種部門的特性在於參與者不單包含政府與民間，且參與者對該事務之處理具有目標認同，策略一致與分工負責的認知，因此，公私協力即可說是公部門和私部門所形成一種特殊的互動關係，在共同合作與分享資源的信任基礎下結合，以提供政府部門的服務（林淑馨，2005：2；李柏諭，2005：69）。整體來說，公私協力關係乃是一種公部門與私部門或各組織團體間，基於共同的目標而透過一連串的互動所形成的各種協力方式之價值表現。而這種協力關係可以提供新的技巧途徑、資源和做事方法來改善公共服務的品質，故「公私協力關係」所強調的是一種「互動」和「合作」關係，而非單方面由誰主導的過程（陳景霖，2008：59）。

　　一般而言，協力關係的內涵定義之基本假設有三點：首先，總和必然大於部分之相加；其次，可能同時包含一組策略、專案或運作化的發展及傳送，雖然每一位參與者並不必然具有平等地位；最後，在公私協力中，政府並非純粹追求績效，因此協力關係包含合作。而 Guy Peters（1998）則認爲，協力關係可以從下列五個面向來加以分析：第一、兩個或更多個參與者；第二、每個參與者都是主角；第三、成員間存有持久的關係及持續性的互動；第四、每個參與者對協力者必須提供一些物資或非物資的資源；第五、所有參與者共同分享成果、承擔責任（轉引自江明修、鄭勝分，2002：84-85）。

二、協力概念的形成背景

　　近年來，非營利組織與政府間的關係之所以會發展成夥伴關係的運作模式，主要之背景因素約可以整理如下（林淑馨，2005：31-32；2007：213-215）：

（一）公民參與的興起

　　長期以來，傳統公共財貨與服務一直由政府部門所提供與輸送，而忽

略公民參與的重要性。事實上,公民參與是現代政府推動公共事務不可或
缺的要素或重要資產,強調公民基於自主權、公共性及對公共利益與責任
之重視,而投入其感情、知識、時間與精力。其主要是因民眾的需求日益
多樣,政府難以一一滿足,故體認到需透過與民眾或非營利組織的協力,
來因應多元的需求。公民參與著重公民主觀性地對公民意識的覺醒與重
視,而產生主動參與公共事務的興趣與行動。在現實的條件限制下,藉由
非營利組織或社區、鄰里志願組織,從參與公共事務的過程中,無形地培
養公民所需具備的資格,並習得公民參與應有的智識與技巧。另一方面,
透過公民參與,政府可使民眾之意見充分表達,減少或降低對日後形成之
公共政策的衝擊。近年來,許多志願活動和非營利組織願意投入公共事務
的參與行列,即是受此觀念所影響。

(二) 民營化風潮的衝擊

　　1979 年英國首相柴契爾執政時,提倡民營化政策,致力減少政府對
一般經濟活動的干預,積極推動公營事業民營化。因而,民營化政策的實
施代表著政府公共服務活動及資產所有權的縮減。在民營化的觀點之下,
政府的角色應被縮減,另外藉由修訂法令與解除管制,讓民間部門參與
公共事務。而民營化的主要精神在於強調民間部門參與公共服務的輸送,
亦即在民營化的過程中,輔助政府部門者不僅只有企業部門,非營利組織
也可以藉由直接或間接參與達到相同的效果。因之,在民營化風潮的衝擊
下,政府部門逐漸放棄過去在公共服務輸出的獨占,將服務交由企業或非
營利組織來提供,其中,部分公共性或公益性較強的事業,或許不適宜交
由以利潤為導向的民間企業,而較適合交由同樣具有公益性質的非營利組
織,進而促使非營利組織與政府合作的機會。

(三) 公共管理型態的改變

　　90 年代,世界各國在財政壓力的情況下,無論是已開發國家或是開
發中國家,甚或東歐、蘇聯等社會主義國家,都先後進行公部門改革,期

待以「小而美政府」取代「大有爲政府」，因此，先後將民間企業的管理方式導入公部門，用以改善公部門的無效率和提升服務品質，並使其行政行爲更具效率與市場性。在此背景下，改變傳統由公部門單獨提供公共服務的供給型態，除了將可以委託民間經營的服務交由民間來經營外，也將民間力量導入公共服務的供給中，公私協力的型態於是因運而生。當然，在協力對象的選取上，非營利組織因不以營利爲目的，且和政府部門一樣具有服務導向，自然較民間部門受到政府與民眾的信賴。因此，公共管理型態的改變也是促成非營利組織有機會參與公共服務輸送的重要因素。

三、協力的預期成果

政府與非營利組織間建立了夥伴關係，究竟可以達到何種預期成果，應是一值得探討的課題。作者試圖分析幾項較具體的成果如下（林淑馨，2005：34；2007：218-219）：

（一）提供能因應民眾需求的公共服務

如前所述，政府部門所提供的服務因注重公平、均一等原則，往往難以迅速回應民眾多樣的需求。但藉由非營利組織彈性、機動的特性，可以提供民眾多樣且優質的公共服務，達到滿足民眾多元需求之目的。

（二）間接促使政府行政體制的改革

傳統公共服務因由政府單獨提供，在依法行政與公平原則的考量下，無論是服務輸送的程序或方式上通常較爲僵硬。但政府與非營利組織合作後，由於雙方需要協商與討論，再加上繁複的行政程序，迫使政府不得不對既有官僚體制進行檢討，因此有助於政府行政體制的改善與修正。

（三）增加非營利組織營運的穩定性

非營利組織常因無固定的收入來源，導致營運的困難。倘若非營利組織與政府合作，則可以有部分固定的經費來源，除了有助於改善組織的財務困境外，也可以增加服務供給的穩定性。

（四）　地方自治活動的活性化

　　非營利組織所從事的活動或提供之服務因有較強的地域性，需要當地居民的積極參與，但當居民參與非營利組織活動的日益頻繁，民眾的自主意識也隨之提高，進而達到區域自治活動活化的目的。

（五）　整合資源並予以有效或重新分配

　　基本上，協力關係所強調的是一種「雙贏策略」，而非「零和策略」。非營利組織與政府彼此透過資源的整合，將社會資源與國家資源予以重新配置或有效配置，以提高資源的使用效率，使原本可能被低度使用的資源因而轉變爲高度使用，並經由利益與權力的分享，使得彼此的參與者均互蒙其利。

　　綜上所述可知，非營利組織若能與政府協力，所發揮的恐怕不僅是「1＋1=2」的效果，故應爲一「恆贏策略」（positive-sum game）。

四、協力的成功關鍵因素

　　公部門與私部門究竟要如何協力才能成功，達到預期的目標，是目前各界所關注的議題。整理相關之研究說明如下（江明修、鄭勝分，2002：96-97；林淑馨，2010：42-43）：

（一）　清晰的目的

　　目的清晰有助於任何協力參與者都能清楚分享目的之願景，以及瞭解協力所欲達成之目標，因此，清晰的目的扮演攸關協力成功與否的重要因素。另外，清晰的目的也可使參與者容易共事，進而提升角色認知與提高績效。

（二）　對等之關係

　　一般論及政府與非營利組織的關係，多認爲兩者是「主體」與「客體」的關係。但是過於強調這種主從關係，反而使得非營利組織的彈性、

效率、多元等特性受到限制而難以發揮。基於此,有部分學者認為,如欲達成兩者間的共通目標,應尊重彼此的立場而行共同事業,彼此應以充滿信賴,而且處於「對等」關係為前提,政府部門如以支援姿態來對待非營利組織,即非為所謂的對等關係。

(三) 互信與互敬

由於非營利組織能彈性解決公共問題,因此如何發揮非營利組織的該項長處乃極為重要,對於該組織的自主性需予以尊重。同時,信任與敬意也會使溝通、分享敏感性資訊與學習更加順暢,改善雙方的關係並提升協力的成效。

(四) 目的共有

由於公共問題的解決是以解決不特定多數的第三者之利益為目的。因此,非營利組織與政府雙方需共同瞭解合夥的目的究竟為何,並予以確認。若協力的雙方缺乏共同的目的,在協力過程中將容易出現爭議,影響協力的成效。

2-3 非營利組織與政府的協力關係

在現今的社會中,由於政府受限於現實成本因素,使得其所能夠發揮的公共服務功能有所侷限,而非營利組織則因為具有融合政府與企業組織的特質,具備有公共性與彈性,因此可以結合兩者優點,承擔起促進公共利益的責任與使命。換言之,非營利組織因具有公共服務或慈善之特性,以致成為政府部門進行公私協力時優先考量之對象。在本小節中,乃針對非營利組織與政府協力的理論,以及協力的模式與特點進行介紹。

一、公私協力的理論

（一）第三者政府理論

　　第三者政府理論之產生，主要源於調和民眾對公共服務的渴望，但又懼怕政府權力過度膨脹，因而透過第三者政府形成的組織，來增進政府提供福利的角色與功能。Salamon 指出，傳統的非營利組織理論認為非營利組織因政府失靈與市場失靈而產生，此時非營利組織的存在是次要的，目的在彌補其他部門的缺失。而第三部門理論則不認為非營利組織僅是對政府與市場失靈的反映，乃是一種優先的機制以提供集體性財貨與服務（Salamon, 1987）。換言之，該理論認為，第三部門的出現除了能彌補政府在公共服務輸送之不足外，還能提升政府行政績效，更可以節省不要的支出。

（二）公共財理論

　　公共財理論的分析邏輯與第三者政府理論恰好相反。該理論認為政府必須對公共支出負責，並提供財貨及服務以符合整體社會大眾不同需求，唯有政府無法充分提供財貨及服務時，第三部門才有存在的適當性。如下表2.2 所示，第三者政府理論與公共財理論對政府與第三部門相互依賴的角色假設雖然不同，但兩者皆強調同心協力是解決當前公共服務輸送困境的最佳方式（江明修、鄭勝分，2002：94-95）。

表2.2　公私協力理論之比較分析

	核心概念	角色定位	價值基礎
第三者政府理論	相互依賴	第三部門負責提供，政府輔助	小而美政府
公共財理論	相互依賴	政府負責提供，第三部門輔助	大有為政府

資料來源：江明修、鄭勝分（2002：95）。

二、非營利組織與政府協力的理論模式

　　關於公私協力基本類型的討論，一般多借用非營利組織作為協力的論述對象，這或許和非營利組織不以追求利潤為目的有關。在談論非營利組織與政府協力或互動之議題時，國內外學者引用較頻繁者，應屬 Girdon 等所提出之關係模式。該文根據經費與服務輸送的提供作為區分之面向，發展出四種關係模式。

　　如表 2.3 所示，Girdon 等學者在探討非營利組織與政府間互動模式時，根據「服務經費的提供與授權」和「實際服務輸送者」兩面向，將非營利組織與政府的互動模式區分成下列四類（Girdon, Salamon & Kramer, 1992: 16-21）：

（一）政府主導模式（government-dominant model）

　　在政府主導模式的情形下，政府為經費與實際服務的提供者，此為一般的福利國家模式，而非營利組織只能就政府尚未介入的領域提供服務，因此組織生存的空間較為狹窄。

（二）雙元模式（dual model）

　　在雙元模式下，政府與非營利組織各自提供福利服務的需求，兩者間並無經費上的交集，不互相干涉且鮮少合作，兩者處於平行競爭的狀態，在自身的活動上具備一定程度的自主性。在此模式下又可區分成為兩種型態：一種是非營利組織提供與政府相同的服務，但對象是那些無法接受到政府服務的民眾；另一種則是非營利組織針對政府沒有提供的服務領域進行服務。

（三）合作模式（collaborative model）

　　典型的合作模式是由政府提供資金，非營利組織負責實際的服務傳送。在此模式下，依照非營利組織的決策自主空間區分為兩種型態：一種是若非營利組織在合作中僅是扮演政府交付政策的執行者，並無自主決策

空間，稱為「合作－買賣模式」（collaborative-vender model），另一種是若非營利組織在被賦予的工作上，具有一定的自主決定權，則稱為「合作－參與模式」（collaborative-partnership model）。

（四）第三部門主導模式（third-sector- dominant model）

在第三部門主導模式下，非營利組織同時扮演資金提供者與服務傳送者的角色，政府部門幾乎不介入服務領域。

在上述四種模式互動中，由於政府主導與非營利組織主導模式因過於強調任一方之主導功能，雙方互動關係薄弱，所以非為本章討論的對象，僅剩下雙元模式與合作模式。又因雙元模式強調的是政府與非營利組織各自提供服務，既不互相干涉，且在經費上也無交集，故也不列入本章的探討範圍內，最後僅剩下協力模式較符合本章所指的協力關係。

表2.3　政府與非營利組織之關係模式

功能	政府主導模式	雙元模式	協力模式	第三部門主導模式
經費提供者	政府	政府與非營利組織	政府	非營利組織
服務提供者	政府	政府與非營利組織	非營利組織	非營利組織

資料來源：Girdon, Salamon & Kramer（1992：18）。

「協力模式」，顧名思義，乃指雙方各司其職，由政府出資，提供經費，非營利組織則負責提供實際服務，其與「雙元模式」之差異在於，政府與非營利組織並非各自獨立提供服務，「合作、夥伴」為其最大的特徵。若將「協力模式」再予以細分，則又有「代理人型」的協力模式與「對等型」的協力模式，前者是指非營利組織僅是政府執行計畫中的代理人，雙方的協力模式乃是政府提出計畫與支付經費，非營利組織則負責執行；但在後者中非營利組織卻有相當的裁量權，擁有可以經由政治與行政過程而與政府交涉的權力。

三、非營利組織與政府協力的實際方式

現實生活中，為了解決政府失靈所產生的困境，政府部門可能透過下列的方式促使非營利組織與之協力（雷文玫，2002：162-163；林淑馨，2008：85-86；陳政智，2009：185-186）。

（一）補助制度

所謂補助制度是指對於不同服務宗旨的非營利組織，政府相關單位每年會編列預算經費，供民間團體申請。「補助」通常用來指涉上級機關對於下級機關或政府原本應自行承擔之事務，予以財政上的支援。性質上為一種附條件的贈與，受補助的機構需符合一定之資格要件，並且履行經費核銷或其他之法定義務。又因有公文往返等審核程序，在經費取得上速度較慢，故非營利組織會採取選擇性或較被動的方式來看待補助，例如法務部補助台灣關懷社會公益協會，辦理「法治小學堂」暨「有品新生活」品德教育趣味戲劇推廣宣導活動，或是法務部補助勵馨基金會辦理家暴及其他重要家人輔導團體[2]，抑或是內政部兒童局對於勵馨基金會所提供台中市地區兩性關係諮詢及未婚懷孕處遇服務計畫予以補助[3]等皆是補助的案例。

（二）契約外包

所謂契約外包是意指政府部門將自己之應盡責任，透過契約委託非營利組織代為履行，所以彼此間存在一種契約關係，由政府部門提供經費，而由非營利組織提供政府部門所要求的服務或業務，如心路基金會附設大同兒童發展中心，即是由台北市社會局所委託辦理，針對0至6歲身心障礙兒童，提供早期療育服務[4]，或是勵馨基金會承接台北縣政府委託辦理

---

[2] 法務部網站（http://www.moj.gov.tw/lp.asp?CtNode=28098&CtUnit=4480&BaseDSD=7&mp=001&nowPage=1&pagesize=15；檢閱日期2016/02/25）。

[3] 內政部兒童局網站（http://www.cbi.gov.tw/CBI_2/internet/main/index.aspx；檢閱日期2011/05/06）。

[4] 財團法人心路社會福利基金會網站（http://web.syinlu.org.tw/02institution/institution_1-02.asp；檢閱日期2011/05/06）。

「家庭暴力個案追蹤輔導及婦女支持性服務方案」[5]等皆是。

（三）公設民營

公設民營主要是社會福利民營化潮流下所衍生的產物。就我國而言，各種公設民營、委託服務的委託契約書範本，提供各級政府部門與民間團體共同推動社會福利服務的準則。在此要強調的是，並非所有事業都能交由一般民間機構執行之，因為有些具有公益性質的事務，還是必須交由非營利組織來提供較佳與較具合適性，如嘉義家扶中心在1997年6月接受嘉義市政府委託婦青中心之經營管理，嘉義家扶希望藉由政府的設備及資源來擴充其服務範圍，強化公信力和募款能力[6]。

（四）專案委託

專案委託是指對於專案活動或某一主題計畫之委託，政府和非營利組織之間不一定是由政府主動提出，有時非營利組織也會採取主動，以爭取計畫執行或主辦權。若是非營利組織主動者，則是透過遞交計畫書爭取政府的委託案，但也有部分非營利組織因為過去舉辦活動成效卓著、口碑好，因此政府會主動委託活動或計畫給這些組織，由其辦理執行。

四、非營利組織與政府協力的特點

非營利組織具有自主管理、公共性質與不分配盈餘等特性，因此可如政府一般肩負起提供公共服務的角色，而其組織組成較政府部門而言更具有彈性，使得與私部門相比較，非營利組織往往成為政府部門進行協力的首要對象。一般來說，政府與非營利組織進行協力具有幾項特點（嚴秀雯，2005：42；陳澄斐，2008：39-41）：

---

[5] 財團法人勵馨社會福利事業基金會網站（http://www.goh.org.tw/services/main.asp；檢閱日期2011/05/06）。
[6] 詳細資料請參閱沈明彥（2005：156-161）。

（一）提升公共服務的範圍

　　藉由公民及非營利組織投入其資源與人力，讓政府部門擁有更多資源可以提升公共服務的品質與數量，另外，透過志願參與及教育服務協助工作，擴大學校教育服務範圍，因此，藉由公民與非營利組織的參與，一方面彌補政府的不足，另一方面也創造新的公共服務領域。非營利組織創新、彈性、多元化，且具實驗性質的服務，可以直接對於民眾提供較為多樣的服務，使得公共服務範圍的提供更為豐富及多元。

（二）提升政府回應性

　　透過政府與非營利組織的溝通與合作，政府第一線人員將有機會直接瞭解基層民眾的偏好、期待以及對公共服務的評價，同時提供政府與非營利組織之間，以及各個民間非營利團體之間互相瞭解以及彼此學習的機會，改善過去由上而下的政策執行，轉化為由下而上，甚至是上、下溝通合作的執行模式，解決政府受限於傳統層級節制的問題，導入私部門之彈性，故公私協力有助於提升政府的回應性。

（三）議題倡導的功能

　　非營利組織通常是代表著一般大眾的非商業集體利益，藉以抗衡特定利益團體的特殊經濟利益，因此，非營利組織的議題倡導，可讓社會大眾及政府察知受服務對象的權利，以及其所應得的公平待遇。在協力關係下，非營利組織可謂為政府與民間之溝通橋樑，一方面使政府所欲執行之政策議題，順利傳達給服務對象甚至社會大眾，另一方面，也將服務對象或是社會大眾之所需反饋於政府部門，其雙向之溝通有賴非營利組織。

（四）資源整合共創利益

　　此為協力最具價值之處，透過政府與非營利組織的協力合作，使得雙方資源得以整合與投入，促使資源利用得以極大化。亦即公私部門雙方透過資源的整合與投入，提高資源使用的效率，使得原本可能被低度利用的公私資源因而轉變為高度使用，並透過利益與權力的分享使得公私部門的

參與者互蒙其利，故爲一「恆贏策略」。

（五）強化政府與民間之聯繫

協力強調「資源分享」、「責任分擔」的精神，亦即政府與非營利組織在面對公共問題的界定與解決上，要共同承擔責任，因此行政人員不僅是在回應人民的需求，更要發展公民參與的能力，並與之合作，而公民也負起實踐與參與公共事務的責任。透過公私協力在提供服務方面的合作，使得人民的需求可直接透過非營利組織進行表達，以增進人民在政策上的參與以及回應。

2-4 非營利組織與政府協力之限制與挑戰

一、認知上的差異

（一）對公共事務認知的差異

公部門與非營利組織雙方對於利益著眼點的不同會形成兩者互動之障礙。大抵而言，公部門無論是主張國家利益優先或人民利益優先，基本上都是從大層面的環境來考量，亦即「宏觀公共性」，視追求全民利益爲政府的基本使命。而非營利組織雖也是以追求公益爲使命，但其公益多利基於案主本身來考量，強調的是「微觀公益性」。因此，在公共事務管理的體認方面雙方會產生認知上的不同。

（二）對目標認知的差異

協力的成功關鍵要素之一在於協力的雙方能否有共同的目標，若缺少此一要素，雙方的協力關係恐怕難以建立。然而，有研究（嚴秀雯，2005：42）指出，許多公私協力的雙方雖承認彼此在大方向的目標是一致的，但對於細部目標卻不清楚，或是彼此間對於細節部分有不同的認知。

如是的結果可能導致協力過程中的誤解，有礙整合，甚至可能形成衝突，進而影響協力的成效。

二、體制上的差異

公私部門協力關係的推動是為了有效率的整合社會資源，而社會資源的整合有賴公私部門資源充分的互動。然而政府機關的龐大和層級複雜，加上公共事務範圍的廣泛，所以同一任務往往由許多不同單位共同負責，造成權責歸屬的模糊、不明確（吳英明，1996）。為了彌補上述的缺失，或許可以參考國外經驗，設立處理非營利組織事務的單一窗口，或在正式編制中設置專門單位，如日本的三重縣設有「NPO 課」，以掌管非營利組織的相關事務，而神奈川縣更進一步設立「縣民總務課 NPO 協力推行室」，用以推行、管理協力事業，並蒐集、提供協力事業相關資訊（林淑馨，2012：106）。如此一來，才能避免在協力過程中政府權責不明所產生的推諉情況。

三、過度依賴政府的財源

為因應政府組織的調整，未來可能會有更多的委託經營及公設民營的活動空間，這些雖會同時擴展非營利組織的活動空間，但卻也容易產生部分組織對政府財源形成過度依賴的情形（陳政智，2009：188）。為了解決上述的問題，非營利組織應採取多元經費來源策略，運用多元化與分散化的經費來源，以確保組織的自主性並降低對於政府財源的過度依存。

四、不對等的權力關係

在多數的夥伴／協力關係中，都有不對等的權力關係存在（嚴秀雯，2005：43）。主要原因在於，非營利組織與政府的協力關係通常是建立在「經費」的補助關係上。也因而，非營利組織容易喪失經營的自主性。對

此，有研究（林淑馨，2007：242）提出：為發揮公民團體的特性，政府與非營利組織雙方維持對等關係尤其重要，意即非營利組織不能因接受政府部門的財務或其他援助，而喪失組織原有獨立、自主的特性，應避免淪為政府的下級單位。而政府部門也應充分尊重組織的獨立、自主與專業性，不能任意介入組織的營運或干涉組織的經營方針，甚或服務提供的方式等。如此一來，非營利組織彈性、創新提案等特性才足以充分發揮，並提升組織參與協力之意願。

五、資訊不足的疑慮

根據國外的實証調查研究顯示，對非營利組織而言，「資訊不足」是阻礙其與政府部門協力的主要因素（林淑馨，2007：244-245）。而國內近期的實證研究也發現，多數非營利組織並不是不想與政府部門合作，而是缺乏相關資訊與管道，也就是「沒機會」與「不知該如何與政府合作」，甚至部分組織還認為政府沒有協力機制。有鑑於此，政府若欲藉助非營利組織的公益特性來強化公共服務的品質，首要之務當是「公開資訊」（林淑馨，2015：32, 37）。政府可以利用機關或地方發行的報紙、雜誌，或是藉由行文方式將相關訊息予以公布，盡量讓所有非營利組織知道各種消息，甚至可以將選擇協力對象的標準（如規模、經驗、執行力、營運狀況等）透過 NPO 協力平台清楚公開。另外，在資訊化社會中，還可以將相關訊息予以電子化，藉由電子郵件或官方網站發布消息。

六、避免養成「慣性依賴關係」與「既得利益化」

政府與非營利組織的協力關係結束時，需留意終止兩者的關係，此即「關係的有效性」，以避免雙方產生「慣性關係」，使特定非營利組織成為既得利益者。這種情況尤其容易發生在大規模的非營利組織與政府的協力個案中。主要的原因乃是對政府而言，若第一次與非營利組織的協力情況

良好,在能信賴的前提下,之後的協力對象可能傾向找同一非營利組織。如此一來,就形成上述的「慣性關係」,減少其他同質性非營利組織與政府協力的機會與經驗,容易造成特定非營利組織的「既得利益化」,同時也阻礙服務品質或效率的提升與改善。因此,若要避免此種情況的發生,就需在每次達成合作目標後,即結束雙方的關係,避免機會爲少數非營利組織所壟斷。

問題與討論

1. 非營利組織的公共性所指爲何?又具有哪些公共服務的功能?
2. 何謂協力?請說明協力關係興起的背景。
3. 請分組討論非營利組織爲何要與政府協力?並分析可能產生的優缺點。
4. 請分組觀察一個非營利組織與政府協力的過程,並分析其成效與限制。

NPO 小檔案

政府與非營利組織之協力個案——高雄市兒童玩具圖書館[7]

（高雄市立圖書館與社團法人調色板協會之協力——高雄市兒童玩具圖書館）

一、高雄市兒童玩具圖書館之緣起

　　高雄市智障者福利促進會[8]於1993年10月成立後，便極力爭取「兒童玩具圖書館」的設置，希望「兒童玩具圖書館」能發展成一個「家庭支援中心」，除了身心障礙兒童遊戲學習成長的環境外，也提供家長相關知識與資訊，幫助這些孩子早期療育，減輕障礙程度。「兒童玩具圖書館」在前市長吳敦義支持下，將館內舊有兒童閱覽室館舍，設立智障兒童玩具圖書館，由高雄市教育局、社會局撥款補助，成立國內首座「公設民營」專為心智障礙者服務的玩具圖書館。

二、高雄市兒童玩具圖書館之服務內容

　　「高雄市智障兒童玩具圖書館」委託「高雄市調色板協會」經營至今，該圖書館已於2001年改名為「高雄市調色板兒童玩具圖書館」，2005年底再改名「高雄市兒童玩具圖書館」。由於市面上的玩具多是針對正常小孩設計，「玩具圖書館」所提供的玩具就是由館員根據心智障礙孩子的特質而選擇適當的玩具作為學習的教材教具，館內工作人員除了教孩子學習操作外，同時指導家長如何使用玩具及其對孩子的啟發性與教育意義。

三、高雄市兒童玩具圖書館之協力與成果

　　高市圖於1993年8月1日與高雄市調色盤協會簽訂合約，玩具圖書

7　黃錦綿，2007：18-31。

8　高雄市智障者福利促進會於民國九十年更名為高雄市調色板協會，期盼家長扮演「調色板」的角色，結合社政、勞政、衛教體系，使心智障礙者與社會融合成社區的一份子。資料來源：高雄市調色板協會官網（http://www.palette.org.tw/?Guid=bd97aa0a-6674-5571-7cfa-ff1e1b825b31；檢閱日期：2016/02/25）。

館視同高市圖分館之一,由高市圖提供場地,並協助爭取政府補助款,酬予補助圖書、館舍設備及文具用品,至於玩具圖書館開館後提供之服務暨管理,包括人員、館務經營等由高雄市調色板協會負責,合約期限一年。自開館後,成為身心障礙兒童研究者及機構重要觀摩點且榮獲早療個案管理中心評鑑甲等,提供多元服務暨有效開拓財源,玩具圖書館經常向內政部、教育部、教育局及社會局申請補助,辦理各項活動。另外,協會會員以繳交會費方式彌補經營赤字,目前辦證人數,一般會員 1,015 人,特殊兒童 1,215 人,年度服務人數 5,175 人次。

參考文獻

一、中文文獻

江明修,2000,〈非營利組織協助政府再造之道〉,收錄於江明修主編,《第三部門經營策略與社會參與》,台北:智勝,頁 145-154。

江明修、鄭勝分,2002,〈非營利管理之協力關係〉,收錄於江明修主編,《非營利管理》,台北:智勝,頁 81-124。

吳英明,1996,《公私部門協力關係之研究:兼論公私部門聯合開發與都市發展》,高雄:麗文。

吳英明,2000,〈公共管理 3P 原則——以 BOT 為例〉,收錄於黃榮護主編,《公共管理》,台北商鼎,頁 585-632。

吳濟華,2001,〈公私協力策略推動都市建設之法制化研究〉,《公共事務評論》,第 2 卷第 1 期,頁 1-29。

李柏諭,2005,〈公私協力與社區治理的理論與實務:我國社區大學與政府經驗〉,《公共行政學報》,第 16 期,頁 59-106。

沈明彥,2005,〈「公設民營」對非營利組織的影響與因應之道——以 CCF 嘉義家庭扶助中心為例〉,《社區發展季刊》,第 108 期,頁 154-163。

林淑馨,2005,〈非營利組織與政府夥伴關係之析探:以日本為例〉,《公共事務評論》,第 6 卷第 1 期,頁 25-50。

林淑馨，2007，《日本非營利組織：現況、制度與政府之互動》，台北：巨流。

林淑馨，2008，《非營利組織管理》，台北：三民。

林淑馨，2010，《日本型公私協力：理論與實務》，台北：巨流。

林淑馨，2012，〈日本地方政府促進非營利組織協力之理想與現實〉，《政治科學論叢》，第 51 期，頁 91-128。

林淑馨，2015，〈我國非營利組織與地方政府協力現況之初探與反思：以臺北市為例〉，《文官制度季刊》，第 7 卷第 2 期，頁 17-45。

陳政智，2009，〈公私協力下政府部門如何協助非營利組織生存〉，《社區發展季刊》，第 126 期，頁 181-190。

陳瀅斐，2008，《我國非營利組織與政府協力關係之研究——以中輟生轉介輔導為例》，桃園：銘傳大學公共事務學系研究所碩士論文。

陳景霖，2008，《公私協力夥伴關係之治理模式——以花蓮縣豐田社區總體營造為例》，花蓮：國立東華大學公共行政研究所碩士論文。

黃錦綿，2007，〈公私合辦實例——高雄市立圖書館與高雄市調色板協會合辦兒童玩具圖書館〉，《臺北市立圖書館館訊》，第 24 卷第 3 期，頁 18-31。

詹鎮榮，2003，〈論民營化類型中之「公私協力」〉，《月旦法學雜誌》，第 102 期，頁 8-29。

雷文玫，2002，〈發包福利國？——政府委託民間辦理福利服務責信架構之研究〉，《兒童福利期刊》，第 2 期，頁 147-179。

嚴秀雯，2005，〈政府夥伴關係相關理論探討〉，《社教雙月刊》，第 8 期，頁 38-44。

顧忠華，2002，〈台灣非營利組織的公共性與自主性〉，《台灣社會學研究》，第 4 期，頁 145-189。

二、日文文獻

宮本憲一，1981，《現代資本主義と国家》，東京：岩波書店。

宮本憲一，1987，《公共性の政治経済学》，東京：地方自治体社。

東京都，2001，《東京都における社会貢献活動団体との協働－協働の推進指針》，東京都。

内海成治、入江幸男、水野義之編，1999，《ボランティアを学ぶ人のために》，京都：世界思想社。

三、英文文獻

Girdon, B., Kramer, R. M. and Salamon, L. M. 1992. *Government and the Third Sector: Emergong Relationships in Welfare States*. San Francisco, CA. Jossey-Bass Publishers.

Salamon, L. M. 1987. *The Nonprofit Sector: A Research Handbook*. New Haven, Conn: Yale University Press.

第**3**章

非營利組織與企業的夥伴關係

---------- 前言 ----------

　　近年來，非營利組織與企業合作的意願日趨升高，主要的原因在於受
到經濟不景氣和政府財務艱困的影響，來自社會大眾的捐款和政府的補助
日益減少。受到此種衝擊，非營利組織不得不改變傳統保守的思維與經營
方式，積極尋求因應之道，除了師法企業途徑推動事業化外，也嘗試和企
業合作，一方面爭取較多的資源，另一方面也學習企業經營管理的創新與
效率。

　　但是對於資源豐富的企業來説，何以要與非營利組織合作？這是由於
在全球化競爭與消費者意識抬頭的壓力下，基於合作夥伴政策法規、商業
策略等（陳至安、蔡佳蓉，2015：82），使企業開始體認到自身的經營除
了本身的努力外，還深受所處社會、政治環境的影響，因而越來越重視社
會責任（social responsibility），進而影響企業的經營理念，從消極被動的贊
助者角色，轉變成積極主動的參與公益者角色（林淑馨，2008：107），同
時也期盼藉由雙方的合作關係來提升企業的形象。

　　基於上述，在本章中首先介紹非營利組織與企業夥伴的內涵與誘因；
其次整理非營利組織與企業建立夥伴關係的類型，並探討兩者夥伴關係的
建立過程與如何形塑合作階段；最後分析非營利組織與企業在建立夥伴關
係過程中可能面臨的課題。

3-1 夥伴的內涵與誘因

　　非營利組織與企業部門相同之處在於，皆是人與資金的結合以達成其
目的。但不同於企業部門以自身利潤的提升作爲組織的最終目標，非營利
組織的資源則大多數是取決於社會大眾，且又享有稅法上之優惠，所以必

須更加妥善運用資源，以增進公共利益的使命。由此可知，非營利組織與企業的組織使命與目標幾乎是背道而馳，且大相逕庭的（林淑馨，2008：108）。然而，受到社會潮流的轉變與經營環境的衝擊，民間企業雖仍追求利潤，但其經營理念卻逐漸轉變，開始強調「企業社會責任」（Corporate Social Responsibility, CSR）。所以，在這樣的背景下，開啓了非營利組織與企業合作的空間，兩者的關係也越來越受到重視。

一、企業與非營利組織夥伴關係的内涵

在過去，企業以追求最大利潤爲目標，將減少成本、創造利潤以對投資人負責，也就是將實踐企業的經濟責任（economic responsibility），視爲是企業的基本任務。然而到了近代，企業逐漸體認到組織環境並非爲封閉的系統，除了內部的活動，外在的環境對於組織有極大的影響，換言之，企業與社會之間是一種互動依存的關係，唯有穩定的社會與良好的投資環境，企業才得以持續追求利潤。因此，基於社會問題對於市場可能產生影響，且消費者在從事消費行爲時也希望能回饋環境與社會等認知，企業在追求利潤的同時，亦需致力於改善社會問題以追求穩定的社會品質，進而結合企業資源與使命來改善社會，所以開始重視社會責任（張英陣，1999：6；馮燕，2006：181；陳瑩蓉，2003：20）。

就現代企業而言，對於社會責任的實踐，Fredrick 等人（1996）則認爲有兩項基礎，分別爲慈善原則與託管原則兩項，以下分述之（馮燕，2006：183-184；陳瑩蓉，2003：21-22）：

（一）慈善原則（the charity principle）

傳統的慈善觀念認爲，社會較富有的成員應對貧窮者懷有博愛慈善之心。隨著社會問題與需求的日益增加，逐漸超出富裕個體所能承擔的範圍，因此這種慈善的行爲逐漸由企業組織來提供。換言之，過去慈善曾經是富者的責任，逐漸轉變成企業、員工與高階管理階層一起擔負的責任。

發展至今，對許多企業來說，社會責任演變成爲一種參與社區公共事務的形式。

（二）託管原則（the stewardship principle）

企業主管將自己視爲公眾利益的信託人，雖然企業的目標爲追求利潤，但企業主管自認掌握企業龐大資源，因此應負有使得社會大眾受益於企業行動，或者爲其爭取福利的責任。此種認知衍生出「利害關係人理論」（stakeholder theory），認爲企業在追求利潤的同時，需要與企業的相關利害關係人有所互動，一方面可以追求利潤最大化，另一方面也可善盡社會責任。

如上所述，慈善原則促進企業對社會弱勢伸出援手，託管原則促使企業運作能同時兼顧社會公益，這兩個原則共同建構出企業公益的可能性，同時推動企業實踐其社會責任，可說是企業社會責任的兩大原則（參考表3.1）。

表3.1　企業社會責任的基本原則

	慈善原則	託管原則
定義	企業應投入志願性支援，以協助社會上需要幫助的人或團體。	企業扮演一個公眾受託者的角色；考量所有受到經營決策影響的群眾利益。
現代詮釋	企業參與公益活動。 投入推廣公益的志願行動。	認清企業與社會的相依性。 平衡社會多元群體的利潤與需求。
實例	企業成立公益基金會。 提出解決社會問題的對策。 與利益相關者結盟成社會夥伴。	以利害關係人取向作為企業策略制訂的基礎。 追求長期利潤，而非短期利益的極大化。 修正過的自利態度。

資料來源：馮燕（2006：184）。

二、企業與非營利組織夥伴關係的誘因

企業參與公益活動是爲回應企業社會責任的途徑之一，含有達成商業

目標的考量在內,而非營利組織則可透過與企業合作的方式獲得達成使命所需資源,因此,兩者夥伴關係的建立勢必涵蓋公益與商業的考量,以下將分別介紹之。

(一) 就企業角度而言

從企業的角度來看,其與非營利組織合作的誘因,可依據企業屬性,即國內企業或跨國企業而有所分別(徐木蘭等,2000:318-324;鄭怡世等,2001:9;池祥麟,2009:181-182;許世雨,2005:43-44;陳瑩蓉,2003:26-28):

1. 國內企業

(1) 商業策略

企業與非營利組織進行合作,可提升企業形象,並且吸引人才認同企業,進而提升組織競爭力,同時增加員工對於企業的認同感,降低離職率。另外,相較於企業自行推動並宣傳公益活動,若企業能與非營利組織合作,則可避免企業過度強調自身善舉的負面觀感。因此,整體而言,企業與非營利組織合作,將能提高員工、社會大眾與標的市場對於企業認同感,對企業形象也能有所加分,並直接反應在企業的財務利潤上;例如荒野保護協會因擔心棲地被破壞而成立「濕地植物庇護中心」,每年接受統一超商100萬元的贊助經費,而統一超商捐贈的這筆「綠色基金」,全都來自超商販售塑膠購物袋的額外收入,故兩者的合作模式就具有相當的環保意義,也為統一超商的正面形象加分不少。

(2) 重視社會責任

由於社會環境的改變,使得企業在追求自身利潤時,也開始兼顧利害關係人的福利或權益。然而,企業若要有效地落實社會責任,選擇與適合的非營利組織合作乃是首要之選,一方面藉由組織專業能力與經驗,改善社會環境產生正面影響力,另一方面也可避免將自身商業思維運用於公益活動中,造成資源浪費與無效率的困境;如國泰人壽贊助雲門舞集巡迴各縣市的戶外公演活動,藉此鼓勵本土藝術工作者有發展的舞台,並提倡藝

文活動平民化，希望以企業集團的力量，播下藝術的種子，讓民眾能夠近距離享受藝文生活和文化深耕的成果。

2. 跨國企業

（1）海外營運所在地的因素

跨國企業須將經營資源在全球加以適度分配，以達成利潤最大化的目標，確保市場的競爭優勢。然而，此種分配行為往往容易造成與地主國間利弊對應之緊張狀態。此乃由於地主國往往期待跨國企業協助當地達成經濟成長之目標，跨國企業卻不一定能達成這些預期目標，因此可能造成地主國及其民眾有被「經濟侵略」之感覺。在此情況下，跨國企業除了調整商業策略外，利用參與公益活動回饋社會也是緩和負面觀感的一種作法。

另外，跨國企業藉由參與公益活動，使企業得以在地化，一方面除了增加在地認同感外，另一方面亦可吸引優秀人才。所以參與公益活動對於跨國企業而言，除了提升企業形象與行銷的契機外，還可獲取更大商業利潤；例如美商福特六和曾於1996年邀請國際保育重要學者研究黑猩猩的珍古德博士來臺訪問，協助成立「珍古德野生動物保育研究協會」，為臺灣與國際保育建構起溝通與合作的直接管道，提升臺灣的保育形象。不僅如此，福特六和自2000年起設立「福特保育暨環保獎」，每年提供佰萬元以上的獎金資助民間團體以及個人對環境保育的計畫，如2000年「黑面琵鷺保育學會」的解說員培訓計畫及資料彙整，即是為全世界保存了最大的濕地嬌客棲息地。

（2）來自母國社會的期望與壓力

跨國企業之所以參與所在地的公益活動，除了認為應盡社會責任回饋當地，或是提升企業形象與競爭力外，來自母國社會的期待也是促使企業參與公益活動的重要因素。跨國企業的母國社會往往認為企業除了在母國善盡社會責任外，於海外所在地也須扮演企業公民的角色，以回應母國社會大眾的期待，因此，跨國企業需積極參與所在地之公益活動；例如臺灣微軟與開拓文教基金會合作，舉辦「NPO CEO交流研討會」，企圖針

對不斷變化的市場，藉由來自各地 CEO 的經驗分享，找出合適的因應策略。又如花旗銀行與賽珍珠基金會合作開辦理財課程，舉辦「新移民媽媽的幸福帳本」活動，目的是教導新移民學習記帳、金融、儲蓄及保險等理財知識，使其成為理財高手，以改善其經濟狀況。

（二）就非營利組織角度而言

1. 資源獲得

非營利組織的財源不外乎來自於商業交易、民間捐助與政府贊助。但在經濟不景氣的影響下，來自民間捐助相對不穩定，所以非營利組織轉而尋求與企業部門合作以獲取經費、產品服務、知名度或專業人力等資源。例如克蘭斯化妝品公司連續兩年度捐款100萬元給心路基金會，並在各大專櫃放置捐款撲滿，為期一個月，最後將這筆捐款當作是協助心路基金會旗下五座智障兒早期療育中心的教育經費。

2. 提高組織聲譽

非營利組織要獲得較佳的聲譽，除了需運用其專業落實使命，有效改善社會外，適度的宣傳使社會大眾瞭解組織也是相當重要的。透過與企業部門合作，組織可以擴大參與網絡，除了能夠學習到企業專業管理知識外，亦可使得其自身理念與服務更容易被宣傳，進而建立與提升組織的形象。另外，透過此種方式，還可以吸引具有服務需求者與志工人力之加入，進而提供更多元的服務。

3-2 非營利組織與企業夥伴關係的型態與過程

一、夥伴關係的類型

探討非營利組織與企業的夥伴關係相關文獻雖多，但對於兩者關係類型的建構，則以 Wymer, Jr 與 Samu（2003）所發展的分析架構較為完整。

此一分析架構是依據「夥伴動機」（partner motives）及「建立關係的期望」（expectation for establishing relationships）兩個面向，來解釋非營利組織與企業合作關係類型。「夥伴動機」是指經濟動機或偏向非營利的善因動機，而「建立關係的期望」則主要以控制權為區分，即由非營利組織或企業掌控（鄭勝分，2006：5）。因此，若根據上述兩種面向來區分非營利組織與企業的合作關係，則有包括：企業慈善、企業型基金會、許可權的協議、贊助、交易為基礎的贊助、聯合議題倡導、聯合創投等七大類型，分別整理說明如下（鄭勝分，2006：5-8；許世雨，2005：45-47；池祥麟，2009：182-185；李佳霖，2009：15-17）：

（一）企業慈善（corporate philanthropy）

企業慈善意指企業對於非營利組織進行金錢或其他資源的捐助，是「片斷的」與「非正式的」。換言之，企業慈善所需的承諾感最低，不需要對於投入的資源加以承諾或保證，因此可能是一筆資金，也可能是提供企業人力給非營利組織使用。根據《遠見雜誌》在 2007 年所做的調查顯示，「企業慈善」為近年來最受外商及本土企業歡迎的方式，企業偏好透過捐款、參與慈善公益或成立基金會方式，以幫助企業實踐社會責任（陳至安、蔡佳蓉，2015：84）。對於企業而言，透過此種合作模式，除了表達對公益的支持外，也可使得市場或自身員工對企業更具認同感，進而提升企業的公共形象，以增加未來商品的銷售量。對於非營利組織而言，除了獲取資源外，也可藉此強化組織聲望，提升未來募款的能力。然而，對於合作的雙方而言，負面的醜聞將會影響彼此的聲譽，且由於此種合作模式所需的承諾感最低，因此非營利組織也可能面臨合作的企業突然減少或停止捐贈的風險。例如：美商 3M 台灣子公司鼓勵員工發揮創意做公益，成功的將育成洗車中心轉型為全台第一座環保省水綠洗車廠。企業志工們不僅分組重新檢視育成洗車及汽車美容的工作流程，也分享內部的教育訓練技巧作為身心障礙者提升專業技能的參考。此外，更有為身心障礙者量身訂做收銀台及各項改善工程，以建構友善安全的工作環境。

（二）企業基金會（corporate foundations）

　　企業基金會是企業為了支持公益使命並管理其慈善目標，另行創立的非營利實體。相較於其他模式，企業乃藉由代理人（企業基金會）來表達對公益使命的支持，且較容易維持慈善捐助的穩定性；亦即企業可於財務績效較佳時，提供較多資源給基金會運用或準備，避免於未來財務不佳時對於慈善捐助造成影響。就我國而言，本土企業偏好出資成立基金會，每年再視營運情況，從企業盈餘中提撥一部分，作為年度捐款；例如富邦文教基金會是1990年公司事業有成為回饋社會而成立，鑑於當時青少年問題的嚴重，針對青少年提供各種正向休閒活動和行為教育的推展，協助培養健全的身心，期許將來能成為社會中堅。至於外商跨國企業則偏向與本土非營利組織建立活潑的互動關係；例如台灣花旗銀行與聯合勸募募集善款，協助全台超過一千個社福團體，也曾與喜憨兒基金會合作，發行喜憨兒認同卡並協助公關行銷，使喜憨兒在短時間內聲名大噪。

（三）許可權的協議（licensing agreements）

　　企業與非營利組織也可透過許可權的協議進行合作。在此種模式中，非營利組織同意企業運用其名義或標誌於企業產品之中，而企業則回報非營利組織固定比例的費用。換言之，即企業運用非營利組織的標誌或名聲，以在競爭市場中獲得較佳的形象，進而提升財務績效。在這種合作模式中，企業主要關注的部分乃在於透過許可權的協議提升企業本身的利潤，而非營利組織則可獲得資源，例如台灣銀行發行與台灣導盲犬協會合作的認同卡，每筆消費可回饋0.375%給非營利組織；花旗銀行發行印有喜憨兒標誌的認同卡，提撥刷卡人每筆刷卡消費的0.275%捐給喜憨兒社會福利基金會即為一例。然而，在此種合作模式中，須留意的是許可權協議意味著非營利組織為企業產品背書，消費者也可能較相信經過非營利組織認證過的產品，一旦產品品質有疑慮，將衝擊非營利組織的聲譽與信用。

（四）贊助（sponsorships）

　　贊助是企業透過與非營利組織合作，將自身的品牌或商標置入公益性的廣告或者於外部宣傳活動中曝光。由於企業認為非營利組織的某項活動具有意義，一方面透過支付贊助費用加以支持，另一方面則藉此提升曝光率與企業形象，除了贊助活動的費用外，企業往往也須負擔宣傳此項贊助行為的費用，才能達成提升形象之效果，例如台積電贊助雲門舞集、玉山金控曾贊助中華職棒、中國信託曾贊助米勒的畫展等。但此種合作模式也伴隨著風險，亦即不管哪一方發生醜聞，非營利組織未來很可能不易再吸引到贊助者。

（五）交易為基礎的贊助（transaction-based promotions）

　　交易為基礎的贊助為企業捐助非營利組織現金、設備或實物，而捐贈比例的多寡則取決於企業商業活動成果。換言之，當消費者購買企業產品時，企業會捐出特定比例的金額給予特定的非營利組織，也就是常見的「善因行銷」（或稱目的行銷，cause-related marketing）。此種合作模式為建立企業與非營利組織的互利關係，企業可藉此達成促銷與提升形象之目的，增加銷貨量，非營利組織亦可達成募款之目標並使自身被社會大眾所瞭解，有助於公共關係的提升。例如：紅色產品計畫（Product Red）是由許多公司共同參與將各自的銷售額依一定比例捐給全球基金（Global Fund）以對抗非洲地區的愛滋病。然而由於企業採用此種方式與非營利組織合作是為提升產品銷售量，因此有可能引發對於慈善動機是為利他還是利己的質疑，並可能造成非營利組織面臨組織商業化的危機。因此若要採取此種合作方式，需慎選合作對象並且有明確書面協議，避免危機發生。

（六）聯合議題倡導（joint issue promotions）

　　在聯合議題倡導（或稱參與型贊助）的合作模式中，企業與非營利組織共同支持慈善或公益的目的，因此非營利組織具有控制優勢。在此種夥伴關係狀態下，企業對於非營利組織的支持有別於以經費贊助的方式，

而是以「運作上的支持」與非營利組織共同推動公益使命，透過運用企業
自身的資源與專業技術，來協助合作活動或協議內容，透過這種實質的資
源與人力，使企業對於合作內容仍具有不同程度的影響與權力。若夥伴組
織具有名氣，而企業與非營利組織的公益使命得以連結，再加上媒體的參
與，將使得聯合議題倡導的合作模式具有相當之成效。例如：P&G 寶僑
家品與乳癌防治基金會及乳癌病友協會合作幫助偏遠地區婦女做乳癌檢
測。企業推出凡消費組織生產的相關產品將捐出 6 元協助偏遠地區婦女接
受乳癌篩檢，不僅如此還加送婦女健康手冊乙份，以提醒女性朋友關心自
身健康。又如日本綠色和平組織因擔心氟氯碳化合物破壞臭氧層，造成地
球氣候暖化，呼籲盡早全面廢止氟氯碳化合物的生產與使用，若日本可以
將非氟氯碳冷媒冰箱商品化，或許還能使用到其他用途或是協助亞洲開發
中國家脫離氟氯碳污染。因此促成該組織與日本松下電器共同開發環保冰
箱即是著名案例[1]。

（七）聯合創投（joint ventures）

　　聯合創投（或者稱為合資）是企業透過與非營利組織合作的方式，藉
由創立一非營利實體以達成彼此都希望實現的共同目標。如過往企業常視
環保團體為經濟發展的阻礙，環保團體亦認為企業為污染環境之元兇，如
今則透過企業與環保團體合作的方式，共同改善其產品製程與標準化監測
措施，而使企業所產出之產品得以被環保團體所接受，例如賦予產品環保
標章、印上企業責任標語等，或是企業與環保團體共同組成環保的政策倡
議組織，教育社會大眾環保知識，甚至影響立法者等，都是聯合創投的展
現。然而此種合作模式也有風險，如果夥伴的行為不慎，就容易對於雙方
造成信譽危機。對於非營利組織而言，更可能因為成員間對於是否與企業
合作而產生意見上的紛爭，因此雙方若要以此種方式進行合作，需要有充
分的溝通。例如綠色和平組織與世界知名運動品牌愛迪達（Adidas）等品

---

[1] 詳細內容請參閱林淑馨（2015）論文。

牌合作，在製衣過程中進行改革，以減少污染，即是一例。又如保德信人
壽與企業平台「社企流」合作，贊助2016年至2018年為期三年的「iLab
社會企業育成」計畫，希望與未來培育出的44位青年社會創業家攜手努
力，透過新的使命、策略，以及領先潮流的模式平台，讓台灣的創新種子
萌芽茁壯，激發解決社會問題的宏觀視野也是一例[2]。

二、夥伴關係的建立過程與合作階段

非營利組織與企業合作，能夠提升雙方的名聲並使資源能有效運用，
進而達到改善社會問題的目的。然而兩者之間夥伴關係的建立，並非一蹴
可及的，雙方須先就彼此的合作創造聯繫，確保策略相符，才能創造合作
的價值。因此，如能熟悉夥伴的過程將有助於合作關係的建立，分別介紹
如下（許世雨，2005：49-51）：

（一）建立夥伴關係的過程

1. 創造聯繫（making the connection）

不論是企業、非營利組織或是其他類型的組織，要與其他單位建立起
合作關係首先要面臨的問題就是：對象是誰？對象可先就自身所設定的標
準，如需具備的資源或能力加以設定，再透過中介組織機構進行市場調
查，主動搜尋或依據過去合作經驗來加以尋找。一旦確定了合作的對象
後，接下來雙方將對彼此的能力、相容性等進行初步瞭解。

2. 確保策略相符（ensuring strategic fit）

當合作對象確立之後，雙方便開始就彼此的能力、策略、價值與合作
效用等面向進行深入瞭解，透過溝通的方式就合作價值與需求等進行調
整。一般而言，彼此瞭解的越深入，合作關係越鞏固。另外，為了使合作
的雙方對於彼此的目標與現狀能夠清楚認知，訂定明確的合作目標是必要
的。然而值得注意的是，夥伴關係往往需經歷較長的互動才能進入契合的

---

[2]　http://www.seinsights.asia/taxonomy/term/3269，檢閱日期：2016/02/28。

狀態，因此在過程中除了需調整策略、任務與價值外，也需創造未來彼此
的合適性。

3. 創造價值（generating value）

每一段合作關係中，參與者之間必定存在價值交換，而這些價值也決
定了夥伴關係的階段，以及進行合作後所需採取的類型。在創造價值過程
中，合作的雙方須經歷四種價值的轉換過程，包含在連結合作關係開始前
的價值定義，以及合作期間價值的創造、平衡和更新。

4. 合作關係的經營（managing the relationship）

夥伴關係必須被視作爲一種關係而非交易。一段合作關係的建立與成
效取決於彼此投入的程度，而進行合作的過程中，制度化、信任、溝通、
負責與學習，並確保策略的可行性，以及適度的激勵合作夥伴是塑造成功
夥伴關係不可或缺的要素。

（二）形塑夥伴關係的階段

如表3.2所示，非營利組織與企業的合作關係可以區分成慈善、交易
與整合三個階段，以下分述之（陳瑩蓉，2003：33-35；池祥麟，2009：
186-188）：

1. 慈善階段（philanthropic）

在慈善階段中，企業與非營利組織的合作關係多爲慈善贊助者與領受
者的關係。也就是企業爲金錢性的捐助者，而非營利組織爲捐助接受者。
合作建立於單方向的施與受關係，而非雙向的互利。另外在慈善階段，雙
方也缺乏對於資源的交流，以及彼此溝通互動。在互動過程中僅有少數組
織成員涉入，高層則缺乏參與。彼此對夥伴關係的期待與投入意願相對較
低，各自狹隘的界定彼此的合作空間，呈現有限的互惠關係。

2. 交易階段（transactional）

在此階段中，企業與非營利組織會因爲策略性動機而驅使彼此進行合
作，換言之，雙方會確認與尋求雙向的利益流動，重視互惠合作關係，而
非如慈善階段爲單向關係。雖然企業所追求的目標爲利潤，而非營利組織

則重視公益使命，但雙方可藉由互動溝通，發掘彼此共同的使命與價值，並進一步藉由策略性合作方式以共同創造預期效果。

在交易階段中，企業可能會投入人力參與非營利組織的活動，以培養員工多元能力，以及增進對企業的認同，而非營利組織則可學習企業專業管理知識，以提升自身經營能力。另外，基於合作策略，雙方合作模式往往聚焦於特定活動，使雙方能夠進行資源交換，如目的行銷、活動贊助、契約型服務等都屬於此範疇。

3. 整合階段（integrative）

當原本處於交易階段的夥伴關係，其使命、組織、活動的整合達到新層次時，便開始邁入整合階段。在此階段中，雙方的任務、成員、方案活動逐漸融入彼此的組織運作，雙方會持續提高彼此互動與聯繫頻率，形成系統性的行動整體，並產生整合後特有的價值與表現。然而，這種高度策略性層次的合作關係，將提高雙方的相互影響與依賴的特性，換言之，即合作的雙方必須直接承受彼此帶來的風險。

表3.2　合作的階段

關係階段	慈善階段	交易階段	整合階段
參與程度	低	中	高
使命重要性	邊緣的	中度	核心的
資源投入程度	小	中	大
活動範疇	窄	中	廣泛
互動頻率	少	中	密集
經營管理的複雜度	簡單	普通	複雜
策略性價值	中度	主要	主要

資料來源：修改自許世雨（2005：45）。

三、成功夥伴關係的指導方針

企業與非營利組織兩者於本質上有著相當程度之差異，前者追求利潤，後者則強調公益特性與不分配盈餘，因此這兩種在本質上迥然有別的

組織，若要能夠達成良好且成功的合作關係，根據 Kanter（1994）所言，需留意下列八項標準（轉引自許世雨，2005：51-53）：

（一）本身條件好（idividual excellence）：亦即合作的雙方是爲了正面理由（如追求未來發展的機會），非基於負面因素（如掩飾組織缺點）而結合，且皆能投入付出資源於合作關係中。

（二）重要性（importance）：亦即合作關係均符合雙方發展的策略目標，因此願意投入資源於合作關係中。

（三）互依性（interdependence）：亦即合作雙方各自擁有互補性的資源，且彼此互相需要。

（四）投資（investment）：亦即合作的雙方願意彼此相互投資。

（五）資訊（information）：亦即合作的雙方須能夠順暢彼此溝通，並且共享資訊。

（六）整合（integration）：亦即雙方皆有成立聯繫管理的單位，並能夠以共享的運作方式使得合作關係更平順。

（七）制度化（institutionalization）：亦即合作的關係具有正式地位，雙方的責任與決策過程皆被明確規定，不可隨意變更。

（八）尊嚴（integrity）：亦即合作的雙方須能夠互相尊重，以增加彼此的信任。

3-3 非營利組織與企業夥伴關係所面臨之課題

企業雖逐漸體認到無法於現今社會中獨善其身，須借重非營利組織的專業來達成善盡社會責任、改善社會問題、提升組織名望、增加認同等多重目標，因而尋求與非營利組織建立夥伴關係。然而，由於企業與非營利組織存有本質上的差異，導致雙方在進行夥伴關係時可能會面臨下列問題

與風險。作者試整理說明如下（陳瑩蓉，2003：44-46；池祥麟，2009：190-191）。

一、企業的合作風險

（一）資源過度投入

　　企業通常將管理技術與員工時間視為最珍貴的資源，因此為避免影響正常營運，在公益合作上對於這方面的資源提供就有所保留。若企業在合作的關係中投入過多的資源，而影響自身的營運或獲利時，可能使員工或股東對於企業的慈善捐助產生不滿。

（二）組織名譽的影響

　　企業在合作關係中所面臨的最主要風險是組織商標與聲譽的損失。尤其當非營利組織的名聲與企業及其相關產品有所連結時，容易因為類似背書的效果，引起若干執法者考量是否有欺騙消費者之嫌，而被評為假借慈善之名的商業活動，替企業帶來反效果，甚至傷害到夥伴的名譽。此外，當合作的非營利組織信譽不佳時，也可能使企業的品牌形象受損。

（三）事前缺乏連結夥伴關係的資訊與機制

　　當雙方在相互尋求合作夥伴時，可能會面臨資訊不足的問題，亦即不知道該如何尋找適合的合作夥伴。對企業而言，由於非營利組織知名度與資訊可得性較低，乃是直接須面對的風險。另外，若在夥伴關係確立之後，亦可能因為缺乏經驗與資訊，使彼此的合作關係難以更進一步，而停留在層次較低的慈善階段。

（四）合作的價值不易評估

　　企業與非營利組織藉由合作所產生的社會利益，其成效難以量化，無法用市場價格加以衡量，因此容易使企業在進行決策時無所適從，或是若合作的產出存在明確的市場價格（如以交易為基礎的贊助），可能使企業

因而將合作的焦點轉向那些產出可見的部分（如認同卡的銷售量），而忽略那些產出不可見的公益行為。

二、非營利組織的合作風險

（一）合作的成本過高

對於非營利組織而言，企業的贊助與支持固然非常重要，但相對的也須面對相當程度的風險，特別是對於自身資源較少的非營利組織來說，若合作關係所產生的效益並非如預期理想時，將可能因投入的機會成本過高而產生運作的困境。

（二）資源的排他性

非營利組織與企業合作可以獲得實現使命所需之資源，然而合作所產生的益處並不表示整體資源就會增加。非營利組織的捐款者往往存在捐款的範圍，因此若在活動過程中認為已有足夠捐贈，則可能減少例行的捐贈。

另外，捐款者也可能由於非營利組織與企業合作，認為組織無資源的需求而停止捐款，或由於不滿非營利組織與企業合作而停止捐款，而非營利組織與企業合作也可能導致過去支持的企業轉而協助其他非營利組織。

（三）組織運作的影響

由於非營利組織具有公益特性和不分配盈餘的特質，在組織文化與目標方面與企業存有相當大的差異，可能導致雙方在從事公益活動產生歧異，尤其企業在商業邏輯下重視行銷宣傳，可能會與非營利組織的形象與策略有所衝突。

此外，非營利組織與企業合作時，組織既有的自主性是否會受到影響也是須面對的課題。企業與非營利組織合作時可能會就合作內容設定某些限制，以避免合作的內容或方式對雙方造成影響，然而若這些設定超出其應有的範圍，可能會對非營利組織造成過度干預，使組織喪失自主性。

3-4 結語

　　隨著環境的變遷、資訊科技快速發展，現代企業體認其需承擔的責任，已由過去的經濟責任演變為須重視社會整體環境，並考量利害關係人的利益。在慈善原則與託管原則的催化下，企業開始尋求參與社會事務的契機，然而由於社會問題過於龐雜，且公共事務的思維與企業思維又有著極大程度的差異，因此形塑企業與非營利組織間的夥伴關係。

　　對於企業而言，與非營利組織進行合作，不僅能夠提高社會與自身員工的認同度，增強企業聲譽，更進一步能夠擴大利潤。就非營利組織而言，與企業合作亦可自企業學習專業經營管理相關核心能力，並且獲得資源的挹注。然而，合作的雙方從開始的創造聯繫、確保策略相符、創造價值到經營管理，都需要持續的互動與溝通，不斷調整其策略以及共同分享使命願景，才能夠使兩者的合作模式達到互惠的結果，形成社會利益極大化。

　　另外，由於非營利組織與企業之間存在本質上的差異，因此兩者的合作關係也可能面臨風險。就企業角度而言，投入公益資源的多寡、可合作對象資訊的匱乏、社會利益產出未必能以數字加以衡量，以及合作夥伴聲譽的良窳等，都是企業必須面對的課題與風險。就非營利組織角度而言，組織自主性、組織名譽、合作所造成的資源排他，以及成本的負荷都是合作過程當中不可避免的難題。因此，在近年企業逐步投入公益的情形下，與非營利組織合作的機會可說是與日遽增，如何創造最大化價值的策略計畫，則成為兩者夥伴關係中最重要的環節。

問題與討論

1. 請問對於企業來說，欲實踐社會責任有哪些原則？
2. 請問非營利組織與企業彼此互相合作的誘因為何？
3. 請問非營利組織與企業之間存在哪些合作的方式？請舉實例說明。
4. 請分組討論企業與非營利組織合作存在哪些風險？

NPO 小檔案

台灣導盲犬協會與台灣銀行的合作[3]

　　在台灣，社會中存在著許多視覺障礙者，而現今社會對於視障者的生活來說，還是屬於不太方便的。因此，在2002年，一個公益性質的社團法人成立了，這就是台灣導盲犬協會。

　　協會成立的目標，在於建立並推動導盲犬制度，讓台灣的視障者除了使用白手杖外，也有使用導盲犬的權利。一般說來，視障者在使用手杖的時候，多半只能被動的偵測到近距離內、前方左右45度範圍內的障礙物，然而有了導盲犬的引導後，視障者行進的速度、安全及便利性，都會因此而提高許多。更重要的是希望藉由這種跨越物種的情感與關係，讓視障朋友更積極、更有自信的走出自己的路，同時也喚醒社會大眾對於視障者的關懷及對於動物的愛護。

　　然而，在導盲犬養成過程中需要投注許多的人力及經費，同時社會也需要投入更多的愛心與實際的支持。因此，2005年台灣導盲犬協會便開始與台灣銀行合作，共同推出台銀導盲犬認同卡。

　　對於台灣銀行而言，此種合作一方面除了能夠以實際行動支持愛心公益，關懷導盲犬外，另一方面亦可以激起社會大眾的認同，進而提高商品銷售量，而對於台灣導盲犬協會來說，也可以達到獲得實際資源，並且提高自身組織知名度，進一步獲得社會大眾認同的效益。當消費者刷卡消費後，台銀會自每一筆消費金額中捐助0.375%的回饋金給台灣導盲犬協會，相較於其他與公益行為有關的信用卡回饋金多低於0.3%，此舉更能夠實際協助台灣導盲犬協會完成導盲犬建校計畫，使得未來導盲犬能夠於健全完善的環境中，接受專業訓練，順利成為視障者生活中的「第二雙眼睛」。

---

[3] 台灣導盲犬協會（http://www.guidedog.org.tw/tgda.htm，檢閱日期2016/02/25）。新台灣新聞周刊504期（http://www.newtaiwan.com.tw/bulletinview.jsp?bulletinid=23212，檢閱日期2016/02/25）。

參考文獻

池祥麟，2009，〈非營利組織與企業的互動關係〉，收錄於蕭新煌、官有垣、陸宛蘋主編，《非營利部門：組織與運作》，台北：巨流，頁179-196。

李佳霖，2009，《非營利組織與企業夥伴關係之研究：以弘道老人福利基金會為例》，嘉義：南華大學公共行政與政策研究所碩士論文。

林淑馨，2008，《非營利組織管理》，台北：三民。

林淑馨，2015，〈日本企業與非營利組織的合作關係之初探〉，《社區發展》，第152期，頁140-150。

徐木蘭、楊君琦，2000，〈企業的非營利事業規劃〉，收錄於蕭新煌主編，《非營利部門：組織與運作》，台北：巨流，頁316-338。

張英陣，1999，〈企業與非營利組織的夥伴關係〉，《社區發展季刊》，第58期，頁62-70。

許世雨，2005，〈建構非營利組織與企業合作關係之研究〉，《第三部門學刊》，第3期，頁39-80。

陳瑩蓉，2003，《企業參與公益活動與非營利組織的夥伴關係：以三個在台灣的跨國企業為例》，嘉義：國立中正大學社會福利學系研究所碩士論文。

陳至安、蔡佳蓉，2015，〈企業型基金會推動企業社會責任運作模式之成效研究〉，《通識論叢》，第18期，頁81-108。

馮燕，2006，〈台灣的企業基金會〉，收錄於蕭新煌、江明修、官有垣主編，《基金會在台灣：結構與類型》，台北：巨流，頁175-210。

鄭怡世、張英陣，2001，〈非營利組織與企業組織合作募款模式之探討——以民間福利服務輸送型組織為例〉，《東吳社會工作學報》，第7期，頁1-36。

鄭勝分，2006，〈非營利組織與企業夥伴關係類型及其風險之探討：以社福類基金會為例〉，《第三部門學刊》，第6期，頁1-33。

第二篇
策略管理篇

第**4**章

非營利組織的法律規範

─────────── 前言 ───────────

　　世界銀行於 2000 年出版的《非政府組織法的立法原則》一書中提
到，一個政府若能透過制定合理的法規，來支持民間非營利組織的發展，
至少有下列六個原因：(1) 證明政府尊重人民結社和言論自由；(2) 鼓勵
社會的多元性和寬容性；(3) 讓人民更尊重法制，促進社會安定；(4) 政
府透過 NGO ／ NPO 可提供更多服務，促進效率；(5) 彌補公共部門的
市場失靈；(6) 提供對市場經濟的支持。由於各國非營利組織的數量與重
要性日益增強，許多國家雖著手制定相關法規，但卻常傾向限制活動和加
強政府控制，而非在鼓勵非營利組織提升自我規範的功能，所以該書建議
目前尚無非營利組織相關法規的國家應考慮立法，為非營利組織部門建構
一個獨立、專業和運作透明的發展環境，強化組織中的自我規範。

　　由以上所述得知，政府因可以透過制定或執行法律，對非營利組織
有極大的掌控權。而且政府也可以經由規範非營利組織的設立、活動指
導、課稅、資金收受、要求業務報告、稽核程序、允許或拒絕非營利組織
參與政府計畫或政策制定的相關法律，來幫助或阻撓非營利組織的發展
(World Bank 編，喜馬拉雅研究發展基金會譯，2000：11)。因此，一國非
營利組織的發展與該國相關法制健全與否，以及政府立法的動機與態度有
相當密切的關係。基於此，在本章中乃欲介紹我國非營利組織的法律規
範，首先整理我國非營利組織的主要法律規範；其次歸納免稅、公益勸募
條例與財團法人法草案等其他相關規範；最後探討非營利組織的他律與自
律關係，以作為本章之結語。

4-1 我國非營利組織的主要法律規範

　　我國非營利組織約可分為兩大類，一類是以會員為基礎的協會或社團組織，一般稱之為「社團法人」；另一類則是以基金組合為基礎，是指將基金財富運用於公益慈善事業的基金會（foundations），又稱之為「財團法人」。由於政府對於非營利組織的行為規範，如稅法中的各種租稅減免規定，以及組織成立、治理行為、責信要求等將會影響非營利組織的發展與功能發揮，因此瞭解非營利組織的類型與所需遵守的法律規範則顯得相當重要。

　　由於我國並沒有制定規範非營利組織的特別法，因此其法源主要是依據民法規範，又因我國屬於大陸法系國家，民法中並未使用「非營利組織」或「基金會」等詞彙，所以有關「非營利組織」的概念僅可見於民法中對「公益法人」的規範，而基金會則可視為是一般對「財團法人」的代稱（馮燕，2000：76），至於社團法人的相關規定則可參照《人民團體法》的規定。因此，在本小節中先針對非營利組織的這兩種主要規範加以介紹。

一、民法

　　如上所述，我國係屬大陸法系國家，沿用民法傳統，對於非營利組織進行規範。就民法而言，其對於法人的定義，乃為自然人以外，由法律所創設，可成為權利及義務主體的團體，然並未具備有自然人的人格權，如生命、身體、健康等，亦不產生身分法上的法律關係，但具備名譽、信用等人格權，使組織得以對外代表組織成員從事法律行為（林淑馨，2008a：153；馮燕，2000：77；2009：250）。

　　如圖4.1所示，我國非營利組織的規範，依據民法中總則以及民法對於法人之規定，可分為公法人與私法人，前者指涉有公權力的政府機關，

後者則包含營利與非營利組織或團體，而可以再區分為「社團法人」與
「財團法人」。社團法人意指以人為主的社會團體，經法院許可，具有法人
地位的組織，包含有營利性社團法人與非營利社團法人，前者如公司、
商號，後者則又可區分為「中間性社團法人」（如同鄉會、同學會）以及
「公益社團法人」。至於財團法人方面，則有「一般性財團法人」（如基金
會），以及「特殊性的財團法人」（如依照私立學校法所設立的學校、依
照醫療法所設立的醫療機構、以及政府捐資所成立的財團法人，如海峽
交流基金會、中華經濟研究院、資訊工業策進會等）（林淑馨，2008b：
54-55；馮燕，2000：77；2009：250-251；官有垣，2000：80-81；鄭怡
世，1999：314）。因此，有研究指出，財團法人的內在意涵應包含下列四
項要素（陸宛蘋，1999：31）：

（一）具備有公益性質，具有特定目的。

（二）財團法人係以捐助財產為其基礎，屬於他律法人，故須有一定
　　　的資產。

（三）財團法人的設立，以提供財產的形式，或生前捐助以遺囑為之
　　　皆可，但均需要具備捐助行為。

（四）財團法人以董事會為其執行機關。

圖4.1雖有助於瞭解於民法中對於非營利組織的區分，然須注意的
是，非營利社團法人與財團法人，固然可泛稱為非營利組織，但非營利社
團法人中的中間性社團法人（或稱互惠性社團法人，如同鄉會、校友會
等）以及財團法人中屬於政府捐資所成立的基金會，是否可稱作為非營利
組織則仍有討論的空間[1]。

---

[1] 對此持較為保留態度的論述可參照馮燕（2000：80）；官有垣（2000：77-78）；黃世鑫、
　　宋秀玲（1989：19-21）；林淑馨（2008b：57）等。

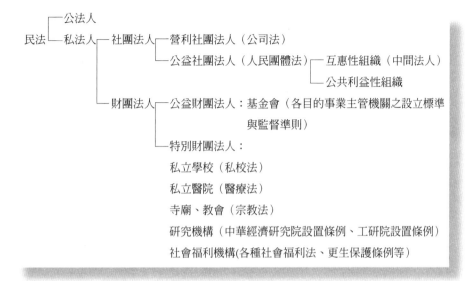

圖4.1　我國民法中非營利組織的規範法制

資料來源：馮燕（2000：80）。

　　另外，若比較財團法人與社團法人的差異發現（參考表4.1），社團法人是指一群人的組織體，其組成的基礎為社員，因此組成一個社團須具備一定人數的發起人，組織與其社員為彼此獨立的主體，團體行為由理事與監事等機關代表為之，社員則透過社員大會以參與並監督機關的行為。基本上社團法人的組織較富彈性，性質上為自律法人，而財團法人則以財產為基礎，需要有一筆可供使用的財產方可成立，其並無社員的組成，不具備自主意思，而為設立管理者依捐助目的忠實管理財產，因此財團法人的組織較為固定，是依照捐助章程所定之組織方法組成，性質上為他律法人，當組織或管理方法不善時，主管機關或利害關係人均得聲請法院為必要之處分（馮燕，2000：77-78；黃新福、盧偉斯，2006：51）。

表4.1　社團法人與財團法人之比較

	社團法人	財團法人
成立基礎	人；有社員	財產；無社員
設立方式	兩個以上之自然人或法人共同發起	一個自然人或法人或依照遺囑，即可捐助一筆財產而成立
種類與性質	營利：依特別法（公司法） 公益：主管機關許可設立後，使得向法院登記為法人	公益：主管機關許可設立後，使得向法院登記為法人
內部組織	社員大會為最高決策機關；但平日會務則由會員推選出來的代理機關（理事會）代為處理	由管理人依捐助章程做管理財產之決策與執行
組織與章程之變更	均交由社員大會決議	捐助設立者制定捐助章程，若有不周時，得聲請法院為必要處分
解散事宜	共同事由： 1. 違反設立許可條件，主管機關撤銷之 2. 破產（董事向法院聲請之） 3. 其目的或行為違反法律或公序良俗，法院得因主管機關或檢察官或利害關係人之請求而宣告解散	
	得由社員決議隨時解散；或社團事務未依章程進行，法院得因主管機關或檢察官或利害關係人之請求而宣告解散	因情勢變更致目的不能達到時，主管機關得斟酌捐助人之意思，變更其目的或解散之

資料來源：馮燕（2000：77-78）。

二、人民團體法

　　社團法人的法律規範是以人民團體法為主要依據，其中對於主管機關的規定為：在中央為內政部；在直轄市則為該直轄市之社會局；在縣（市）為縣（市）政府社會處，但其目的事業仍須受各該事業主管機關指導監督，換言之，主管機關可能涉及有兩個或兩者以上。

　　若依照我國人民團體法內容，可將我國人民團體區分為三種類型，分別為職業團體、社會團體與政治團體。在該法中也將我國人民團體之運作

內容與組成類型加以闡述規範，主要內容如下（官有垣，2000：81；鄭怡世，1999：314；陸宛蘋，1999：32）：

（一）職業團體

職業團體是以協調同業關係，增進共同利益，促進社會經濟建設爲目的，由同一行業之單位、團體或同一職業之從業人員組織之團體。而內政部爲求行政作業上的方便，又將其區分爲工商業團體（如各類型商業同業公會）與自由職業團體（如律師公會、會計師公會……等）兩大類。

（二）社會團體

社會團體是以推展文化、學術、醫療、衛生、宗教、慈善、體育、聯誼、社會服務或其他以公益爲目的，由個人或團體組成之團體。根據這些目的，又可將社會團體區分爲學術文化團體、醫療衛生團體、宗教團體、體育團體、社會服務及慈善團體、國際團體、經紀業務團體、聯誼性質團體（如宗親會、同鄉會、同學校友會等），以及其他等九大類團體。

（三）政治團體

政治團體意指以共同民主政治理念、協助形成國民政治意志，促進國民政治參與爲目的，由中華民國國民組成之團體，簡言之，就是一般所稱之「政黨」。

上述三種人民團體雖僅有社會團體可泛稱爲非營利組織，但就功能上來看，職業團體也具有中介性與互助性的功能，介於政府與民眾之間，一方面可將政府政策和作法傳達給會員及社會大眾，另一方面亦可將團體成員與民眾的想法和願望反應給政府，作爲政府和民眾雙向溝通的橋樑。因此職業團體對於社會發展而言，仍具有其正面效益。

4-2 我國非營利組織的其他相關規範

　　我國非營利組織的分類可由民法以及人民團體法加以瞭解，但除此之外，政府對於非營利組織的行為規範，如稅法中的各項租稅減免規定，以及對於組織設立、治理行為、責信要求等的各種監督法則，則散見在各目的事業主管機關所訂之財團法人監督準則、各類的免稅規定及公益勸募條例中。以下乃針對這些法規進行概要性介紹。

一、各目的事業主管機關之財團法人監督準則

　　我國將財團法人許可及業務監督權限賦予目的事業主管機關，使其訂定監督獎懲的相關辦法。一般而言，依據民法規定，財團法人的設立，須經過捐助行為的捐助章程、主管機關許可，及向所在地法院登記等三道程序（江明修、陳定銘，1999：230）。目前我國各目的事業主管機關對於財團法人都訂有規章，包含有教育部、內政部、外交部、國防部⋯⋯等，其中除了財政部與勞動部之規章稱作準則外，其餘皆稱要點[2]。另外，法院對於財團法人的監督，主要有關財團法人組織的補強與變更事項、解除董事（或監察人）職務或宣告董事行為無效、解散法人以及清算財產。值得注意的是，財團法人解散時，其財產不得歸屬於私人或其他營利性社會團體，僅能交付予地方自治團體或其他公益團體（江明修、陳定銘，1999：233）。我國中央各部會財團法人目的事業主管機關的相關規範請參閱表4.2所示。

---

[2]　部分參考馮燕（2009：258-259）。

表4.2　中央各部會財團法人目的事業主管機關規範

主管機關	目的事業	規範名稱
教育部	舉辦符合本部主管業務之公益性教育事務為目的	教育部審查教育事務財團法人設立許可及監督要點
教育部體育署	興辦體育公益事業為其設立目的	教育部體育署審查體育財團法人設立許可及監督要點
內政部	辦理內政業務	內政部審查內政業務財團法人設立許可及監督要點
外交部	外交部主管財團法人設立許可及監督要點	外交部主管財團法人設立許可及監督要點
國防部	有關國防事務	國防事務財團法人設立許可及監督要點
衛生福利部	公益性衛生事務	衛生福利部審查衛生財團法人設立許可及監督要點
經濟部	協助提升經濟發展為目的，從事促進工商經貿、能源資源、產業科技及資訊應用	經濟部審查經濟事務財團法人設立許可及監督要點
行政院環境保護署	有關環境保護業務	行政院環境保護署審查環境保護財團法人設立許可及監督要點
行政院大陸委員會	辦理臺灣地區與香港、澳門居民往來有關事務，並謀保障臺港澳人民權益為目的	行政院大陸委員會審查港澳事務財團法人設立許可及監督要點
交通部	鐵路、公路、大眾捷運、郵政、電信、航政、港務、民航、氣象、觀光等有關交通事務	交通部審查交通事務財團法人設立許可及監督要點
行政院農業委員會	從事農、林、漁、牧、糧食、農村發展及其他有關農業事務	行政院農業委員會審查農業財團法人設立許可與監督要點
法務部	宏揚法治為目的，從事法制研究、法律服務、矯正服務及司法保護	法務部審查法務財團法人設立許可及監督要點
財政部	財政相關事務	財政部財團法人監督管理準則

勞動部	以公益為目的，從事有關促進勞資和諧、保障勞工權益、增進勞工福祉、提高勞動力及其他勞工事項等業務	勞動業務財團法人監督準則
文化部	公益性文化事務	文化部審查文化事務財團法人設立許可及監督要點
行政院原子能委員會	促進原子能和平用途為目的，從事原子能科學與技術之研究、服務及應用等公益活動	行政院原子能委員會審查原子能業務財團法人設立許可及監督要點
僑務委員會	從事僑民公益事務	僑務財團法人設立許可及監督要點
行政院國軍退除役官兵輔導委員會	辦理有關退除役官兵福利事項與服務照顧	國軍退除役官兵輔導委員會審查退除役官兵福利服務業務財團法人設立許可及監督要點
科技部	促進科學技術發展為目的，從事科學技術研究發展及相關科技推廣或服務	科技部審查科技事務財團法人設立許可及監督要點
行政院青年輔導委員會	辦理青年輔導事務為目的	行政院青年輔導委員會審查青年輔導事務財團法人設立許可及監督要點
國家通訊傳播委員會	從事通訊傳播事業相關營運、教育推廣、監理研究、技術發展研究或國際交流合作	國家通訊傳播委員會審查通訊傳播財團法人設立許可及監督要點
金融監督管理委員會	本要點施行前經財政部暨其所屬機關許可，設立隨業務移撥本會及本會許可設立之財團法人	金融監督管理委員會主管財團法人監督管理要點

資料來源：作者自行整理。

二、免稅相關規範

　　除了上述各目的事業主管機關所頒定之監督要點或準則之外，就民法對於非營利組織的分類，非營利社團法人以及財團法人由於其自身的公益性質，因此亦享有稅法上的優惠。這些賦稅優惠的相關規定散見於所得稅法、所得稅法施行細則、教育文化公益慈善機關或團體免納所得稅適用標

準、營業稅法、印花稅法、娛樂稅法、遺產及贈與稅法、遺產及贈與稅法施行細則、土地稅減免規則、平均地權條例、房屋稅法、關稅法、使用牌照稅法等十三種法規當中（鄭怡世；1999：314；馮燕，2000：84；江明修、陳定銘，1999：245）。

三、公益勸募條例

非營利組織之財源收入，大多來自於社會大眾捐款，因此如何對於這些善款加以管理及妥善運用即成為重要的課題，同時也關係到捐款者未來對於非營利組織的信任與支持程度。早期我國的捐款法規是沿用1943年公布，1953年修正公布的《統一捐募運動辦法》，其主旨乃在於規範提倡國防建設、慰勞國軍，舉辦公益慈善及文化教育事業發起捐募運動者，爾後亦有公布《台灣省統一勸募運動實施辦法》、《捐募運動管理辦法》，但其內容多不脫離前述之辦法（馮燕，2009：261）。然而隨著時間演進，既有之法令已不全然適用於現今社會，因此修法議題獲得各方關注，其後更因1999年歷經921大地震，以及諸多災害，使得非營利組織所獲得之捐募財源受到社會大眾之重視。但即便如此，歷經幾屆立委任期相關法規仍遲遲未能通過，直到2006年5月17日立法院終於通過《公益勸募條例》，成為台灣第一部明文要求公益團體將募款所得公開徵信的法案，並於同年12月25日公布《公益勸募條例施行細則》，使得非營利組織在公益勸募行為上有了依據。

《公益勸募條例》共計有32條條文，其立法精神在於透過公開徵信保障捐款人，讓善款得到善用，並規範公益勸募活動的執行與所得。因此，在《公益勸募條例》第1條中即明確表示，其制定的目的為有效管理勸募行為，妥善運用社會資源，以促進社會公益，保障捐款人權益。此外，該條例中基於公益目的，將從事政治活動之團體或個人，以及宗教團體、寺廟、教堂或個人，基於政治或宗教目的所募集之財物或接受捐贈之行為排除在公益行為之外（第3條）。同時對於勸募活動團體界定、勸募申請與

期限、勸募活動所得財物的用途限制與使用規定，以及活動費用的支應、明細公布的要求與主管機關的權限等均有明確的規定。

　　若歸納《公益勸募條例》的內容發現，該條例除了規範勸募主體、遏阻政府專案募款外，對非營利組織向外募款有下列幾項規定：（1）設定勸募工作費之法定額度；（2）勸募行為規範；（3）勸募所得不得移作他用；（4）資訊公開；（5）限制勸募對象；（6）明訂罰則（劉淑瓊，2009：226-227）。上述內容顯示，《公益勸募條例》的制定是希望保障捐款人的權益，妥善運用社會資源，以提高社會大眾對非營利組織的信任。

　　然而，《公益勸募條例》只管「募」不管「捐」，也就是只管錢如何進到公益團體，以及後續的使用計畫審核，當災難發生時，公益團體只需要針對募款專案公布收支明細與用途說明即可，至於民眾自行捐款部分，則完全不需公開資料，也管不到公益團體組織架構及整體財務運作。因此，為因應社會變遷及實務需要，行政院會在 2014 年 2 月 13 日通過《公益勸募條例》部分條文修正草案，其重要修正內容如下：

（一）為使勸募行為更為明確，增訂勸募的意義（修正條文第 2 條）。

（二）將勸募團體之負責人或代表人因進行勸募涉嫌犯罪，經提起自訴判決有罪，以及未開立收據等情形，增訂為主管機關得廢止其勸募許可之事由（修正條文第 10 條）。

（三）對重大災害勸募活動予以特別規範，增列應停止勸募活動之機制及其配套規定（修正條文第 12 條）。

（四）配合實務運作，明定辦理重大災害勸募活動之必要支出百分比，以確保募得財務能多數用於勸募目的（修正條文第 17 條）。

（五）明定勸募團體應於勸募期間定期辦理公開徵信，並於勸募期滿報主管機關備查並公告，以符合責信原則（修正條文第 18 條）。

（六）增訂重大災害勸募活動有不可歸責於勸募團體事由者，其總執行期間不得超過十年，以及財務轉捐之相關規定（修正條文第19條）。

（七）為強化責信，增訂勸募團體於勸募所得財物使用期間應定期辦理公開徵信，另重大災害勸募活動所得應定期將勸募所得財物使用情形報主管機關備查，且勸募活動所得總額達新臺幣三千萬以上，應辦理會計師專案財務報表查核簽證（修正條文第20條）。

由以上所述可知，相較於原《公益勸募條例》，修正案的內容確實比較能達到規範勸募團體和強化責信的目的，但依然無法解決只管募不管捐的問題。

四、財團法人法草案

近年來，隨著民意的多元需求與越來越多公共事務的推動，政府亟需非營利組織的協助，惟因現行財團法人之設立與管理，是以民法相關規定及各主管機關依職權所訂定之命令為主要依據，其規範內容不僅無法因應社會變遷，且有違法律保留原則之虞。另外未區分「政府捐助之財團法人」與「民間捐助之財團法人」也久為社會各界所詬病，因而有制定《財團法人法》的呼聲出現。

根據2010年3月18日行政院院會中通過《財團法人法》草案內容來看，該草案主要是希望能解決目前財團法人所常見的利益迴避、財產運用、監督機制與董監事的待遇等問題，使我國的財團法人制度能更健全的發展。該草案的重點主要如下：

（一）將財團法人區分「政府捐助之財團法人」及「民間捐助之財團法人」，並將「宗教法人」排除適用（草案第2條與第3條）。

（二）財團法人捐助章程應記載事項、捐助財產之種類及其最低總額
標準、許可要件及不許可理由（草案第8條至第13條）。

（三）禁止財團法人以通謀、詐欺或其他迂迴手段，將財產移轉或運
用於捐助人或其關係人，或其擔任負責人、董事、監察人或經
理人之營利事業（草案第15條）。

（四）董事或監察人執行職務時，有利益衝突者，應自行迴避，且不
得假借職務上之權力、機會或方法，圖本人或關係人之利益
（草案第16條至第18條）。

（五）財團法人之財產，除保值外，並得為適當投資，以兼顧財產
運用之靈活性，維持其辦理各項公益事業之財力（草案第21
條）。

總結以上所述得知，目前我國尚未有專門規範非營利組織的相關法
律，有關規定散見於民法、人民團體法及相關行政命令中。雖然2002年
行政院青年輔導委員會嘗試研擬《非營利組織發展法》草案，以確保公民
社會中多元組織的自主與互動，但完整的非營利組織法卻遲遲無法制定完
成，主要原因乃是部分學者專家擔憂政府會假借繁榮非營利組織之名，而
行「國家擴權」之實，使公民社會的發展遭受挫敗所致[3]。對此，作者認
為，或許應先對國內規範非營利組織的相關法制進行通盤的分析檢討，如
果現行法制足以因應、適用於各類非營利組織，在避免疊床架屋的前提
下，自然不宜再制定非營利組織法；倘若現行法規因散見各處，呈多頭馬
車狀態，無法提供非營利組織一個明確的發展方向，應可以考慮制定非營
利組織法或其他相關的監督機制。

---

[3]　相關論述請參閱劉淑瓊（2009：227）。

4-3 非營利組織的他律與自律

　　非營利組織與營利組織最大的差異在於其具有公益的特質，但如何維繫組織公共性與公信力，並確保其正當性，乃是重要的課題。有研究指出，非營利組織可以從兩方面著手，一是透過建立非營利組織的公信力以維繫公共性（自律），另外則是健全法律環境以獲得法律合法地位（他律）（馮燕，2001：229；2009：269）。因此，在本小節中乃以他律與自律為分析主軸加以論述。

一、非營利組織的他律規範

　　根據馮燕（2001：230）所言，「他律規範」就是一個法律規範，亦即強制性機制，而最大的權力來自於國家、政府。換言之，他律規範是指透過正式法規，由政府或其他公權力來執行的監督機制。目前我國非營利組織的他律規範，大致有民法、人民團體法（規範社團法人）、各部會之財團法人設立標準與監督準則、免稅法及捐募法規（馮燕，2009：265），目的在於確保非營利組織的運作為正常狀態，並藉此些規範避免不法情事發生，以使社會大眾對非營利組織產生信任。因此，可以將法律規範視為非營利組織的他律。在提到他律規範時，政府是非營利組織的主要監督主體，其功能是不可替代的。而政府所具備的強制性為有效監督的基本保障，立法機關所頒布之相關法令成為非營利組織的基本環境，既是對於其行為的約束，亦為其行為標準（周志忍等，1999：44-45）。

　　上述相關法規對於非營利組織來說，藉由他律，主要可視為對組織設立允許、鼓勵以及管理監督，使得其受到法律相關規定之保障，並能發揮彌補社會服務之功能，而透過相關規範向主管機關提報資料與公開資訊的行為，使得社會大眾瞭解非營利組織資源運用與流向，除了便於管理外，更可維護人民知的權利，以及提高非營利組織自身的公信力（馮燕，

2009：257），以避免非營利組織在發展過程中可能產生之基礎不充分、制度不良、凝聚力不足、領導失效、會務廢弛以及偏離自身章程或使命等弊病（許世雨，1999：183-184）。

二、非營利組織的自律規範

所謂自律是指非營利組織發展到專業化程度時，組織內所建立的自行規範（馮燕，2003：12；2009：266）。因此，對於非營利組織而言，達成組織自律乃是組織治理過程中相當重要之環節。有別於透過公權力以強制性手段規範的他律，自律則爲組織自身專業範疇。然而專業內的自律規範並不意味可以取代正式的法律，事實上，遵循適用的法律乃爲專業的基本精神之一。由於自律規範是由專業人員自行相互約定，自願遵循的守則，因此可以將政府所制定的法規，作爲非營利組織行爲的最低規範標準，而自律規範乃爲非營利組織發展漸趨成熟之時，基於向社會大眾證明其效率之需求，以及當政府法規不合需求或日漸繁複，或意識到組織需有更高行爲標準以爭取社會公信時，而自行訂出之較高標準的自我要求規範（馮燕，2003：14-15）。

一般而言，自律具有三種層次：最低層次爲法律約束與監督的結果；第二層次是輿論監督與道德規範約束的結果；最高層次的自律則成爲行爲主體的人格，超越一切的監督而達到自爲的境界（周志忍、陳慶雲，1999：271）。自律爲非營利組織保障與強化公共責任的理想方式，但需佐以多重力量的監督，以及處於良好社會環境中，才能使非營利組織所受到的外部約束轉化成自覺的責任意識與內部自律機制。

總結以上所述得知，自律的形成實有賴於他律的力量，但過度的他律又可能會削弱自律的力量，因此兩者之間須找出維持合理且平衡的尺度（江明修、梅高文，2003：145）。以我國而言，2005年所成立之台灣公益團體自律聯盟即爲非營利組織自律機制之表現，是一個由非營利組織自願

集合所成立之聯合團體，簽署自律公約及規範，每年上網公告聯盟成員的工作報告及財務報表，讓社會大眾查閱。該聯盟的成立宗旨為提升我國非營利組織的公益績效與社會形象，增進社會大眾對於公益團體的認識與信任，任務為：（1）建立自律機制，促成公益團體資訊公開；（2）促進捐款人權益保障；（3）推動建立適合公益團體生存之法令環境；（4）推動公益團體之交流；（5）促進公益團體發展相關研究；（6）其他有利於公益團體發展之工作。該聯盟至今（2016年2月底）已經有包括聯合勸募、荒野保護協會、洪建全基金會、兒福聯盟、喜憨兒、陽光、靖娟、伊甸、善牧、罕見疾病、愛盲等共181個非營利組織加入[4]。

4-4 結語

　　本章從法律規範面出發，對我國非營利組織之相關法規加以介紹，以期加深讀者對非營利組織的瞭解。就我國而言，有關非營利組織主要之規範乃是依據民法以及人民團體法，並依照其成立標準與運作內容等條件差異而區分為財團法人與社團法人。除了這二種法規外，更有免稅相關法規、目的事業主管機關的監督要點以及其他法令等，對於非營利組織的經營形成管制或規範。

　　然而，或許正因我國缺乏規範非營利組織的單一法規，相關規定散見各處，因而突顯出規範雖繁且多，可謂層層規範管制，但在實務上卻因缺乏專業與人力，而呈現執法過於寬鬆，裁量標準分歧，管制僅見形式而不見實質，造成組織無所適從的現象（江明修、梅高文，2003：148）。此外，過多的規範也可能影響非營利組織的自主管理特質。因此，為求非營利組織的健全發展，或許可以考慮制定單一的非營利組織法，同時早日促

---

[4]　臺灣公益團體自律聯盟網站（http://www.twnpos.org.tw/team/team_1.php?Type=0&Class=0&City=0&Keyword=&page=16，檢閱日期：2016/02/25）。

成非營利組織達到自身的自律，藉由來自外在政府機構之他律，配合非營利組織本身的自律，使非營利組織在經營運作上不僅可以合乎當前法律規範，亦可以獲得社會大眾的信任，進而達到永續經營的目標。

問題與討論

1. 請問我國民法中對於非營利組織的規定為何？
2. 觀察加入台灣自律聯盟的非營利組織，有哪些自律的行為或作法？
3. 請問財團法人與社團法人的成立基礎和運作方式有何不同？請分別觀察一個財團法人與社團法人的非營利組織，並比較其運作的差異。
4. 何謂自律與他律？請討論其對非營利組織所代表之意義。

NPO 小檔案

中華民國紅十字會[5]

　　紅十字會成立於1863年，由紅十字之父亨利·杜南先生發起，並號召了四位日內瓦公民，加上杜南先生本人共五人聯合成立了「救援傷兵國際委員會」（International Committee for the Relief of the Wounded）。其後再演變爲紅十字國際委員會（International Committee of the Red Cross），從此紅十字會成爲國際性的人道服務救援平台，截至2006年底全球有185個國家成立紅十字會或紅新月會。

　　「救援傷兵國際委員會」成立後，歐洲幾個國家的政府於1863年10月在瑞士日內瓦集會，決定推動成立杜南先生所建議的傷兵救援組織。隔年1864年的8月，經由瑞士政府邀集12個國家代表在日內瓦召開外交會議，會中除確立紅十字名稱外，也通過國際委員會所草擬之「陸地上部隊傷兵境遇公約」，這項公約規範了戰爭時，在保證互惠對待的情況下，交戰雙方承認戰爭中的傷兵與救援人員爲中立者的特別地位。自此，戰爭和法律不再是無法妥協的相對者，此爲人道歷史上一項重大發展。上述公約簡稱爲日內瓦公約（亦稱紅十字公約），至今仍有效。這四個公約的公約國，包括批准國、加入國及繼承國，截至2006年3月底止，共計192個，是當今世上成員最多的一個公約。日內瓦公約的演變與規定，形成了國際法中國際人道法（International Humanitarian Law，簡稱IHL）的主要內容。公約也賦予各國紅十字會（或紅新月會）特殊的國際地位。

　　1965年在維也納召開的第20屆紅十字國際會議通過，復於1986年在日內瓦召開的第25屆紅十字與紅新月國際會議通過修正，並載明於國際紅十字與紅新月運動章程，擬定國際紅十字運動的基本原則如下：人道（humanity）、公正（impartiality）、中立（neutrality）、獨立（independence）、志願服務（vluntary service）、統一（unity）、普遍（universality）。

---

[5]　中華民國紅十字會（http://web.redcross.org.tw/，檢閱日期：2016/02/25）。

　　中華民國紅十字會成立百年多來經歷日俄戰爭、清末的動盪與紛亂、民初的軍閥割據、八年抗戰等戰亂,民國三十八年隨政府遷台後,又先後執行各種醫療服務與急難救助、推展急救與水上救生訓練、推廣家庭保健與居家照顧,至921震災發生後,不僅進行災難救援與濟助的工作,同時並建立救災備災的體系,在國人飽受戰爭和災變肆虐的時候,紅十字會不僅從未缺席,而且還有無數的無名英雄,用他們的犧牲和奉獻,印證了紅十字的精神——「博愛、人道、志願服務」,更用他們的生命和行動,實踐了紅十字的理想。

參考文獻

江明修、梅高文,2003,〈自律乎?他律乎?財團法人監督機制之省思〉,《中國行政評論》,第12卷第2期,頁137-160。

江明修、陳定銘,1999,〈我國基金會之問題與健全之道〉,收錄於江明修主編,《第三部門經營策略與社會參與》,台北:智勝,頁215-270。

周志忍、陳慶雲,1999,《自律與他律:第三部門監督機制個案研究》,浙江:浙江人民出版社。

官有垣,2000,〈非營利組織在台灣的發展:兼論政府對財團法人基金會的法律規範〉,《中國行政評論》,第10卷第1期,頁75-110。

林淑馨,2008a,〈日本《NPO》法的實施對非營利組織發展之影響分析〉,收錄於江明修主編,《第三部門與政府:跨部門治理》,台北:智勝,頁121-154。

林淑馨,2008b,《非營利組織管理》,台北:三民。

許世雨,1999,〈非營利組織與公共行政〉,收錄於江明修主編,《第三部門經營策略與社會參與》,台北:智勝,頁155-190。

陸宛蘋,1999,〈非營利組織之定義與角色〉,《社區發展季刊》,第85期,頁30-35。

喜馬拉雅研究發展基金會譯,World Bank編,2000,《非政府組織法的立

法原則》，台北：喜馬拉雅研究發展基金會。

馮燕，2000，〈非營利組織的法律規範與架構〉，收錄於蕭新煌主編，《非營利部門：組織與運作》，台北：巨流，頁75-108。

馮燕，2001，〈從部門互動看非營利組織捐募的自律與他律規範〉，《台大社工學刊》，第4期，頁203-242。

馮燕，2003，〈自律與他律——公益倫理的產生〉，「第三部門之內部治理與外部環境學術研討會」論文（11月28日），台北：國立政治大學第三部門研究中心。

馮燕，2009，〈非營利組織的法律規範〉，收錄於蕭新煌、官有垣、陸宛蘋主編，《非營利部門：組織與運作（第二版）》，台北：巨流，頁250-275。

黃世鑫、宋秀玲，1989，《我國非營利組織功能之界定與課稅問題之研究》，台北：財政部賦稅改革委員會。

黃新福、盧偉斯，2006，《非營利組織與管理》，台北：空大。

劉淑瓊，2009，〈非營利組織與政府的互動關係〉，收錄於蕭新煌、官有垣、陸宛蘋主編，《非營利部門：組織與運作（第二版）》，台北：巨流，頁223-248。

鄭怡世，1999，〈台灣民間非營利社會福利機構參與社會福利服務探析〉，《社區發展季刊》，第87期，頁312-326。

第5章

非營利組織的治理

─────────────────── 前言 ───────────────────

　　隨著台灣經濟快速成長，社會邁入多元化、多樣化的體系，各類型的非營利組織紛紛出現。因此，非營利組織的服務類型不再侷限於傳統的慈善救濟，而擴展到社會福利、醫療衛生、學術研究、社會運動、國際交流、教育文化、政策倡導、環境保護等多元面向，為國家社會注入一股新興的生命力。

　　然而，有研究即指出，在這多元的社會型態中，並非僅有營利組織需要談治理，身負公共服務功能的非營利組織在治理議題的討論上也應受到重視（官有垣等，2009：50）。主要的原因乃在於隨著非營利組織快速成長，所牽涉的利害關係人範圍更加廣泛，甚至還包括大眾捐款是否能有效運用、事業化資源的使用等責信。組織的治理儼然已經成為非營利組織能否有效運作的首要課題，但實務上，現有的非營利組織並不能將完備的管理及治理發揮的淋漓盡致（Young, 1993，轉引自黃新福，1999：393），顯示非營利組織有必要正視治理的重要性，並加強本身的治理能力。

　　此外，基於非營利組織所扮演角色之重要性與日俱增，多數國家的人民希望政府能解除對社會的管制與操控，或是建立明確的法律規範，以開放並促進各種非營利組織的成立與發展。但另一方面，民眾為了確保非營利組織能有效妥善管理並運用社會資源，卻也開始關注非營利組織治理機制的建立與課責等相關議題。也因而有研究即指出，非營利組織的運作已從「英雄時代」發展到「制度時代」，其關鍵就在於治理機制確立與否（丘昌泰，2007：36）。有鑑於此，本章即以非營利組織的治理為中心，首先介紹治理的意涵；其次探討治理與非營利組織的關係；最後乃整理非營利組織的治理要素，並分別從權力和時間面向來闡述董事會的治理模式。

5-1 治理的意涵

　　「治理」（governance）一詞，源自於拉丁文和古希臘語（steering），原意是控制、引導和操縱之意，常被運用至各類制度系絡中，以探討權力運用的情形。治理的目的是為了人們的權益而採行指揮、控制及管制等活動。長期以來它與「統治」（governing）一詞交互使用，在傳統國家公共事務相關的管理活動和政治活動的實務上，「治理」與「統治」其實並無太大差異（姚泰山，2003：17）。然而即便如此，兩者之間仍存有本質上的不同。就統治而言，統治的主體須為社會的公共機構，權威則是來自於政府所賦予的權力，權力運作模式為由上而下，其特質為強調制度，使用理論觀點乃以國家、政府為中心，亦即從政府觀點思考社會發展政策；而治理的主體包括公共機構、私人機構或公、私機構合作，其權威來自於機構內所有參與者所共同賦予，權力運作模式為上下互動，特質為強調過程，理論觀點為國家、政府及公民社會皆各自具有自主性，兩者透過合作進行互動（李志宏，2006：106）。之所以會有如是改變乃是政府有感於許多公共事務無法再由政府單獨提供所致。

　　另有學者指出，治理是由統治轉換而來，且其內在概念意涵相當複雜，如由不同角度加以觀察皆可得出不同之結果（李柏諭，2008：12）。該名詞首先出現於1989年世界銀行所提出的「治理危機」，之後聯合國全球治理委員會（Commission on Global Governance）則賦予更確切的定義，指出治理是「各種公的或私的個人及機構管理其共同事務的諸多方式的總稱，其中包括有權迫使人們服從的正式機構和規章制度，也包括非正式的各種安排」（江明修，鄭勝分，2003：77；李柏諭，2008：12；李志宏，2006：105；陳林，2004：17-24）。

　　因之，根據上述的定義來分析，治理應具有下列幾項特徵（李志宏，2006：106；馮美珠，2005：15）：

一、治理本身係個人或機構管理方式的總合。

二、治理是一種過程，並且是一種持續的過程。

三、治理的範圍包括公共部門與私人部門。

四、治理的目的在於透過協調的方式，以調和不同利益或衝突，進而達到行動一致的目標。

五、治理的方式包括有正式的機構、規章制度，及非正式的制度安排。

　　自 90 年代開始，「治理」的概念逐漸成爲社會科學領域中被廣泛討論之議題，用以探討各類制度脈絡中的權力運用、權利分配以及組織效能的情形（官有垣，2006：26；王振軒，2006：24）。整體而言，治理的核心問題在於權力行使、利益分配與責任的歸屬上，因此舉凡組織界定、政策及決策過程的建構、分配權力機制的建立、執行任務程序過程的設定等決定或行動，皆屬於治理的內涵（官有垣，2006：26）。

　　總結上述不難看出，在治理的體制下，講究的權力關係並非是強勢與由上而下的，而是透過協調合作發展而產生。換言之，治理代表著在現代社會中，政府將原先自身承擔的責任與任務轉移至社會，由其他部門或是民間組織來加以承擔，彼此之間則是透過持續溝通與協調的方式，來達到服務目標上的一致，使得在權力過程中並非僅是由上而下的發展，改爲公部門與其他部門間水平互動的模式，而此種變化則象徵著一種新的統治模式。

　　另外，值得注意的是「治理」不同於「管理」。有學者認爲，管理所涵蓋的範圍較窄，舉凡與組織次級單位或組織整體績效有關的決定及行動，均屬於管理範疇。而治理除了考量績效外，尚涉及組織使命的界定、政策的建構、決策過程的擬定、程序設定等（Boyatzis, 1982，轉引自黃新福，1999：399）。因此，如比較兩者的差異發現，「治理」著重在使命界定、政策與組織特性的問題，而不是日常的項目實施問題，所關注的重點

在於組織的使命與目標如何在組織的結構、政策,以及程序中被界定出來的問題;而「管理」則是強調組織內部的運作,以及與績效有關的決定及行動,故治理的概念範疇遠比管理大且廣。

5-2 治理與非營利組織的關係

觀察治理機制在非營利組織的運用可以發現,非營利組織興起以及運作上分別與全球治理與公司治理相關,其中全球治理說明了非營利組織在現今社會中所扮演的角色,而公司治理則用於說明非營利組織的運作。以下則針對這兩種治理面向以及其與非營利組織的關係加以說明:

一、全球治理(global governance)

由以上所述得知,治理含有分權化之意涵。近年來,隨著資訊科技與網際網路的發展,使得全球開始面臨政治經濟與社會情勢的轉變,也就是全球化的現象,因而有全球治理觀點的提出。

表5.1　全球治理特色

	第一部門	第二部門	第三部門
治理主體	跨國政府組織	多國籍公司	非營利組織
治理運作	授權	解除管制	公司協力

資料來源:江明修、鄭勝分(2003:80)。

從表5.1可看出,受到全球治理的影響,使得政府與其他部門間的關係開始出現改變,在國家事務的運作上不再以政府為主體,而是加入了企業與非營利組織作為夥伴關係的新範疇。而在運作的形式上,全球治理則由於資訊科技發達而呈現多元關係的連結網絡,使得運作呈現多元面向而不同於傳統管制(江明修、鄭勝分,2003:80)。就此內容觀點來看,受

到全球治理的影響，使得非營利組織開始與政府合作以提供公共服務。而治理概念不僅可用來說明政府間的互動關係，也適用於觀察政府與非政府組織、各種公民運動、跨國企業及全球資本市場間的互動情形。

二、公司治理（corporate governance）

　　公司治理源於1930年美國企業進行企業股份化，所有權與經營權分離趨勢下，為避免經營者濫權並維護股東權益，而發展出之理論。公司治理意指整合公司管理部門、董事會、股東和其他利害關係人的關係，並且以組織化的方式決定公司目標及監控績效。簡言之，公司治理是指公司內部的董事會及其他相關單位透過經濟法令與營運規範所形成的內部控制與外部監督的機制（丘昌泰，2007：35），其運作概念不僅適用於企業，亦可用於政府與非營利組織之中。良好的公司治理能夠提供誘因使得董事和管理部門追求適宜目標，有利於績效的監控，並平衡經營階層與股東之間的資訊不對稱與利益衝突，以降低經營危機與管理舞弊發生機率。近年來，公司治理已由經營者濫權的監控面，擴展為確保經營者之經營政策符合股東的最大權益、調和利害關係人利益，及承擔公司應有之社會責任的積極利益創造面向（張淑玲，2007：28；陳雪如等，2008：33）。

　　就公司治理的角度來說，非營利組織的治理機制通常包括董監事制度、資訊揭露、內部控制等三大面向，其著重之處在於設法使董事會的監督功能發揮最大的效能，並有效平衡非營利組織與捐贈者之間資訊不對稱及利益衝突的情形，並降低非營利組織經營危機與管理舞弊發生的機率。一般而言，運用公司治理概念的非營利組織，其治理機制可區分為外部與內部兩大治理系統：前者多是以法治規範為機制的主要架構，如對於非營利組織運作所設立之相關規範，亦即透過外部管理系統進行外部監督；後者則多是針對組織內部運作進行規範，包含董事會功能與職責、董監事制度或是資訊透明度、會計制度與資訊公開等（蘇愛軫，2005：23-24；陳雪如等，2008：33）。

三、非營利治理（nonprofit governance）

上述兩種治理的模式都與非營利組織的發展與運作有所關聯，亦即透過全球治理概念可以說明非營利組織和國家社會的互動情形，而藉由公司治理概念則可以觀察非營利組織中董事會的運作情形。因此，不論何者都說明了非營利組織與治理有密切的相關性。

非營利組織的治理概念始於1960年代西方高等教育的環境中。當時治理意味著教授群與行政人員等二元一體的行政組織（dual organization），在此組織結構下，教授團享有安排課程的權力，而行政人員負責行政事務的推展，但若行政決策與教育精神相抵觸時，則行政人員應與教授團進行協商諮詢。倘若行政人員與教授團或其他利害關係人的紛爭未能妥善解決時，學校董事會將以仲裁者身分解決紛爭。換言之，治理所隱含的意味遠超過行政、管理及執行。就實際運作來看，非營利組織的治理通常意指賦予董事會決策權，並由其充任重要角色（黃新福，1999：397；陳林，2004：23-24；王振軒，2006：25）。

因此，對非營利組織而言，所謂治理是指董事會為組織所採行的集體行動。Dennis Young（1993）強調治理為非營利組織能否有效運作的首要課題，並將非營利組織的治理定義為「非營利組織用以長期設定方向並維持組織整合的機制」。一般而言，多以董事會的角色及運作為探討核心。而 Umbdenstock 等（1990）更將治理定義為「以負責的態度實現社群內所有託付者的責任」。此定義除了點出非營利組織董事會主要的職責在於保護與強化組織利益外，更強調其最終責任在於對所服務的社群負責（官有垣，2002：68；王振軒，2006：25）。所以，對於非營利組織來說，治理即為組織創造一個系統性的結構，並透過這樣的結構來監督組織運作，並確保組織對其服務對象負責（官有垣等，2009：51）。因而可以說，非營利組織治理的完善與否，董事會與執行長扮演相當關鍵之角色。

綜合上述得知，非營利組織治理是指藉由董事會所發揮的功能，或董

事會與執行長的關係，引導組織對於服務對象負責的過程。更具體來說，非營利組織治理是「為體現組織的服務宗旨，由董事會履行良善管理者之職能，統理組織的大致方向及重要活動，並對員工進行授權分工的互動過程」（黃新福，1999：399）。

5-3 非營利組織治理之運用

一、非營利組織的治理要素

非營利組織在現代社會中，代表了多元社會力的展現，因此組織治理的良莠自然也成為影響社會力發展的因素。在非營利組織的治理機制中，代表決策面的董事會與代表行政面的執行長為治理成效的關鍵要素，若兩者無法密切配合互動，對於組織的運作與管理而言勢必造成負面影響，不利組織發展。

(一) 董事會的功能

非營利組織治埋機制的展現，主要反應於董事會的運作中。一般來說，董事會的功能，主要分為內部管理與外部連結。相關說明如下（官有垣等，2009：52-53；陳林，2004：144-151；謝儒賢，1999：76-79）：

1. 內部管理活動
(1) 決定組織使命與目標

明確界定組織使命是非營利組織董事會最重要的職責，而使命也是維繫組織成員的關鍵。非營利組織的設立往往是為了實現某些特殊使命，若使命不夠明確，則可能阻礙成員工作成效，影響組織的運作。因此董事會應定期檢視組織活動是否符合使命目標，同時藉由彼此討論的方式以更新使命的內涵。

（2）規劃、決策並監督組織服務

董事會須依據組織使命，計畫各時程的工作目標與擬定，針對外在環境的變遷而修正計畫。在計畫制訂的過程中，若有必要可成立相關委員會，但最終決策權仍在董事會。此外，董事會應針對組織使命、現有資源、服務對象與需求等要素，以及服務方案的發展扮演監督與質詢的角色。

（3）財務管理與監督

董事會重要的功能之一即在於確保組織財務資源受到健全的管理以及運用，並且能依據使命適時的分配資源，因此董事會須對於預算加以審核與批准，並建立財務管理制度，如監督會計與審計的作業流程，以避免組織發生財務不健全的情形或陷入財務危機的困境。

（4）甄選與評估執行長績效

執行長通常扮演董事會主要輔導者的角色，其不僅是董事會決策的執行者，更成為董事會與工作人員溝通的管道，因此選擇適任的執行長為組織發展的關鍵要素。此外，執行長工作績效亦須定期被加以評估，以瞭解其長處與缺失，作為日後續聘與否之參考依據。

（5）評估董事會績效

為避免董事會成員可能疏於履行職責，應自行定期檢視董事會的工作績效，如職責分配適當程度、董事會組成是否合理等。

（6）內部衝突仲裁者

當組織內部出現紛爭，或成員間意見有所僵持，而執行長又無法適時加以解決或排除時，董事會須扮演組織內部最後仲裁者的角色，依照事件的性質與組織政策加以調解。

2. 外部連結活動

（1）提升組織公共形象

董事會為非營利組織對外法定代表，因此為了提升組織的公共形象，必須擔負起公共關係的角色，與外在環境（包含政府與社會大眾等）保持

密切的聯繫，並藉由新聞報導、社區參與或書面報告等方式，將組織相關事務傳達給外在環境知曉，以提升非營利組織的社會形象。

（2）募款

財源為非營利組織提供服務的必要關鍵，但因非營利組織的經費多來自於社會大眾捐款，缺乏穩定性，所以董事會應致力於財源的開拓，或運用良好社會關係網絡以獲取資源，提升組織經營的穩定性。

（二）執行長的功能

對於非營利組織而言，治理主要是以董事會為重心，但董事會所扮演之角色較傾向決策性質，若是日常行政事務的處理，則須仰賴執行長來指揮領導，因此執行長可說是非營利組織治理的關鍵靈魂人物。

非營利組織的執行長之主要職責可分為內部與外部兩項，就外部功能而言，主要是與董事會成員、外部利害關係人（如捐款者、政府部門）等保持良好關係和互動，至於內部功能，則是貫徹實施董事會的決議，並領導組織工作人員以執行運作，並且型塑組織氣氛。換言之，在內部管理方面，即需思考對資源進行有效配置、評估工作人員表現、提升組織士氣、參與人事決策以及調解內部紛爭等。因此總結來說，執行長應具備的功能包含：（1）認知組織內外部環境；（2）對董事會提供所需的政策指引以及相關的領導協助；（3）建立並維持有效的溝通體系；（4）為董事提供資訊，並確立董事與工作人員間的關係；（5）財務控制；（6）鼓勵並支援董事投入工作；（7）策略性的管理組織的活動等項（官有垣，2002：68-69；陳林，2004：151-152；官有垣等，2009：56）。

二、董事會治理模式

董事會可說是非營利組織內部最高的決策單位，其不僅必須確立組織的服務與使命，更須因應組織內外持續變化而調整決策，使非營利組織得以持續成長發展。而董事會與執行長間的關係，會對於非營利組織的治理

產生影響。一般而言，若依照權力面和時間面來加以區分，董事會的治理
模式有下列幾種：

（一）以權力面來看

從權力面看董事會的治理，其所強調的是在治理的過程中，董事會
與執行長關係互動所呈現出來的結果。主要有以下五種模式（官有垣，
2009：57-58；謝儒賢，1999：74-75）：

1. 執行長為主導的董事會

在這種模式下，機構的營運以執行長與主要的行政人員為中心，此乃
是由於執行長因擁有專業知識、成功管理經驗而受到董事會的授權所致。
所以，董事會傾向虛位化，對組織並無太大影響力，也不會積極參與服務
決策，形成「虛位董事」（the phantom board）的現象。在此情況下，董事
會雖然存在組織中，也定期開會，但對於組織的運作來說並不具關鍵性。

2. 董事長為主導的董事會

在此種模式下，董事會的影響力決定在董事會的領導者，也就是董事
長身上。董事長依其特有的魅力與親和力，對其他董事產生強烈的影響。
組織的計畫及行事程序大多以其個人意向為依歸，而執行長則多為其副
手。董事長在選擇董事會成員時會依據特質與配合度作為選擇標準，因此
組織的方案或是發展多源自於董事長自身理念，會議少有歧見出現，且董
事長也同時兼具有董事會對外關係維持者與開拓者之角色。

3. 權力分享的董事會

在此種模式的運作下，董事會是一種強調權力分享，並積極尋求共識
的治理模式。換言之，董事會對於民主與平等的價值有強烈共識，透過參
與討論的方式以形成決策，因此將權力分配給個別的成員，並反對由個人
或次團體獨占董事會。這種董事會並不強調正式的頭銜或是固定的委員會
組織，對於與組織相關的重要事務，多以團體的形式進行溝通諮詢來形成
共識。但最大的缺點是過於強調共識的達成，因而無法有重大變革或推行
新的服務方案。

4. 權力分散的董事會

衝突是此類型董事會的一大特徵，董事會成員分別有不同的信念和意識型態，且各自代表不同團體的利益。由於強調董事會的權力是分散到成員所代表的次級團體上，但因董事會成員間缺乏共識，所以會議中有高度的火藥味，不易做出任何決定，故又稱為「喧鬧董事會」(noisy board)。另外，這種董事會亦可能出現權力競逐的情形，且由於組織的分化，對於整體性的策略不易採行，而降低組織回應外在變化的能力。

5. 無權力的董事會

冷漠與毫無目標感是這種類型董事會的組織氣候。其運作模式是指無任何董事清楚自己的角色與責任，成員也缺乏領導慾望。這種董事會對於組織事務往往是依例行事，不僅缺乏目標，且方向也充滿不確定性。因此整個董事會呈現出冷漠及無目標的氛圍，會議缺乏周全的規劃以及人員參與，組織成員之間缺乏溝通，最後造成決策難以定案之窘境。

（二）以時間面來看

除了董事會與執行長的互動關係可能會影響非營利組織治理外，時間也可能是影響組織治理模式的因素，亦即董事會的運作歷程如同人類成長的過程，會隨著時間而逐漸成熟到衰老。一般來說，非營利組織董事會的治理發展可分為四個階段（官有垣，2002：72-73）：

第一階段為創設期（the founding period）：此時期乃起始於組織剛創立之時，董事會成員為各項活動經手人，進而聘僱執行長，直到董事會的組成與角色被外界質疑為止。在此時期，當聘僱執行長之後，組織的經營主導權便逐步移轉自執行長身上，然因董事會分工不明顯，所以又可稱作「維繫期」（the sustaining phase）。

第二階段為重視管理期（the super-managing phase）：通常在該階段組織開始聘任新類型的董事成員，並設置各種委員會以推展組織活動。

第三階段為組織法人化時期（the corporate phase）：在此時期組織將開始聘用具備管理專才的執行長，並發展出能有效監督管理基金的董事會架

構，而董事會本身也強調募款的角色功能。

第四階段爲核可披覆時期（the ratifying phase）：該時期董事會變得相當形式化，與組織關係不再密切，甚至成爲執行長的背書工具。

有關董事會治理的生命週期各階段成員的特質，以及董事會的角色與行爲特質等可以參考如下表5.2所示之內容。

根據官有垣、杜承嶸、康峰菁的（2009：68）實證研究指出，台灣的非營利組織無論是董事會的角色功能發揮，或是執行長角色功能的扮演上，皆是較擅長於組織內部管理，如規劃與執行方案、維繫組織核心目標、確保財務收支正常等內部行政管理事務上，而疏於經營外部的網絡連結。也因職能發揮明顯地向組織內部傾斜與產生侷限性，將限制台灣非營利組織有效參與公共治理的可行性。因此，爲維持組織的健全發展，今後台灣非營利組織的治理應致力於加強外部網絡的經營。

表5.2　非營利組織董事會生命週期

董事會生命週期階段	董事會成員特質	董事會組織結構特質	董事會的角色	主導董事會的優勢價值觀	董事會行為的特質
創設期	強調組織宗旨，並願意為組織貢獻心力	分工不明顯，集體運作	並未區分政策與管理的角色，使得董事會同時扮演行政人員與經營者的角色	追求組織使命的實現	活力、積極且熱忱，極大化參與
*開始聘僱專職執行長					
維繫期	經營主導權移轉至執行長	設立少數委員會，董事會分工仍然不明顯	未明確界定董事會角色；執行長主導	雖追求組織使命的實現，但卻不如先前般熱忱積極	以志願服務心態參與組織大於對董事會工作產生興趣
*危機的產生，如要求董事會積極作為的外界壓力，以及經費不足的危機					
重視管理期	重新建構對組織使命的承諾，並且強調類似於企業經營的模式	重新建構董事會組織分工	捨棄扮演方案，發展志工角色的觀念，並開始聘僱中年且專業者為新董事	強調理性的過程，並認知董事會為組織最終權力來源	行動取向，並高度參與以及充分掌握組織訊息
*危機的產生，如新舊董事之間對於角色認知差異而產生的緊張關係					
組織法人化期	由專業價值主導，與執行長共享經營主導權，且期待行政人員形成專業主義	各種委員會定期召開會議並向董事會報告，而董事會工作也趨向例行化	董事會的行為表現類似於企業中的董事會，強調政策制定與規劃的功能，並聘請具有社會地位者為新董事	對於董事會本身效益充滿自信，且最關切的並非組織使命，而是組織運作程序與結構的健全	依賴執行長與工作人員的投入，亦避免涉入方案制訂
*危機的產生，董事會成員過度投入組織事務					
核可披覆期	對於組織事務不再有興趣，而轉向社會事務	董事會由於過度忙碌而鮮少參與組織事務	著重協助組織募款，或帶給組織名氣與聲望	視組織的管理運作健全為其目的	低度熱忱以及參與，對於組織功能淪於背書功能，對於資訊掌握亦相當有限
*危機的產生，董事會運作周期的循環					

資料來源：官有垣（2002：90）。

5-4 結語

　　爲了彌補政府在社會福利服務輸送上的不足，民間社會開始以自力救濟的方式來解決社會問題，非營利組織即是在這樣的背景下逐漸發展成長，特別是921大地震以後，台灣非營利組織迅速成長，這種情況雖可視爲是我國公民社會的逐漸成熟，但另一方面卻也因爲組織成長過於快速，同質性組織越來越多，在資源有限性的情況下，導致非營利組織的經營管理日趨困難，進而突顯出組織治理議題的重要性。

　　非營利組織和治理的關係可從全球治理以及公司治理兩個面向來觀察。在全球治理下所強調的是國家與非營利組織在服務上移轉以及參與的狀態，而公司治理則使得非營利組織開始以系統化、組織化的方式來運作，其中董事會的運作即爲關鍵重點。董事會爲非營利組織的最終決策者，其運作的情形往往容易決定組織治理的良莠，與執行長的互動也是如此。就董事會而言，所需發揮的功能包含有財務管理、評估績效、確立使命與方案等，而其與執行長之間的關係也可依據董事會四種治理模式加以一窺究竟。對非營利組織而言，行政面的領導者爲執行長，而決策面則是董事會，若兩者互動關係良好，則組織運作與發展皆能較爲順暢，進而造成社會力量蓬勃的展現，反之亦然。因此或許可以說：良好的董事會治理造就了良好的組織發展，而良好的組織發展則更加壯大了民間社會的力量。在治理的架構下，董事會與組織的互動與影響已逐漸由單一個體轉變成爲共同體，因此對於非營利組織發展而言不可不愼。

問題與討論

1. 何謂治理？請問非營利組織治理的定義與模式爲何？
2. 請問就治理的角度而言，非營利組織的治理與哪些面向有關？
3. 請問非營利組織董事會有哪些功能？
4. 試以一個非營利組織爲例，觀察該組織的治理功能和運作情形。

NPO 小檔案

社團法人中華民國肯愛社會服務協會[1]

在台灣，每2.5小時，就有一個朋友沒有說再見，就離開了世界。自殺的朋友75%以上，曾經走過憂鬱症的路，但如果你願意相信放棄生命不是他們的選擇、脾氣失控也不是他們願意的、焦慮不安時他們也多想平靜下來，你會心疼於他們的絕望，一如心靈的絕症，而每一位憂鬱症友都想好起來……

一個集合走過憂鬱症的朋友共同努力、互相支持找回希望的病友團體。

一個集結憂鬱症的專業醫療人員，共同關助憂鬱症弱勢族群的民間團體。

● 關於肯愛協會

肯愛社會服務協會成立於民國93年11月30日，是國內第一個專為幫助憂鬱症病友成立的民間非營利團體，以搶救身心憂鬱症、精神障礙關助、精神健康關護，並在肯愛中建立美好身心生活的非營利社會扶助團體。

● 肯愛信念

＊肯愛就有希望

＊跨越憂鬱擁抱全心的精神健康

＊肯開始愛——希望就來。

---

[1] 社團法人中華民國肯愛社會服務協會（http://www.canlove.org.tw/，檢閱日期：2016/03/09）。

〔奇摩公益〕社團法人中華民國肯愛社會服務協會（http://tw.charity.yahoo.com/org_info.html?org_id=179，檢閱日期：2016/03/09）。

● 肯愛使命

1. 建立肯愛回溫中心——預防性服務方案：解除前憂鬱症危機的第一道防線，強化情緒免疫力，預防情緒心危機，整合宣導推展精神健康心生活。

2. 建立肯愛輔導中心——支持性服務方案：落實憂鬱症危機輔導的第二級防線，協助情緒危機的族群與個人進行心理困難的團體輔導與成長關助。

3. 建立肯愛癒後重塑中心——補救性服務方案：補助癒後憂鬱症危機的第三道防線，辦理家族互助心團體，成立個案復建庇護工場，完整轉介全人服務。

參考文獻

王振軒，2006，〈非政府組織治理能力的建構〉，《非政府組織學刊》，第1期，頁23-44。

丘昌泰，2007，〈非營利中介組織治理之研究：兩岸三地六個個案的跨域觀察〉，收錄於丘昌泰主編，《非營利部門研究：治理、部門互動與社會創新》，台北：智勝，頁21-70。

江明修、鄭勝分，2003，〈全球治理與非營利組織〉，《中國行政》，第73期，頁71-95。

李志宏，2006，〈從組織治理談非政府組織的責信度〉，《非政府組織學刊》，第1期，頁103-126。

李柏諭，2008，《跨域問題中的公私協力研究：以社區大學為例》，嘉義：國立中正大學政治學研究所博士論文。

官有垣，2002，〈基金會治理功能之研究：以台灣地方企業捐資型社會福利與慈善基金會為案例〉，《公共行政學報》，第7期，頁63-97。

官有垣，2006，〈社區型基金會的治理研究：以嘉義新港及宜蘭仰山兩家文教基金會為案例〉，《公共行政學報》，第18期，頁21-50。

官有垣、杜承嶸、康峰菁，2009，〈非營利組織之治理〉，收錄於蕭新煌、

官有垣、陸宛蘋主編，《非營利部門：組織與運作（第二版）》，台北：巨流，頁49-74。

姚泰山，2003，《社會化治理下非營利組織的協力策略：以慈濟基金會921希望工程為檢證對象》，花蓮：國立東華大學公共行政研究所碩士論文。

陳林，2004，《非營利組織法人治理》，台北：洪葉。

陳雪如、黃勛彥、林琦珍、蘇愛軫，2008，〈非營利組織治理機制之研究——以社會福利慈善事業基金會為例〉，《台灣企業績效學刊》，第2卷第1期，頁31-53。

張淑玲，2007，《財團法人監督與管理之研究——以政府捐助成立之經濟事務財團法人為例》，台北：國立臺北大學公共行政暨政策學系研究所碩士論文。

馮美珠，2005，《非營利社會福利資源中介組織治理問題之研究——以中華社會福利聯合勸募協會為例》，桃園：中原大學會計學系研究所碩士論文。

黃新福，1999，〈非營利組織的治理型態解析〉，收錄於孫本初、江岷欽主編，《公共管理論文精選（Ⅰ）》，台北：元照，頁392-432。

謝儒賢，1999，〈董事會在社會福利機構中的運作與職責〉，《社區發展季刊》，第85期，頁71-84。

蘇愛軫，2005，《非營利組織治理機制之研究——以社會福利慈善事業基金會為例》，台中：國立中興大學會計學研究所碩士學位論文。

第**6**章

非營利組織的課責

───────────── 前言 ─────────────

　　課責（accountability）的概念不論是在政府部門或是企業部門皆受到
相當的重視，因為政府受人民的付託擁有治理國家的權利，而企業組織也
因社會大眾的消費而有了賺取利潤的機會，故這些部門在享受權利的同時
也應擔負起義務，並有接受人民監督的責任，非營利組織亦然。我國非營
利組織在解嚴之後蓬勃發展，協助政府提供公共服務，解決政府在財務和
專業上不足之缺憾。另一方面，由於兼具企業部門特質的非營利組織，以
私人的方式行公益之事，致使組織享有稅賦上的優惠，並可以獲得來自政
府部門在經費及資源上的補助以及社會大眾的捐款，因而有必要對整體社
會負責。

　　雖然非營利組織的出現，可以即時化解政府及市場失靈所產生之困
境，但是組織並非萬能，也有可能產生志願失靈的情形。對此，世界銀行
出版的《非政府組織法的立法原則》一書中即提到，慈善團體並非必然完
全是好的，由於組織容易產生無效率、不專業的弊病，甚至可能會發生貪
污舞弊，故其內部管理機構、政府與社會大眾對組織之運作與活動應該善
加監督（L. E. Irish and K. W. Simon 著，蔡惠娟譯，2000）。20 世紀之前，
由於非營利組織的財產規模較小，服務的供給模式主要為慈善性贈與，加
上缺乏租稅誘因的影響，故非營利組織的責任問題較小。然而，隨著非營
利組織數量的增加與規模逐漸的擴大，同時又享有稅法上的優惠，所以要
求非營利組織提升其責任與透明度之呼聲也日益增加（許崇源，2001：
542-543）。近年來，由於國內經濟發展遲緩，在僧多粥少的情況下，各類
非營利組織已經開始面臨資源不足的問題。受到本位主義的影響，對有限
資源的競逐已經成為不可避免的趨勢（林江亮、何永智，2009：140）。因
此，非營利組織陸續導入企業管理及經營方式，有時甚至還會出現社會使
命與企業目標相抗衡的情形、募款經費使用的正當性問題，因而促使社會
大眾開始重視非營利組織的課責議題。

在本章中首先探討非營利組織何以需要課責的原因；其次釐清課責的意涵，以及非營利組織課責的基礎與特性；最後整理非營利組織課責的內容與方式，以協助讀者建構非營利組織課責之完整概念。

6-1 非營利組織課責的原因

1990 年代的初期至中期，美國國內發生了多起非營利組織的醜聞事件，如高階主管的超高薪酬及貪污事件，重創了社會大眾對第三部門的信任。由於非營利管理缺乏一套適合的責任機制，使得無法達成使命的無效率、投注過少比例之收入於服務對象、內部人員圖利自身、輕率進行投資或財務決策的過度風險等問題一再出現。不僅如此，非營利組織為了解決財政窘困，以商業化的方式來增加營收，致使組織使命與利益目的相衝突，導致社會大眾開始關心非營利組織的課責議題（孫煒，2004：143；鄭勝分，2008：109）。

在台灣，近幾十年來非營利組織也如雨後春筍般的大量增加。根據內政部的統計資料顯示，截至 2010 年 6 月為止，全台灣登記立案的組織共有 5,9794 個，由於政府為希冀借助其專業來提升公共服務的品質，給予組織不少減、免稅的優待。此外，非營利組織不營私且公益的形象也吸引了民間社會的熱烈支持，而獲得大量的財務捐款。然而，非營利組織雖享有社會供給的眾多資源，但實際上並不是所有的組織皆能發揮所長，回應社會的期待，若是管理不善，仍有可能產生弊病（洪宇成，2005：1-2）。例如 2013 年媒體報導陳誠文教基金會挪用基金並向主管機關申報不實帳務資料（宋秋儀，2015：4），2015 年 3 月媒體報導慈濟基金會在美國進行不當投資[1]，引發社會大眾的質疑。就非營利組織而言，雖不必透過市場機

---

[1] 根據當時媒體的報導，慈濟在美國投資的標的包含石油公司、軍火商、菸酒商、基金改造公司等，質疑慈濟投資「邪惡基金」（http://www.appledaily.com.tw/appledaily/article/

制對消費者負責，也不必經由選舉過程對選民交代，但組織擁有了財政與法律上的特權，承擔了部分原屬於政府的服務工作，同時組織也存有雇主與雇員的職業特性，因此在消費意識高漲的時代裡，組織面臨需回應內、外顧客的需求情況，故使得非營利組織責信受到了眾人的注意（孫煒，2004：143）。

6-2 非營利組織課責的基本概念

一、課責的意涵

　　課責一詞最先用於政府部門。由於國家行政的管理是社會大眾、政府領導人及公務員之間彼此透過制度安排與政治互動而緊密的聯結。政府被人民賦予期待，其任何的行動結果皆會關係到公民的利益，因此對政府部門課責是為確保回應公眾的需求。課責的最狹義解釋，係指向高層權威負責，要求向某種權威來源「解釋說明」個人行動的過程，處理的是有關監督和報告之機制。此種課責概念採用的是「命令與控制」（command-and-control）的定義方式（江明修、梅高文，2002：24）。若再具體而言，課責指涉的是一種權威關係，即行政人員基於它在制度中的角色去履行特定的職責，而其制度上層的權威者依據法令，以外在強制性的判斷標準對於行政人員順服與否以及績效高低進行獎懲，迫使行政人員對其直屬長官、民選行政首長或民意機關負擔起正式責任（孫本初，2007：212）。

　　然而，課責並不純然是政府部門的概念，在企業部門中課責的途徑反而更加明確且有效。課責的觀念基本上有授權人及代理人間的關係，代理人代表授權人執行任務，並向授權人報告進度。授權人對代表人課以責任，最終的成果無非即是希望經營能夠獲得利潤的回收。因此，課責可說

headline/20150318/36443007/，檢閱日期：2016/03/09）。

是一種外在的判斷標準，讓組織中的某個人必須因為其決策或行動而接受責難或獎勵（孫本初，2007：179-181）。

　　課責一詞與責任、義務、可責性有相似之處，只是課責除了有歷史上對責任要求的意義外，更反映出當代的民主價值、社會正義、道德等概念，社會大眾有權要求有義務者要負起責任（張瓊玲，2008：7；周佳蓉，2007：2-1）。一般來說，課責使受託人與委託者之間建立一種特殊的關係，藉由這種關係的建立和展現，受託者必須受委託者的監督並向其負責或有所交代。不過，政府部門及企業部門的責任概念無法完全適用於非營利組織，主要的原因有下列幾項（張瓊玲，2008：7-8；孫煒，2004：146）：

（一）因為成員的互動多是基於理念的契合及信任，缺乏明確的層級關係。

（二）組織的責任不局限於法律的遵守，更重要的是公共利益與公共信任的維持，故績效的指標並不明確。

（三）社會大眾對非營利組織追求公共利益的評價不盡相同，而且組織也多是以主觀的認定去落實組織的責任。

（四）非營利組織面對的團體多元，肩負著多重的責任，難以對全體對象負責。

　　此外，課責是規範組織內、外之相關的人、事是否達到有效的治理的關鍵因素。若將上述課責的概念援引至非營利組織中，則非營利組織的課責是「藉由遵守明確的法規命令等正式機制的使用，避免違法與不當行為，並對財務進行完善的管理」（江明修、梅高文，2002：24）。另外，有研究從組織的關係人以及責任的性質兩方面來討論非營利組織的課責，指出就關係人來說，非營利組織的課責可從與組織互動的群體（提供組織財貨或勞務的人、直接或間接受益的顧客和內部的董事、專職人員、志工三者）來觀之，看組織的經營管理可否被這些群體所信任，組織對所倡議、

關懷議題及捐募的財源是否負責等。若以責任來說,則是檢視組織是否公開、釐清組織的經營責任隸屬,以及探討組織的經營成效應該由誰負責,這主要針對支薪的專職人員和執行長而言,認為這些人需對組織決策的選擇負擔成敗所致(洪宇成,2005:22;孫煒,2004:147)。

二、非營利組織課責的基礎

非營利組織欲取得社會大眾的認可和信任,便不能輕忽責信的重要性。非營利組織須對自我的職權負責,公開說明組織所獲得資源的使用流向及實際運作的成效,並接受外界的批評、指正。依 Rochester(1995)的分析,責信度的力量源自於下列三種權力關係(轉引自馮燕,2009:263):

(一)結構責信:即組織治理權力的要求,由明確的組織上下階層關係構成的責信基礎。如:組織內部下屬與主管間的行政要求。

(二)委託責信:授權人與代理人間的責任關係。如:捐款人的捐助如同是在委託非營利組織提供服務。

(三)社區責信:社區權力是非正式的制度約束,由社區歸屬感所帶來的自覺性責任意識。

由於非營利組織的目標在於公共利益或集體意見的表達,所以除了組織的內部關係人之外,也需要對服務對象甚至是廣義的公眾等外部關係人有所交代。然而,在非營利組織中因存在著三種不同權力,使組織內、外部的關係人之意見和需求經常不一致,故只能求對內部有交代而忽略外部意見,因而可能會造成更大危機(彭渰雯、巫偉倫,2009:95)。

三、非營利組織課責的特性

如上所述,課責一詞並未有確切且公定的說法,關於課責的意涵也

相當多元，但本質上仍脫離不了權威單位有強制的監督機制，而被課與責任的單位則有解釋的義務，提供關於其行動與決策訊息給大眾或權威單位知悉組織表現過什麼與想發展的目標等內容。根據周佳蓉（2007：2-27~2-32）的整理，非營利組織課責至少具有七項特性，試整理說明如下：

（一）透明度是基礎課責

非營利組織數量多且型態多樣，再加上社會大眾鮮少瞭解組織體制的設計，也不清楚何謂「非營利」，更不清楚組織是如何生存，而捐款人的錢到其手中之後又是如何的運用等，所以常對非營利組織有所誤解。但由於非營利組織的資源取之於大眾，因此如何善用金錢及建立資源使用和結果連結的財務報告，以展現組織的透明度乃是建立課責的基礎步驟。

（二）強調向使命宗旨負責

非營利組織課責的最終體現，即是在環境、利害關係人與治理壓力的氛圍之中可以選擇出另一條更舒適、安全的道路，組織的領導人仍能負責的闡釋、誠實且積極提倡組織使命。課責可視為一種管理策略，不管其模式和策略為何，首先須確立宗旨與使命，再作發展策略、環境及資源偵測，並隨組織的使命、宗旨擬定相應的組織課責內容或利害關係人關係。

（三）強調向價值課責

非營利組織的價值基礎與許多課責過程、支持者角色、非營利組織的自主性及其組織運作有關，而且組織的價值觀亦會影響組織如何對其支持者負責。多數的組織皆認為若將價值視為主要的關注與動機，即是做到了負責任，但在組織中少有明確的機制展現，所以往往讓其他的因素稀釋了組織的價值和弱化組織與支持者的關係。

（四）強調組織的治理、表現與效能之課責

非營利組織課責在根本上是對組織的董事會或理事會的治理與經營管理之要求。組織治理的課責核心即是在組織使命的宗旨之下，經過程和結

果的觀點於一定的時間架構下檢驗其表現。而課責與效能的關係乃是組織若具備在開放且課責的環境下運作，目標也能夠清楚明瞭，則效能便可提高。

（五）強調情境依賴的多方對話與溝通

非營利組織的課責是以組織認同或自陳目標的情況下，許多利害關係人之間的對話或是協調過程。組織欲展現的課責不能僅以監督或制裁的手段對待之，可加入上下間的對話溝通或是組織間相互約定及要求等非正式的課責機制來達到對社會的責任。

（六）強調非營利組織在公民社會的之角色

非營利組織作為公民社會的一員，應促進政治行動對動員、強化社會制度回應需求，以及促進社會制度的整體民主課責。非營利組織欲推動公民社會蓬勃，需奠定組織的自主性、與弱勢者接近、成為具有代表性的結構，並花時間與民眾進行對話工作。雖然很難要求組織同時具有這些特質，但某程度缺乏課責，會導致組織表現不佳和代表性喪失的可能性。

（七）強調非營利組織課責與正當性

非營利組織課責是正當性管理與發展的一種過程，在制度的環境中除了組織自我努力外，也需要反映社會的觀感以提高社會的支持度與接受度。非營利組織的課責與正當性多表現於內容上及行為程序上，如：組織的目的可接受知識的驗證、行為合乎道德倫理或具社會代表性。

6-3 非營利組織的課責內容與方式

非營利組織可依性質及課責的來源，分為自律法人和他律法人。他律法人意即對法人施加規範的機關非為法人之內部機關，亦即將監督的責任交付給政府行政機關或法院等外部機構，如財團法人。相對而言，自律法

人即是由自己人來施加規範，像社團法人便是由內部人員組成的社團總會來執行監督的工作（馬秀如，2000：4）。當然，非營利組織要提升責信度不能單靠法律的監督，自律和他律的機制需同時運作，才能確保社會資源投注於公共事務，進而維護組織的生存與發展（馮燕，2001：228）。以下將介紹非營利組織的課責內容與方式。

一、非營利組織的課責內容

如前所述，課責的概念來自於公部門，而相較於公部門與私部門，非營利組織的課責機制則顯得模糊而不明確。Romzek 和 Dubnick（1987，轉引自劉坤億，2009：70）曾提出「課責系統之外部控制－自我控制光譜」來說明公部門課責的來源。則如圖6.1所示，左側為外部控制，右側為內部控制，政治、法律課責的力量來源自多為組織外部，而層級、專業與道德倫理則較偏向組織內部。若將此課責系統光譜援引至非營利組織，受到組織特性的影響，政治與層級課責較不適用，僅剩下外部控制的法律課責，以及屬於內部控制的專業課責和道德倫理課責。

圖6.1　課責系統之外部控制－自我控制光譜

資料來源：劉坤億（2009：70）。

此外，Kearns（1996，轉引自江明修、鄭勝分，2002：25）提出四種課責內容，希望非營利組織能將其整合於組織的策略規劃中：

（一）法律課責（legal accountability）：要求清楚的權威層級，遵守法律的精神和法律條文。

（二）協商課責（negotiated accountability）：要求對關係人的需求的高度回應。

（三）裁量課責（discretionary accountability）：要求在行使自由裁量權時，以知識和專業進行正確的判斷。

（四）預期課責（anticipatory accountability）：要求預測未來趨勢，並主動參與及倡導相關立法和行政創制。

然而，對非營利組織的課責並不侷限於法律或規則的限制與遵守，重要的是公共利益與公共信任的維持。這種課責的概念超越了監督控制的技術性課責，主要強調非營利組織對其關係人承諾的社會性課責，包括一般公眾、新聞媒體、捐助者、董事、志工和其他利害關係人的責任與義務。由於非營利組織的課責對象相當多元，因此所涉及的課責面向也隨之廣泛，包含公共資訊的揭露、董事會的監督與信託責任、同儕課責、對關係人的回應、組織使命的正當性、募款倫理與廉潔等（江明修、鄭勝分，2002：26）。

總結上述得知，雖然目前有關非營利組織的課責內容並無一明確的共識基礎，但無論是公部門或非營利組織皆需要外部控制的法律課責。此外，若再進一步分析發現，Romzek 和 Dubnick 所提出的專業課責在概念上實等同於 Kearnsn 的裁量課責。另外，對於非營利組織而言，由於較強調社會性課責，因此道德倫理課責應也適用於非營利組織中。也因之，非營利組織的內部控制內容至少應包含協商、裁量／專業、預期與道德倫理課責等項目。

二、非營利組織的課責方式

　　大抵而言，由於上述有關非營利組織的課責內容還是停留在較爲抽象的層次，以下則嘗試整理較具體的非營利組織的課責方式。

（一）他律管制

　　一般而言，政府會制定相關法律，從公共服務、公共政策與財務法規等實務面向來監督非營利組織的運作。目前我國規範非營利組織的他律法規有民法、人民團體法、各部會財團法人的設立標準及監督準則、免稅法規及募捐法規（馮燕，2000：77-88）。由於政府以他律管制來對非營利組織進行管理，主管機關不僅可藉由組織所公開的資訊來偵察舞弊，也提供主管機關掌握組織的行動（許崇源，2001：545）。不過，政府以法令對非營利組織的作爲進行課責，可能會產生角色衝突的情形，亦即一方面要組織協力合作提供公共服務，另一方面又要負起監督組織之責。其次，非營利組織多元的目標及任務常涉及數個政府機關業務，層級間可能協調不易，致使監督發生困難。因此，若僅憑政府他律的方式來監督非營利組織的作爲，難以保證課責的有效性（孫煒，2007：220）。

（二）自律規範

　　自律的規範是由專業人員相互約定自願遵循的準則。一般而言，非營利組織的自律規範內容可從較低層次的職工、志工活動規定、對外社交原則到較高層次的職工、志工倫理要求與道德標準。若以基金會爲例，表現在自律方面的課責通常是指由基金會自行將資訊發布於會訊及年報，或在網站公告，並有會計師簽財務報告，以達到課責的自我要求。對於沒有獨立網站的組織，可加入公益團體自律聯盟，簽署自律公約及規範，每年提供工作報告及財務報表上網公告，以便大眾公開查閱。換言之，財務課責是公共課責的重要面向之一，財務報表的健全與公開透明正是落實與促進非營利組織課責的核心（洪綾君、林依瑩，2010：38）。多數非營利組織的自律規範以董事會爲重心，期望執行長對組織資源運用的績效負責，較

忽略了自身表現的課責。其實非營利組織的董事會也應重視對內的課責，其自律的規範內容包括以下各項（孫煒，2007：221-224）：

1. 明確表達使命與願景：依非營利組織現行的使命與追求的願景，形成組織整體、個別成員的責任和義務或是制訂組織策略，使得組織行為不致偏離核心組成的價值。

2. 利益迴避原則：董事會雖不宜完全排除與組織利益相關的人士為其成員，但卻也必須強調制定相關政策時，利益關係人應主動迴避，以保證決策的客觀公正。

3. 確認議題的優先順序：根據非營利組織的未來目標在諸多重要議題中設定優先順序，用以責成執行長運用資源、發展策略來處理這些議題。

4. 與關係人進行溝通：為確定瞭解關係人真正情況與需求不無問題，董事會應定期對組織各關係人進行直接、開放的雙向溝通，使這些關係人的代表能直接得知董事會的決策，並將其意向納入討論與決策之中。

5. 設定即時自身評鑑指標：董事會可在每次開會之後，以口頭或匿名問卷的方式，對會議議程的合理性、報告資料完整性與適用度、行動方案可行性、會議過程或結構的有效性等事項，作為改進董事會自身的指標。

6. 定期的正式評估：董事會應每年或每兩年對本身的績效做系統性地深入評估，對於董事會的各項功能進行完整的評估並以正式報告的形式在開會時確實討論。

7. 嘗試新的工作態度與方式：董事會應以持續學習的態度，利用上述評估的方式反饋至董事會的運作，針對董事會提出新的工作思維與程序。

由以上所述可知，非營利組織的自律除了表現在組織內部的自我管理

之外，資訊公開也可視爲是非營利組織自律的一種表現，是提高公共信任的基礎。然因目前國內尚無法源要求非營利組織公開財務資訊，故絕大多數非營利組織雖都有普遍架設網站，也有部分公開受捐贈情形，但公布年度財務報表與徵信者，在數量上相對有限，顯示我國非營利組織在財務資訊公開方面仍有相當努力的空間。有研究針對國內大型宗教型基金會進行調查，研究結果發現這類型組織財務資訊透明度不足，課責程度低（宋秋儀，2015）。另外，在本書第四章中曾提到的「台灣公益團體自律聯盟」，即可視爲是非營利組織自律的表現，在聯盟裡所訂的自律規範，極力強調恪守組織合法性、不分配盈餘、注重組織治理與監督、誠信募款、訂定服務目標及流程評估、財務透明、資訊公開、利益迴避等，都意味著非營利組織欲透過公開透明的自律方式以爭取社會大眾的信任。

（三）結果評鑑

非營利組織由於缺乏利潤的概念，因此若不重視績效管理，不僅難以提升效率，組織使命也無法落實。因此，績效管理是非營利組織長期求生存發展，得到社會肯定的關鍵要素（司徒達賢，1999：310）。績效結果的評鑑不僅可以瞭解單位部門個別職位的表現，更可以確知各部門績效的加總是否能夠成就組織整體目標的達成（黃新福、盧偉斯，2006：375）。衡量非營利組織的績效可從使命達成度與社會接受度、效率（成本效益的比率、作業程序合理性的確保）、外界投入資源的充沛程度、捐款人及同仁的滿意度、組織資源與力量配置的平衡度、轉換度等指標來進行評估（司徒達賢，1999：314-324）。

然而，相較於政府和營利組織，非營利組織不僅輸入與影響間的因果關係、產出與整體社會影響的關係難以明確界定，組織所提供的輸出更是經常以某種服務的形式提供，不容易使用具體指標來加以衡量。此外，非營利組織在追求多重目標的優先順序時，往往也會牽涉組織內部政治活動以及各種關係人間的權力結構，故組織多半不願意正面處理目標不一致的問題。其次，績效評鑑的監督功能有降低非營利組織適應環境能力的可

能性，甚至形成排擠效應、投機作爲、目標轉換等的負面效果。因此，在進行非營利組織的結果評鑑時需注意應將評量達成使命的程度視爲是評量績效的首要工作，對於不同類型的非營利組織應該採取不同的績效評量機制。不僅要以客觀的指標進行評估，也需納入關係人的主觀認知判斷，而且因爲組織的績效無法化約爲單一層面，故可在評量時將組織的績效視爲一個多重層面的階級體系，由不同的角度予以評量（孫煒，2006：182-202）。

6-4 結語

　　非營利組織以民間團體的性質來實踐社會公益的活動，可以彌補政府在供給社會服務時之不足。加上組織兼具政府及企業部門的特質，且揭示著崇高的願景，令民眾有著滿心的期待，願意不求回報的投入人力及金錢於組織中。然而，90年代以後，陸續出現了組織不適的營利行爲、不當盜用捐款或是領導人的醜聞等事件，嚴重影響非營利組織的形象。因此，爲了使組織能夠秉持原有使命運作，建立適當的責任機制以提升管理的效能和維持公共信任，如何建立有效的課責機制，對非營利組織的經營管理來說乃是相當重要的課題。

　　但因非營利組織的運作是基於信任與互賴，故無法完全適用政府或企業部門所建立的課責機制。若檢視非營利組織的課責內容發現，組織對內不僅要負經營管理的責任，對外還需維持對案主服務的品質，以及對供給資源的群體進行公開資源使用方式及流向的說明，使其瞭解組織運作的情形。目前我國非營組織的課責機制有法律上的規範、自我行爲規範以及績效的評估等，這些方式的使用皆是爲了能夠讓組織能夠履行取之於社會，便要用之社會的責任。雖然推動課責的結果可能會影響組織的自主性，加上組織目標的多元以及績效評估的技術問題，產生部分對非營利組織課責

之疑慮，但就長遠來看，面對資源的競爭，非營利組織如欲永續發展，並獲得社會大眾的信任，建立明確的課責機制實有其必要。

問題與討論

1. 試問非營利組織為何需要和政府及企業部門一樣，接受社會大眾的課責？您是否贊成非營利組織接受課責？請說明原因。

2. 非營利組織課責方式有哪些？請問您較支持哪種課責方式，試說明理由。

3. 請分組找尋目前我國非營利組織的課責的管道，並討論其成效。

NPO 小檔案

中華民國得勝者教育協會[2]

一、組織緣起

　　當 1991 年，協會創辦人榮司提反與榮維琪夫婦第一次來台灣，深深被台灣的人情味與熱情款待給吸引。然而榮博士看到許多年輕人遊蕩不良場所，並受不良誘惑的影響，為此感到憂心，最後藉由許多管道與好萊塢合作，拍攝了一部關於預防菸酒的宣導短片，為了要購買影片的版權，他們甘願將自身財產、汽車及房屋變賣，甚至在不確定影片是否能播放成功的情況下，便將宣導影片引進台灣，而「得勝者計畫」在播放影片後催生。

　　「得勝者計畫」走進全台灣國中校園，宣傳生命教育，在社區招募輔導義工，正式展開針對國一生的「得勝者計畫」。

二、組織使命

　　結合學校家庭，與社區等教育，協助青少建立品格、提升能力，並預備未來領袖。社區資源為力量，輔導網絡為組織。輔導教育為行動，愛與真理為內涵。預防犯罪為目標，栽培成長為基礎。全面影響為前提，個別輔導為深入。

三、服務內容或運作方式

　　該協會的服務對象以校園青少年為主，實施全人關懷班級團體輔導，提供青少年及校園宣導性教育與活動，另外舉辦教師研習與社區講座，並且從社區訓練輔導義工，目前全台有台北總部與十個分部辦公室。

　　該協會提供「問題處理」、「情緒管理」及「真愛守門員」等生命教育課程，並培訓6,100多位的義工老師進入校園，藉著愛和正確的引導，使

---

[2] 中華民國得勝者教育協會官網（http://www.champ.org.tw/-----2.html，檢閱日期：2016/03/09）。

超過78,000位國中學生接受得勝者計畫，而其計畫如下：

1. 「問題處理」課程宗旨在藉由學生實際生活問題爲例，引導學生面對問題，並以義工老師生命經驗或其他實例幫助學生解決問題，培養學生獨立思考、擬定決策並尋求幫助之能力。

2. 「情緒管理」課程宗旨在教導學生如何抒發情緒，並學習不讓情緒影響或傷害他人，培養學生良好的情緒管理能力，幫助他們度過青少年狂飆期。

3. 「眞愛守門員」課程宗旨在透過團體宣導方式，使青少年具備正確的兩性觀，瞭解如何自我保護，進而達成兩性互相尊重，減少不當或危險的兩性交誼行爲，避免未成年少女未婚懷孕。

參考文獻

司徒達賢，1999，《非營利組織的經營與管理》，台北：天下。

江明修、梅高文，2002，〈非營利管理之法制議題〉，收錄於江明修主編，《非營利管理》，台北：智勝，頁19-44。

江明修、鄭勝分，2002，〈非營利管理之協力關係〉，收錄於江明修主編，《非營利管理》，台北：智勝，頁81-124。

宋秋儀，2015，〈取之於社會，用之於社會？大型宗教型文教基金會之財務現況分析〉，《中國行政評論》，第21卷第2期，頁1-19。

林江亮、何永智，2009，〈資訊透明與財務操縱對非營利組織捐贈收入影響之研究〉，《應用經濟論叢》，第86期，頁139-185。

周佳蓉，2007，《環保團體課責表現衡量架構之建立與實證研究》，高雄：國立中山大學公共事務管理研究所博士論文。

洪宇成，2005，《宗教性非營利組織課責之研究——以花蓮縣爲例》，花蓮：國立東華大學公共行政研究所碩士論文。

洪綾君、林依瑩，2010，〈台灣醫療財團法人財務資訊公開之研究〉，《公共行政學報》，第37期，頁37-70。

孫本初，2007，《新公共管理》，台北：一品文化。

孫煒，2004，〈非營利管理的責任問題：政治經濟研究途徑〉，《政治科學論叢》，第 20 期，頁 141-166。

孫煒，2006，〈非營利組織績效評量的問題與對策〉，《政治科學論叢》，第 28 期，頁 163-202。

孫煒，2007，《第三部門的治理研究》，台北：翰蘆。

馬秀如，2000，〈公益性他律法人的自律原則〉，《今日會計》，第 78 期，頁 2-13。

許崇源，2001，〈我國非營利組織責任及透明度提升之研究：德爾菲法之應用〉，《中山管理評論》，第 9 卷第 4 期，頁 540-566。

張瓊玲，2008，〈探討非營利組織與政府互動的課責機制──以托育服務為例〉，「2008 台灣公共行政與公共事務系所聯合會（TASPAA）夥伴關係與永續發展國際學術研討會」論文（5 月 24 日），台中：東海大學行政管理暨政策學系。

彭渰雯、巫偉倫，2009，〈非營利組織參與治理的代表性與課責──以出版品分級評議為例〉，《台灣民主季刊》，第 6 卷第 3 期，頁 87-123。

黃新福、盧偉斯，2006，《非營利組織與管理》，台北：空大。

馮燕，2000，〈非營利組織的行銷管理與募款策略〉，收錄於蕭新煌主編，《非營利部門：組織與運作》，台北：巨流，頁 1-42。

馮燕，2001，〈從部門互動看非營利組織捐募的自律與他律規範〉，《台大社工學刊》，第 4 期，頁 203-242。

馮燕，2009，〈非營利組織的法律規範〉，收錄於蕭新煌、官有垣、陸宛蘋主編，《非營利部門：組織與運作（第二版）》，台北：巨流，頁 249-275。

劉坤億，2009，〈政府課責性與公共治理之探討〉，《研考雙月刊》，第 33 卷第 5 期，頁 59-72。

蔡惠娟譯，L. E. Irish and K.W. Simon 著，2000，《非政府組織法的立法原

　　則》，台北：喜馬拉雅研究發展基金會。

鄭勝分，2008，〈社會企業之責信〉，收錄於江明修主編，《第三部門與政
　　府跨部門治理》，台北：智勝，頁102-119。

第**7**章

非營利組織的志工管理

──────────── 前言 ────────────

　　彼得・杜拉克曾指出，非營利組織的經營，不是靠「利潤」動機的驅使，而是靠「使命」的凝聚和引導，經由能反映社會需要的「使命」，以獲得各方面擁護群眾的支持（余佩珊譯，1994）。然而，由於非營利組織缺乏穩定的財務來源，若單靠少數的職工是難以因應其需求，因而需要依賴大量志工的熱心奉獻，才得以使組織正常運作並發揮功能，由此可見，志工對於非營利組織經營和運作的重要性。但困難的是，志工因不支薪且屬於志願性質，容易受到外在環境變遷等因素的影響而出現服務供給不穩定和流動率高等問題。也因之，長期以來對非營利組織而言，如何做好志工管理以確保充足的志工人力乃是相當重要的一項課題。

　　基於上述，本章乃以非營利組織的志工管理為論述之主軸。首先闡述志願服務與志工的基本概念；其次釐清志工管理的定義與目的；再者，整理志工管理模式，進而討論志工管理所面臨的困境與新議題；最後乃論述開拓志工人力的具體作法。

7-1 志願服務與志工的基本概念

一、志願服務的意涵

（一）志願服務的特質

　　在釐清志工定義之前，需先瞭解志願服務所代表的意涵。有關志願服務一詞，學者林勝義（2005：80-81）從廣義和狹義兩方面來界定，認為**廣義的志願服務又稱之為非正式的志願服務，是指個人在面對需要服務的人口群，能依自己的認知，自動助人，而不考慮任何報酬的行為；如街上**

行人自動扶助不認識的老人過街，即屬於一種非正式的志願服務。至於**狹義的志願服務**，又稱為**正式的志願服務**，是指經由非營利組織或其他公共組織的志願服務人員，為其服務對象所提供的志願服務工作。

此外，施教裕（2001：227）認為，所謂志願服務的本質應該有下列六項：

1. 現代人民一種民主的、自動自發的日常生活方式和行為習慣。
2. 是基於個人內在價值與社會倫理所表現的直接利他行動。
3. 是業餘的、部分時間或專職全時的從事，並不注重金錢或物質的對等報酬。
4. 在有目標、有計畫的策劃與籌備下，透過個人意願和組織宗旨的實踐方法。
5. 強調服務供給者與受惠者的雙向互惠過程，並且兼顧物質與非物質、專業與非專業的服務內涵或社區關懷。
6. 建立福利資源網絡和服務輸送體系等目標。

由以上所述得知，志願服務的特質或許無一致的說法，但基本上都脫離不了「**出於個人自由意願與助人動機，本著利他的精神所展現的一種無報酬的奉獻行為**」的內容。

（二）志願服務的內容

有研究（賴兩陽，2002：11-13；林勝義，2005：85-86）指出，志願服務的內容應像變形蟲一般，隨著服務對象需求的差異，而有不同的發展方案，因此志願服務所展現的彈性與適應性，也是需受到層層監督的公部門所不及之處。有關志願服務的內容，約有下列六項主要形式：

1. 直接的慈善服務：亦即提供面對面的服務，如獨居老人的訪視、帶身心障礙兒童郊遊等。
2. 協助經營志願服務組織：指在民間非營利機構參與服務，提供諮詢

或協辦活動等，如接聽電話或籌辦活動等。

3. 參加「自助團體」：所謂「自助團體」就是有相同情形的人，集合而成自我幫助的團體，以發揮彼此情感支持或資訊交換等功能，如智障者家長協會、身心障礙協會等。

4. 金錢捐助：捐贈現金或募集金錢給需要的機構或團體，也是常見的志願行為，亦即所謂的「有錢出錢」。

5. 公共服務：以擔任政府部門的志工最為普遍，目前台灣幾乎所有政府部門均有建立志工制度，如戶政事務所與文化中心志工等。

6. 壓力團體活動：由於志願服務團體較能因應社會需求，倡導先進議題，引發社會進步，所以需要運用志工散發傳單或參與集會遊行，如董氏基金會的戒煙觀念的宣導與消費者文教基金會對消費者權益的倡導等。

二、志工的定義

聯合國宣布 2001 年為「國際志工年」（International Year of Volunteers）之後，各國積極推展志願服務的運動，將全世界各地民眾對志願服務的認知及熱潮推向最高點，希望能使其成為國際的一種運動（高寶華，2006：226）。基於此，台灣也在 2001 年 1 月 4 日經立法院三讀通過《志願服務法》，並於同年 1 月 20 日奉總統令公布。由此可知，該法的制定除了意味我國以實際行動響應國際志工年之外，最重要的是帶給從事志願服務的志工助力與鼓舞，象徵志願工作已受到政府與民間組織的重視，一方面期盼藉由立法以提升民眾參與志願服務的意願；另一方面也希望能使志工的權益受到尊重，加強志工的安全保障與增進志願服務的水準（江明修，2003：265；高寶華，2006：226）。也因而，《志願服務法》的制定可視為是我國志願服務發展過程中的重要轉捩點。

Ellis 與 Noyes（1990：4，轉引自江明修，2003：266）認為志工是為

了盡社會一份子的責任，其工作態度不是因為金錢利益的吸引，而是其意願選擇可達成社會需求的行動，所展現的責任是遠超過個人的基本義務。從廣義的角度而言，凡是從事於志願服務者，常被稱為「義工」、「同工」與「志工」等三種稱謂；其中，又以義工和志工兩者最常被混合使用。根據陳武雄（1998：26）的說法，志工顧名思義乃是「志願工作」，而義工則不是，為「義務工作」，故兩者的差異有二：一是志願工作是「自發性」，屬於道德的範疇，無任何拘束力；而義務工作是「應為」，屬法的體系，如有違背應受懲罰。二是志願工作是「服務」，毫無境界，兩者關係不必對等，無權利、義務之爭執；而義務工作是「責任」，應有限定，兩者的相互關係乃是交換行為，既是義務，亦應當享有權利。另外，義工是最早使用也最常被使用的，而同工是指在基督教會服務的人員，無論何者，多指自動自發且不求回報及無報酬參與各種社會福利的活動人而言。關於「志工」一詞與相關概念，我國志願服務法第三條中有如下的說明：

（一）志願服務：民眾出於自由意志，非基於個人義務或法律責任，秉誠心以知識、體能、勞力、經驗、技術、時間等貢獻社會，不以獲取報酬為目的，以提高公共事務效能及增進社會公益所為之各項輔助性服務。

（二）志願服務者（簡稱志工）：對社會提出志願服務者。

（三）志願服務運用單位：運用志工之機關、機構、學校、法人或經政府立案團體。

　　大抵而言，志工一詞目前已逐漸取代義工的用法，因為「volunteer」（志工）含有「volition」（意志力、自動自發）的概念，意味著志工所從事的是一種非強迫性的助人行動，也就是出於自由意志而行事的志願工作者（陳金貴，1994：150）。相較於一般營利組織，非營利組織因節省人力成本的考量，而使用大量的志工，故對非營利組織而言，志工乃是相當重要的人力資本，若能有效運用將能提高組織的效益。

三、志工的角色定位與工作內涵

　　志工可以擔任多樣化的角色，就其工作內容而言，可以區分爲以下四種角色：

（一）直接服務工作：直接與服務對象有接觸的服務工作，例如老人問安、居家服務、送餐服務等。

（二）間接服務工作：不與服務對象有直接接觸的服務工作，例如準備餐點、籌備或規劃活動、網頁設計等。

（三）行政服務工作：協助組織執行與服務對象較不相關的內部行政工作，例如寄發捐款收據、圖書資料管理、接聽行政電話等。

（四）倡導工作：爲組織的服務理念做推廣或辯護工作，例如勵馨的「自願從娼少女」議題，即需要志工的協助推廣。

　　若志工的運用單位能清楚區辨志工的角色定位，將有助於使用單位確立志工所應擔任的服務內容，而對於志工的工作分配和描述也能給予較明確指示，有助於組織的專職人員能有效管理與服務志工。

四、志工的參與動機

　　彼得‧杜拉克認爲：「志願服務產品的本質與特性，主要在改善人類生活，以及提升生命品質的一種無形的東西：使人獲得新知，使空虛的人獲得充實與自在，其精神是仁愛的、利他的、爲公益著想的，其作法應兼具系統性、持續性與前瞻性。」（周文祥、慕心譯，1998：279）。

　　L. R. Fischer 與 K. B. Schaffer（1993：44-45，轉引自江明修，2003：270）則從多元角度探討志工參與的動機（參見表7.1），而「使命感」的追求通常是志工的精神支柱與犧牲奉獻的泉源。一般而言，志工參與志願服務的動機，通常包括利他性和自利性動機，此種混合性的動機近來也逐漸被重視。整體而言，志願服務雖然起初可能包含自利的動機，但在增進

個人成長、生活品質與心靈提升後，能夠具體展現出人性的慈悲情懷與利他情操，此即為非營利組織志工的動力來源，以及公民參與志工的精神支柱。

表7.1 志工參與動機表

動機類型	內容
利他的參與	助人、社會責任感，是最常見的類型
意識型態的參與	因意識型態或價值觀而有目的的加入
利己的參與	滿足自我的需求，如處理內心的衝突或得到支持
實質回饋的參與	預期會得到實質的物質回饋，對自己或家人有益處
資格取得的參與	希望得到專業知識、技巧或認知
社會關係的參與	某些志工認為去接觸一些人、交朋友是參與服務的動機
打發時間的參與	加入志願服務是因為有空閒時間
個人成長的參與	學習、個人成長與心靈的提升，是投入志願服務的重要動機，大部門的志工相信從助人的付出當中，可以得到個人與心靈的回饋
多重的動機	當人們被問到為什麼要加入志工組織時，人們傾向於多重的參與動機，而且這些動機可能隨時間而改變

資料來源：Fischer, L. R. & Schaffer, K. B.（1993），轉引自江明修（2003：270）。

7-2 志工管理的內涵

一、志工管理的定義

根據 Dolan（2000）的經驗研究顯示，非營利組織的管理者認為，對於非營利組織而言，若排除籌款與申請補助兩種需求外，組織最需要的就是志工管理的知識。而 Drucker（1994）也認為，非營利組織服務是否成功，端視其對於管理之理念與技術的注重，並強調經營管理的重要性會表現在志工人力的管理面向上（轉引自陳怡君，2006：30）。由此顯示，志工管理乃是非營利組織管理中重要的一環。

　　從字面上來看，志工管理即是指**非營利組織如何良善管理志工的過程**。引申而言，志工管理係指「**決定非營利組織內部志工群之使命與目標，促進組織內部資源之運作，並引導組織持續、維持、創造和發展的一種動態歷程**」（江明修，2003：2；高寶華，2006：232）。此外，W. Bennis 與 B. Nanus 認為管理者與領導者不同，管理者是把事情做好，而領導者是去做對的事情；A. Etzioni（1961）也認為管理者關心事情的處理方式，而領導者關心事情的意義，前者重視手段和過程，後者重視意義和使命（轉引自江明修，2003：2）。因此，在論述志工管理的意義時，不論是管理者或領導者，均不能只唱高調，不僅要瞭解人性的潛能，也要瞭解人性的需求，如此才能持平看待志工管理的問題。

　　有研究指出，志工管理的最大問題已經不再是如何招募新志工，而是如何讓已經在組織中的志工，完成更有意義的工作（高寶華，2006：232）。因此，一般在談論志工管理時，多強調志工的訓練，用以協助志工在從事志願服務時所需的知識（knowledge）與技能（skills），並建立正確的態度（attitudes），如此才可確保志工能順利進入工作情境。

二、志工管理的目的

　　志工管理的最大關鍵就是要讓合格的志工擔任最合適的職位。由於管理的對象為不支薪的志工，且組織中有許多工作都須藉助志工的協助才能完成，因而如何維繫人力及其過程乃是志工管理的重要課題。也因而志工管理的目的，除了要達成組織的目標，提供更好的服務之外，為使志工人力能有效運用，還須有一套完善的管理制度。對此，曾華源與曾騰光（2003）則認為，志工管理主要希望達成兩個目的：

（一）使組織的服務更有效能，並讓志工對於工作滿意。

（二）要平衡組織和志工之間的需求，如果任何一方有過高的期待，都會使志工管理的目的無法達成，對志工、組織和服務對象三者造成困擾。

7-3 志工管理的模式

雖然志工管理大致脫離不了人力資源管理的基礎模式，但因志工本身的特殊性，導致該模式在操作時無論在內容與手段上皆有部分的修正。志工管理人員的職責是確認員工有哪些疑慮，把這些疑慮轉為信心及信任，讓員工相信志工對組織而言是有用的資產及人力，並使志工都能盡情展現所長，有效自主地發揮功能。因此，專業化的志工管理已是影響非營利組織發展的重要因素。在本小節中，作者整理志工管理相關論述如下（陳金貴，1994：187；鄭淑芬，2003：181-182；鄭錫鍇，2003：149-152；黃新福、盧偉斯，2006：205-209；高寶華，2006：236-238）：

一、人力資源規劃

非營利組織的決策核心須針對組織需要的人力資源依照組織現況進行規劃，對未來發展各階段的組織增長考量人力編制比率，確定組織的使命及理想，並針對志工的工作內容（包括技術及人性兩部分）進行分析。另外，也需編定志工服務手冊，使有心加入的人士可以清楚知道身為志工所應參與的服務項目及內容。

二、招募志工

組織確定志工及專職人員的比例，及訂定清楚的志工工作內容之後，便可開始著手招募志工，組織可以透各種方式來吸引有心人士願意瞭解參與志工行列的活動，例如：突顯組織的使命、以現職優秀的專職人員與志工為示範，或是以領導者高尚人格和魅力等方式。

在志工招募的策略方面，學者黃新福、盧偉斯整理出下列三個層面：（1）專業取向或普羅參與，早期機構通常來者不拒，後期則逐漸走向志工專業化；（2）短期志工的招募，其志願參與的性質與專職、專業的志工不

同，招募方式亦有差異；（3）行銷觀念導向，過去志工招募大多站在機構人力需求的立場規劃，但晚近有些非營利組織結合市場行銷和公共關係的觀念，考量機構與志工雙方的互惠關係，而有不同的作為。至於志工招募的方法有：內部招募、運用傳播媒體廣告、善用公部門資源作為招募管道、校園或公司行號招募、網際網路招募、透過辦法活動來招募志工等。

為了能招募到適合組織的志工，招募過程可以想像成雙方需求的配對遊戲（make a pair play），一方是志工的需求，另一方是組織的需求，從各式各樣的人當中，招募「願意且合適」的志工，並使志工人數及條件與所需工作能互相配合。

三、甄選志工

對於有意參加志工行列者，組織決策核心應當考慮以下幾個甄選標準，如：品德操守、專業能力、使命認同、熱情與同情以及成熟穩定等，以避免不適任的志工反而成為組織負擔的問題。因此，面試遴選時應該注意下列兩項焦點：第一、組織需要知道招募的志工將來要安置在哪些職位。第二、關於組織的哪些事是志工應該要知道，以便他（她）決定是否應該擔任這項職位。所以，面試的目的在於瞭解雙方（志工與組織）的需求與期待是否相符。

四、新進志工指導與環境介紹

為了加速新進志工對組織的認識與瞭解，組織可以使用書面資料，如：志工手冊或志工服務手冊等，幫助新進志工熟悉組織環境及內部運作情況。同時，組織的專職人員也可以帶領新進志工參觀組織環境，或將資深與新進志工編在同組，以協助適應組織文化。

此外，所有志工在進入組織前，都應先接受某種程度的訓練課程，可透過**迎新說明**（welcome & exposition）與**安置安排**（locating）的方式讓新

進志工瞭解組織。**迎新說明**是對即加入的新團體作初步的認識，並開始建立其社交的團體認識及人際關係，另外也藉此對組織的設立緣起、發展歷程、使命與工作規劃進行介紹，目的是希望讓志工瞭解組織的背景、運作情形，使志工能與組織建立明確的關係。而**安置安排**是指依據工作性質、工作內容及志工興趣意願而選擇服務組別。一開始分派的工作算是試用性質，試用的經驗與考核可以作爲決定志工工作適合組別的參考，若志工不適合該組別，最好在此階段進行調整變動。

五、志工培訓與發展

接受組織各項之培訓課程，有助於志工在個人能力、工作技能以及人際關係等方面的發展。志工的培訓工作成功與否，是組織服務品好壞，及樹立良好形象的重要關鍵。

志工訓練種類非常多，大約可以整理成三種基本方式：（1）**導向（啓導）訓練**：是讓志工對機構的工作有所瞭解，提供志工有關工作的組織背景，功能及實際情況，使其瞭解如何對機構的目標有所貢獻，如何去做好組織的工作，志工若能越瞭解機構的系統，越能夠奉獻他的力量；（2）**服務前訓練**：對志工操作服務工作所需具備的基本機能，規劃設計的一系列課程，需針對個別差異因材施教；（3）**服務中的補充訓練**：爲了執行特殊的服務方案，或有新開發的服務技術，可以透過集中訓練、專題研討或工作坊的方式，實施專業補充的訓練。

六、志工績效評估

志工在組織的參與表現可以藉由定期進行績效評估，來確保服務績效並鼓舞士氣，同時對於不勝任的志工給予幫助或輔導。而對處理不當或是不適任的志工，也可以儘早處置，以確保組織的服務品質。在進行績效管理時，重點工作包括：擬定工作計畫，並訂定具體達成目標，做好指派及

工作說明、充分授權，避免命令口吻對待志工，避免志工行為偏離目標、建立具體的績效評量方法，以便客觀衡量志工績效，最後乃是針對績效進行獎勵。

　　管理人員在志工的管理上及運用上，除了要突顯志工服務的重要性、提升管理人的管理知能、對志工群的績效評量技能外，更要有績效的呈現。換言之，評估不只是要從可否達到組織或個人期待的目標之服務觀點來看，志工是否也可以透過此過程獲得學習也是極為重要的。

七、志工的生涯發展

　　面對不同類型的志工，組織決策核心應當考量每位志工目前所處的生涯階段，以協助其做好個人的生涯管理。

　　從人文的角度思考，每位志工進入到志工團體，多少是為了實現某種理想，因而領導者必須對志工進行有計畫的改變，例如施予訓練、教育，使其在工作技巧及觀念上有所進步，人生觀、器度與視野等得以開展，才能建立具有高度人文精神的志工團體。

　　在台灣，志願服務常被稱為「志業」：「志者」不只是「自願」，更是一種「志向」、人生意義的歸宿；「業者」，不但把志願服務當成偉大事業來看，更是一種值得而不會後悔的選擇。因此，若組織能協助志工進行生涯發展規劃，應能提升志工對組織的認同感與向心力。

八、志工與組織及專職人員的關係

　　大部分志工參與組織的服務，多秉持著對社會關懷及個人理想的實現，因此，對於組織及專職人員的回饋態度，存有較高的期待，若沒有得到熱切的回應，會造成志工們心理的挫折感，影響對組織認同及日後的參與度。所以，組織應定期給予志工一些獎勵或是舉辦活動，加強志工的歸屬感。當然，志工本身也須調整自身的服務心態。

另外，有關非營利組織中人員的互動，基於職工和志工的差異性，應強調互信的組織文化、培養互補的關係、強調共享、發揮綜效，以減少職工和志工間因認知和訓練的差異而衍生的可能衝突。

7-4 志工管理所面臨之困境

志工管理在實際運作中會受到機構本身的組織、人力或財力，還有志工或接受服務者或一般民眾等的影響，而使志工管理產生窒礙難行之處，以下分別說明志工管理面臨的困境（曾騰光，1997：35-36；曾華源、曾騰光，2001：9-14）：

一、民眾認知不清

由於現代社會的「個人主義」與「自我保護」作用的影響，限制了民眾對志願服務的參與。所以其因應之道應加強宣傳，釐清民眾不當的觀念，建立對志願服務的共識。

二、經費配合不足

不論私人機構或政府部門常面臨經費不足的問題，而影響志願服務的推動。其因應之道爲各地方政府除增列年度預算，更可廣爲發掘及結合民間資源，落實志願服務的推廣。

三、機構主事者的偏差觀念

由於不瞭解志願服務，組織運用志工的背後動機，視志願服務爲基於愛心的社會服務，並期望推動志願工作以節省經費。因之，爲解決此項困境應協助機構主事者建立對志願服務的正確觀念。

四、工作規劃適當性不足，缺乏志願工作規劃人才

承辦參與志願服務人力相當不足，除了誤解志願服務的本質，大多是新手接辦此項工作或只是兼辦工作外，不重視志工規劃與專業人力的培育，也是主要的影響因素。所以其因應之道為協助主事者成為具有專業性的推展志願服務工作之管理與規劃者。

五、對志工服務品質的評估與獎勵

在志工管理中，較少組織願意進行志工服務的評估，因為一般組織不願意去瞭解如果做好評估對組織的助力，也有可能組織根本沒有能力進行評估，也擔心評估策略對志工的徵選、晉用及公共關係會有不良影響。對志工來說，由於本身是不支薪又自我奉獻時間及精力的志願人員，評估將造成他們的重大壓力，甚至有懷疑他們能力的作用，所以在組織及志工都不樂意的狀況下，志工評估很難推展。此外，也要避免給予志工實物的獎勵，如金牌或出國旅遊等，以免產生過度辯護效果，傷害志工的服務利他動機，以及志工間彼此的感情。其因應之道為協助組織瞭解評估的重要性，增進對志工評估的規劃，並協助教導具體的評估方式；獎勵部分則以客觀、公平、公正等為原則，使獎勵能發揮其效果。

六、「職業」志願工作者的出現

有些志工不惜辭去原來的專職工作，以便專心做好志願服務工作，甚至有些志工可能在機構時間長於新進專職人員，而容易產生志工事事干涉職工行政工作的情形，變成志工好像是組長或督導，完全忽略權責差異要相互尊重的工作倫理。所以其因應之道是建立清楚明確的志工倫理守則，促使很多的陳述為可實際操作的行為指標，而非模糊不清的字句，以作為約束志工的依據。

從以上可得知，志工管理面臨的困境包括人（不論組織主事者或承辦志工的工作人員、民眾或志工等）的觀念和認知出現問題，以及經費欠缺的困擾。若能針對這些問題提出因應之道，機構將能有效的管理志工，使志工功能得以發揮。

7-5 開拓志工人力的具體作法

一、志工組織本身

根據衛生福利部救助及社工司公布的資料顯示，截至 2014 年 12 月底止，中央各目的事業主管機關，含文化、教育、環保、醫療、衛生、財政、經濟、農業、體育、科學、國防、消防、警政、社會福利……等各領域登記有案之志願服務團隊數已達 26,575 隊，十八歲以上的志工人數達 775,416 人，占 84.25％，其中以女性志工人數 513,619 人，占 66.24％ 最多[1]。由以上資料得知，我國無論志工人數或志願服務團隊皆有一定之數量，若能以此為基礎，配合實際需求，繼續開拓志願服務人力，應能提供更多元的服務。其主要作法有：塑造志工形象、創造服務機會、提供多元參與、包容各類志工、告知相關資訊、展現服務成果、建立服務檔案等。

二、政府部門

對於志工人力的開拓，政府應該扮演倡導、鼓勵、支持的角色，並協助志願服務團隊解決可能遭遇的問題，同時透過表揚績優志工、提供行政支援、舉辦慶祝活動、推動公務志工、鼓勵服務弱勢、宣導志工事蹟等具

---

[1] 衛生福利部志願服務資訊網（http://vol.mohw.gov.tw/uploaddowndoc?file=/IQBank/statistical/201506101719001.xls&flag=doc，檢閱日期：2016/03/09）。

體作法，來達到具體開拓志工人力之目的。例如教育部建置「偏鄉教育媒合平臺」（http://rural.k12ea.gov.tw/）及「鹿樂——偏鄉不遠～偏鄉教育群眾協力募集平臺」（http://fund.ruraledu.tw/aboutus.php），希望透過媒合平臺找到偏鄉學校所需的志工人力或物力資源，翻轉偏鄉教育。另外，台中市將於 2018 年舉辦世界花卉博覽會，預估志工總需求人數高達 2 萬人，社會局首創國際志工營，藉此培養社區組織、志工團體；而爲募集足夠志工，市府也建置「臺中市志工媒合平臺」進行雲端媒合，希望打造台中成爲志工首都[2]。

三、企業部門

現代化的工商企業，除了追求利潤之外，亦強調其對社會的回饋。尤其在 1970 年代民營化興起之後，企業的社會責任已成爲企業文化的重要部分，而參與或推動志願服務乃其中之具體措施。因此，企業的主要作法有塑造公益形象，甚至由高層以身作則參與社區志願服務（如福特六合的高階主管帶領員工參與社區環境美化活動），或是透過獎勵制度鼓勵員工參與志願服務（如台灣大哥大從 2007 年開始將企業志工全面制度化，每名員工每年都有 2 天的有薪志工假及交通津貼，鼓勵員工在工作之餘，發揮服務熱忱，落實社會關懷理念，志工服務範圍涵蓋環境保護、影像教育、藝文活動、網路安全等領域），並報導企業員工從事志工的事蹟等。例如弘道老人福利基金會就藉由與企業合作舉辦一日志工活動，透過公益合作的活動，進而開發企業員工作爲資源募集的對象。

---

[2] https://tw.news.yahoo.com/%E6%96%87%E5%8C%96%E5%BF%97%E5%B7%A572%E8%AE%8A-%E6%8E%88%E8%AD%89%E5%85%B8%E7%A6%AE%E6%89 93%E9%80%A0%E6%B0%B4%E6%BF%82%E6%B4%9E%E8%BF%8E% E8%B3% 93-082459588.html，檢閱日期：2016/03/09。

四、教育機構

志願服務是一種美德，也是生活的一部分，必須從教育紮根，並且透過教育機構加以引領、倡導、匡正，因此可以透過學校等教育機構，傳播學生與社區民眾有關志工的理念，鼓勵學生與社區民眾參與志願服務，並肯定其服務成果。例如中興大學、成功大學、中正大學和中山大學等四校學生發起「4 的 n 次方無國界創新服務計畫」，於 104 年暑假期間分別到南投、台南、高雄、屏東等偏鄉舉辦營隊，活動結束後，四校學生於寒假前於中興大學舉辦服務成果發表會，進行經驗分享與交流[3]。

五、傳播媒體

處於大眾傳播的時代，每人每天至少接觸一種以上的傳播媒體。對於志工人力的開拓，媒體應該善盡告知、教育、休閒、批判等功能。其主要作法有：報導志工佳績、發掘服務案例、宣揚公益志工、導正服務理念、協助行銷策略等。例如新聞報導，已經舉辦十五年的「保德信青少年志工菁英獎」，是全國最大青少年志工表揚平台，鼓勵近六萬名青少年投入志願服務行列。以 2015 年為例，全國共有超過五千三百名的國、高中生報名參加「保德信青少年志工菁英獎」選拔，足見其傳播成效。

7-6 結語

對於非營利組織來說，人與經費是組織能否順利運作的兩項重要資源，其中又以人力資源最為重要。非營利組織的人力可依支薪與否分為職工與志工，又因受限於組織的經費預算，無法聘任充足的專業職工，因而部分組織業務或服務乃需要交由志工來協助執行與完成。

---

[3] http://www.lihpao.com/?action-viewnews-itemid-122530，檢閱日期：2016/03/09。

也因而雖然志工不是正式人力，但爲使非營利組織更有效能，同時也讓志工從服務的過程中得到成就與滿足，進而願意繼續留在組織，組織有必要實施志工管理。若組織從人力資源規劃、招募與甄選志工，到新進志工指導與介紹環境，以及志工培訓與發展、績效評估、生涯規劃等皆能審愼規劃，應可以減少組織不適任志工的問題發生，降低志工管理所面臨的困境。

問題與討論

1. 請分組找兩個不同類型的非營利組織，觀察比較不同類型的非營利組織，其志工管理模式是否也有不同？
2. 除了課本的論述外，請討論目前非營利組織志工管理還可能面臨哪些問題？
3. 承上所述，請討論如何克服志工管理所面臨的課題？請設計解決方案。

NPO小檔案

獨樂樂不如微樂樂——全臺首創志工媒合平台（APP+website）起飛[4]

公益團體經常面臨找不到志工的困境，卻有更多民眾找不到適合自己的志工服務項目。爲了解決這個困擾，台灣大哥大基金會與微樂生活協會合作，共同企劃、設計，創平方數位整合與工研院研究新科技開發，推出全國第一個跨網站與APP的微樂志工平台，鼓勵全民利用零散時間輕鬆報名做志工。該平台操作簡便，只要3秒就能完成媒合與報名程序，提升民眾參與意願，讓志工很快找到「適合自己的活動」，公益團體也可以利用QR Code報到等功能提高效率，短時間內找到「對的志工」。爲了力挺微樂志工的概念，知名的終身志工孫越與陳淑麗也蒞臨微樂志工平台起飛記者會，除了分享與傳承多年來的服務心得外，也呼籲全民一起集合「微」小志工的力量，替社會創造巨大的快「樂」能量。

全國首創的微樂志工平台體現三大創新的志工概念：一是「微型化」，就是利用公餘或課餘的零散時間即可做志工；二是「即時化」，隨時隨地以APP完成媒合、報名與報到；三是「虛擬化」，不僅限於實體服務，也可透過數位傳輸或遠距方式，隔空完成志工服務。由於微樂志工平台上線後將讓志工服務型態產生新的革命，累積出時尚、有態度的新世代服務精神，讓志工服務跨進數位行動的新時代，預料這項改變將吸引更多年輕學子與專業人士貢獻所長，一起投入公益服務，轉化社會風氣，實踐施比受更有福的價值。

---

[4] http://corp.taiwanmobile.com/press-release/news/press_20140319_227774.html，檢閱日期：2016/03/09。

參考文獻

江明修，2003，《志工管理》，台北：智勝。

余佩珊譯，Peter F. Drucker 著，1994，《非營利機構的經營之道》，台北：
　　遠流。

林勝義，2005，〈志願服務的意涵與未來發展〉，行政院青年輔導委員會
　　編，《非營利組織培力指南第三輯》，台北：青輔會，頁79-90。

周文祥、慕心譯，Peter F. Drucker 著，1998，《巨變時代的管理》，台北：
　　中天。

施教裕，2001，〈各縣市志願服務業務評鑑觀感〉，《社區發展季刊》，第93
　　期，頁221-227。

高寶華，2006，《非營利組織經營策略與管理》，台北：華立圖書。

陳金貴，1994，《美國非營利組織的人力資源管理》，台北：瑞興圖書。

陳怡君，2006，《環保類非營利組織的志工管理》，台中：東海大學公共行
　　政研究所碩士論文。

陳武雄，1998，《志願服務理念與實務》，台北：中華民國志願服務協會。

曾騰光，1997，〈志願工作者的組織承諾與機構人力資源管理策略〉，《社
　　區發展季刊》，第78 期，頁35-47。

曾華源、曾騰光，2001，〈我國志願服務潛在問題與應有的走向〉，《社區
　　發展季刊》，第93 期，頁6-18。

曾華源、曾騰光，2003，《志願服務概論》，台北：揚智。

黃新福、盧偉斯，2006，《非營利組織與管理》，台北：國立空中大學。

鄭淑芬，2003，〈非營利組織的人力資源管理策略〉，《高苑學報》，第9
　　期，頁167-186。

鄭錫鍇，2003，〈非營利組織領導概念與理論之探討〉，《考銓季刊》，第33
　　期，頁138-154。

賴兩陽，2002，〈志願服務的內涵〉，收錄於內政部編，《志願服務基礎訓
　　練教材》，台北：內政部，頁7-26。

第 **8** 章

非營利組織的行銷

　　非營利組織在多元變遷的社會中擔負起公共服務的使命，以民間社群的力量彌補政府部門及企業部門在服務供給上的不足。1980 年代非營利組織在各個國家的不同領域裡開始蓬勃發展，不過在面對競爭的外在社會環境，受到資源有限性的影響，組織的生存及發展逐漸出現了問題。因此，在上述的背景下，如何持續維持組織的優勢或提升自我的競爭實力，行銷手法的應用即顯得相當重要。

　　然而事實上，非營利組織在採借行銷理論的過程中，經常出現一種矛盾與誤解的情形。因為就傳統的觀點來看，行銷是一種商業手法，多指如何將商品推銷給顧客，使顧客接受，這對於一向強調公益使命和不以追求利潤的非營利組織而言，最初實在有些難以接受。但面對市場競爭與資源有限性的現實，非營利組織也逐漸體認到將行銷觀念導入組織的必要性與迫切性。

　　有鑑於此，在本章中首先介紹行銷的意涵；其次探討非營利組織運用行銷概念的理由，以及非營利組織和營利組織行銷的差異；接著整理非營利組織的行銷組合策略與方式；最後論述非營利組織在進行行銷時常見的問題。

8-1 行銷的意涵

　　「行銷」不是「推銷」，因為推銷只是行銷的一小部分，是許多行銷功能的一環。在多數人的印象裡，行銷的手法多半應用於營利事業之中，亦即企業以策略的方式讓產出的服務與產品不但能夠滿足消費者的需求，同時也能一併為組織創造豐厚利潤。隨著時代的變遷，行銷的概念不僅只應

用於私部門，在公部門及第三部門中也逐漸受到重視。

　　有學者指出，行銷是一種深入的追究，找出人類的需求，以作爲服務的依據（高寶華，2006：98）。根據美國行銷協會（American Marketing Association）對行銷一詞所下的定義，所謂是行銷是針對創意、想法、產品及服務來創造交易，以滿足個人與組織目標，在概念化、定價、推廣和分配上所做規劃及執行的過程（陳定銘，2003：224）。學者 Kotler（1991）也曾賦予行銷概念明確之定義，認爲**行銷是分析、規劃、執行和控制一系列的計畫，藉以達成企業所預設的目標。爲了達成此目標，組織本身需根據目標市場的需求來提供產品，並同時善用有效的定價、溝通及分配的技巧來告知、刺激及服務目標市場**（王順民，2006：53）。由此可知，組織運用行銷手法之目的，無非是希望能夠使顧客主動對組織所供給的服務和產品感到興趣，使這些產品能夠不需特別著重銷售的功能便能容易地受到顧客的青睞。而爲了達成這項目的，學者 Bearden 等整理出下列三項成功行銷的關鍵要素組合（王居卿等譯，2002：23，轉引自陳定銘，2003：225）：

　　一、組織的基本目的在滿足顧客的需要。
　　二、要滿足顧客需要，整個組織必須同心協力。
　　三、組織應強調長期成功，意即長期的掌握顧客。

　　從行銷的意涵得知，組織要在競爭的環境當中脫穎而出並獲取利潤，首要之務不僅要滿足顧客的需求，更要使顧客對組織有高度的忠誠度，才得以留住顧客。由於行銷的核心概念重視在雙方自由意識下的交換行爲，因此組織須先認清合作交易的對象是誰？有哪些需要尚待滿足？應調整哪些作法以滿足交易對象的需求等，才能長期留住顧客。

8-2 非營利組織運用行銷的基本概念

如上所述，行銷的概念來自於企業管理，私部門藉由行銷以提升組織形象和企業的知名度，用以促進商品勞務的交易。而非營利組織雖然在自主性、彈性方面類似民間組織，然因不同於企業組織是以追求利潤為目標，僅依靠成員對組織的認同而成立，且背負著公共福祉的使命，以彌補政府在社會服務供給上之不足。因此，非營利組織在運用行銷手法時所抱持之理念是有異於一般的企業組織。

一、非營利組織運用行銷的理由

非營利組織採借行銷的觀念最早是由學者 Kolter 與 Levy（1969）在〈行銷觀念擴大〉一文中所提出，認為行銷不只有助於實質商品的銷售，更可擴大至廣泛的社會活動裡，用以推廣無形的觀念和價值觀。加上非營利組織與營利組織同樣擁有財務、生產、人事等功能，若能夠瞭解行銷的重要性並確實執行，則能讓接受服務的顧客感到滿意（梁斐文，2005：207-208；王順民，2006：224；王明鳳，2006：133）。

對任何一個組織來說，透過行銷可與外界進行資源的互換以獲取本身所需的資源。組織行銷的對象雖說是以「目標市場」為主，但組織的運作不能僅注意到外在顧客，對於本身內部成員也須多加關注，才能使組織的理念在實踐過程能更加順暢。因此，非營利組織行銷的理由約可以整理如下（陸宛蘋，2000：249；黃俊英，2005：78；高寶華，2006：94-97）：

（一）幫助非營利組織改變人們的行為

行銷的本質在於「交換」（exchange），期望經由交換去改變或影響人們的態度和行為。而非營利組織的行銷通常表現在意念及行為上的改變，以行銷的方式將組織的理念和訊息傳遞給大眾，可刺激民眾的回應和響應以獲取關注、支持，讓人們願意去尋求或使用非營利組織提供的服務，

願意捐助組織和投入組織從事志願工作。基本上，非營利組織會對於顧客（包含服務對象和提供資源贊助者）進行行銷，以改變或影響顧客態度或行為，如董氏基金會行銷二手菸的觀念，試圖改變抽菸者的行為。除此之外，組織也會對內部成員行銷，藉此影響員工的態度，使其能更友善的對待服務對象，提高服務的品質。另一方面，組織若對政府行銷，則可促進其推動或制定相關的公益法案，如：兒童福利聯盟文教基金策動兒童及少年福利法的修正，促進《兒童及少年福利與權益保障法》的通過；勵馨社會福利事業基金會主導立法院三讀通過《兒童及少年性侵害防制條例》等。

（二）幫助非營利組織獲得較高的顧客滿意度

非營利組織所提供的服務是否得到顧客的滿意與認同，攸關組織經營的成敗。組織行銷的目的是為了創造顧客的價值，因為組織所提供的服務若能讓顧客滿意，顧客自然會給予組織更多的支援，進而幫助組織將其服務的宗旨發揚光大，如慈濟慈善基金會透過大愛電台、網路電台和慈濟月刊等通路讓顧客瞭解組織的宗旨與服務結果，成功地獲得顧客的支持。

（三）協助非營利組織提升競爭力

行銷基本上是同業競爭下的產物，在非營利組織不被重視或不顯著的時期，因較無爭取資源的壓力，自然無視行銷的重要性。但1980年代以後，隨著非營利組織蓬勃的發展，同質性或同類型的組織也逐漸增多。對顧客來說，提供服務的機構越多，雖意味有更多的機會可選擇符合適合本身的服務，但對非營利組織而言卻會造成生存的威脅。在這種情況下，擁有較完整的行銷知識，可以提升組織的競爭力，並獲得更多民眾的支持。

（四）幫助非營利組織爭取善因行銷的資源

善因行銷（cause marketing）是指企業與非營利組織合作從事公益行銷活動，也就是透過合作，一方面增進企業的產品銷售、提升企業形象；另一方面則是幫助非營利組織募款或推廣理念。因此，非營利組織若能從

企業行銷的角度出發，和企業有共通的語言，自然而然可以擴大組織資源，順利完成使命。如寶僑家品與婦女防癌基金會合作，推動「六分鐘護一生」，鼓勵婦女接受子宮頸抹片檢查，即是善因行銷的成功案例之一。

（五）提高非營利組織財務的獨立性

非營利組織為了能夠維持立場的中立，須避免過度依賴外界的捐款，維持組織財務的獨立性，才不會受到他人的干預而偏離當初組織成立的初衷。因此，面對資源緊縮的情境，非營利組織可透過行銷來籌措特定目的事業之財源或組織經營所需之經費，用以提高組織財源的獨立性。例如勵馨基金會為了給身心受創的少女一個避風港，決定在屏東興建關懷少女中途之家，地點雖然找到，卻短缺 600 萬的工程款，因此，勵馨基金會屏東服務中心發起「漂流木的奇幻旅程」，呼籲民眾化身為愛心天使，帶著勵馨的漂流木幫忙募款。

二、非營利行銷與營利行銷的差異

根據研究顯示，非營利組織與營利組織基於本身的特質在行銷上的差別可歸類為下列幾項（陸宛蘋，2000：250-252）：

（一）非營利組織的產品通常不是有形的，而是無形的服務或是行為的交換。如：千禧之愛健康基金會宣導「尊重生命、彼此關懷、接近自然樂觀進取」；董氏基金會宣導戒菸的觀念等。

（二）非營利組織以追求「使命」的實現為導向。如：心路社會福利基金會的使命為——本於尊重、接納、融和、專業、創新的服務理念，成就身心障礙者的最大可能。而創世基金會則是以結合各界的人士，服務殘到底（植物人）、老到底（失智、失依、失能老人）、窮到底（街頭流浪人）的社會弱勢為組織的使命。

（三）接受非營利組織服務的對象通常不需負擔或只需少額分擔成本，因此組織行銷的對象多數是針對「資源提供者」，期許其能

提供資源以縮短組織在成本與收入上的差距。如：荒野保護協
會透過招募志工以彌補組織人力上的不足。

（四）非營利組織中付費者往往不是服務使用者，顧客來源的多元性
自然會影響資源的吸收及分配。

（五）組織的使命不易變更，但受照顧的服務對象可能因生活環境的
改變而無法再接受組織的援助，如此可能會面對顧客滿意的衝
突。如家扶基金會實施的「認養制度」，認養人可藉此協助貧困
或家庭破碎的兒童，但如果認養兒童的家境改善或好轉，即無
法再繼續接受援助。

（六）非營利組織享有政府免稅的優惠，因此接受公共審查的機會往
往比企業組織高，但也因此較能在社會中建立公信力。

（七）非營利組織有其成立的使命和自主管理的精神，不因市場壓力
而改變服務的宗旨和目標。如：董氏基金會秉持促進國人身心
健康、預防保健重於治療的理念，即使遭受菸商市場及菸癮族
的極力反彈，仍努力的推動《菸害防制法》的落實，甚而對菸
品開徵健康福利捐。

（八）非營利組織具公益性的使命，讓提供資源的支持者能透過組織
來實踐助人及社會參與的成就感。

（九）非營利組織可能面臨雙重或三重的管理。因為組織的資源是來
自多元的提供者，故組織的經營除需受本身的董、監事會的管
理外，還須對資源提供者負責。倘若組織和政府合作或接受其
委託者，也須接受政府的監督考核。

（十）加入非營利組織中的成員，不論志工或職工，薪資並不是吸引
加入組織的唯一要素，而是懷有更高一層的心理滿足和自我實
現的想法，促使其投入組織實踐服務大眾的使命。

另外，也有研究（高寶華，2006：102）根據行銷的涉入、產品提

供、財務導向與否、利益分配、營運市場與重要關係人等面向來比較這兩
種組織間的差異，詳細內容請參考如下表8.1所示。

表8.1　非營利組織與營利組織行銷差異之比較

	非營利組織行銷	營利組織行銷
行銷涉入	關於組織、人、地、觀念、議題、產品與服務的行銷	主要為關於組織、產品與服務之行銷
產品提供	交換的方式較多元化，為服務和行為的交換，少部分可以用金錢交換	用貨幣來換取產品和服務
財務導向與否	目標是多方面的，包括組織良好形象、名聲等，無法用金錢衡量成效	目標的達成可用銷售量、利潤及金錢衡量，可數據化與量化
利益分配	非營利勞務的利益經常無法公平分配	所得之利潤不見得能公平分配
營運市場	需在市場條件較差的區域活動	僅在有利可圖的市場活動
重要關係人	需依賴顧客及支持者	依賴消費者

資料來源：高寶華（2006：102）。

8-3 非營利組織的行銷組合策略與方式

行銷的概念在70年代末期開始被應用在非營利組織的經營管理中，
但因非營利組織本質的不同，行銷方式與營利組織仍有些差距。除此之
外，非營利組織因類型的差異和所處之社會環境的差異，可資運用的資源
也不盡相同，故導致各類組織所使用的行銷方式有時會不太一樣，在本小
節中將介紹常見的非營利組織行銷組合策略與方式。

一、非營利組織的行銷組合策略

一般營利事業在談論行銷時，其基本組合通常包含產品（product）、

通路（place）、價格（price）和推廣（promotion）四個構成要素，簡稱為 4P（傅篤誠，2003：5）。試簡單說明如下：

（一）產品

產品是為了滿足市場需求所提供之財貨或服務，所以，產品可能是一種有形的財貨，也可能是一種無形的服務概念，或是兩者之混合（林淑馨，2008：166）。由於非營利組織的產品或服務通常是無形的，如何將這種無形的產品或服務成功轉化成一種價值給予目標群眾，如設計產品的 logo、標語，以加深消費者對產品的印象，則考驗著非營利組織能否有效掌握該項產品或服務的特性，才能使民眾對其產生信賴，而願意投入購買或參與其任務，如慈濟銷售「慈善、醫療、教育、人文」四大願景；荒野保護協會銷售「盡可能讓大自然經營自己，恢復生機。讓我們及後代子孫從刻意保留下來的台灣荒野中，探知自然的奧妙，領悟生命的意義」的環保觀念；而喜憨兒社會福利基金會設計娃娃臉的 logo，以黃色底色代表明亮和親切，兩眼距離較寬，大大扁平的鼻子，作為唐寶寶的特徵，微笑的嘴型代表家長們的希望，用以喚起民眾對該組織的注意。

（二）通路

通路是指產品銷售給消費者的傳送管道。由於非營利組織的產品無法利用市場上一般通路的經銷或物流方式，所以行銷人員需善用通路以讓消費者可以接受到行銷的訊息或有接觸的機會；如許多宗教型非營利組織，如慈濟、法鼓山、佛光山透過在各地設立分會或功德會來推動會務的運作，或是聯合勸募與社福機構和統一超商共同舉辦的「把愛找回來」活動即是非營利組織運用企業的銷售通路之例子。

（三）價格

價格是顯示商品價值交換的具體指標，然而價格未必一定是貨幣價值，也有可能是一種機會成本，如志工在時間與精力的付出（王明鳳，2006：138）。因此，雖然所有企業或非營利組織都要為產品或服務設定價

格，但如何制訂出消費者或社會大眾能接受的適宜價格，則是一種藝術與智慧。特別是非營利組織所銷售的產品或服務，有時是一種無形的概念或理想，如何讓民眾有意願購買或參與，實在難以用一般商品的對價觀念來思考；如慈濟的大愛電台打出每個月 100 元，就可以得到清新的電視台的廣告，以及慈濟會員長期小額的捐款和嘉義市嘉邑行善團三個月每人 100 元的造橋功德金，皆可視爲是滲透策略定價之使用，用以獲得規模經濟，建構持續性的競爭優勢。

（四）推廣

推廣是指在預先決定的有限時間內，利用媒體或非媒體工具來刺激消費者的需求與購買慾望，以提高銷售效率之活動（陳定銘，2003：228）。常見的促銷工具有折價券、競賽、抽獎、贈送樣品、找名人代言、製定吉祥物等。若將上述「推廣」概念用於非營利組織，乃是組織與社會群眾所進行的一項溝通活動，藉由推廣告知社會大眾服務的可獲取性，或是宣揚組織的理念與使命（林淑馨，2008：168）；如家扶基金會透過電子報、扶幼 e 季刊、愛心援外月報等來推廣該組織的理念；動物保護協會透過影音與相簿紀錄貓兒和狗兒的可愛樣貌和相關資訊，希望喚起民眾認養的惻隱之心。

二、非營利組織的行銷方式

（一）內部行銷

內部行銷源自於服務業，主要的觀念在主張行銷單位除了需努力對外部市場進行行銷之外，還需要將與顧客接觸的組織員工視爲顧客，強調的是將組織銷售給員工，使員工買到符合其心意的「產品」，也就是「工作」，因此內部行銷是一種秉持人性需求的理念，使工作能滿足內部顧客，留任組織所需要的優秀員工。換言之，倘若組織內員工能清楚明瞭組織使命及目標，最終的目的則是能持續改進對外部顧客的服務方式，以提

升組織效率（黃雯菁、黃庭鍾，2009：212-213）。對非營利組織而言，若是組織內部員工都無法認同組織使命，就難以向外行銷組織。

（二）社會行銷

根據 Kolter 和 Zaltman（1971，轉引自林博文，2009：76）的定義，「社會行銷是一種透過設計、執行與控制方案的過程，運用行銷的組合（產品、價格、通路和溝通）與行銷研究，希望能使目標團體接受社會的某些觀念、理想與措施」。之後，Kolter 和 Lee（2007，轉引自郭思妤譯，2007：312）更擴展社會行銷的目標和行為改變方式，修正其定義為「社會行銷是應用行銷的原則與技術去影響公眾自願接受、拒絕、修正或放棄某項行為，而這項個人行為的調整將有助於個體、群體、社會乃至於國家的福祉」。由此可知，社會行銷的目的在於行為的改變，特別是積習的改變；例如犧牲乘車的舒適性，必須繫上安全帶；建立新的垃圾處理習慣，學習垃圾分類等，故有學者認為社會行銷乃是所有行銷類型中最困難者（林博文，2009：78）。然而，這種結合顧客導向和社會公益關懷的社會行銷時常被政府部門與非營利組織所使用，其重點在於設法瞭解目標對象的真正需求，然後再針對需求來設計社會產品，同時以最有效率的方式將產品傳達給顧客（王順民，2006：54）。換言之，當顧客滿足需求時不僅能達成組織的使命任務，也可同時增進整體社會的福祉。

基本上，社會行銷所銷售的產品是行為的改變，如改善健康、保護環境、防範傷害或社區參與，希望其所服務的顧客能夠做到接受一個新的行為、拒絕一個習慣行為、修正一個現行行為和放棄一個舊的行為。從事社會行銷者強調不會運用訴諸法律、經濟等脅迫方式，要使顧客的行為能夠自願發生（Philip Kolter 等著，俞玫妏譯，2005：6-7）。近年來，非營利組織透過社會行銷的方式來展現對社會關懷的例子頗多，如：原住民正名運動、捐血行動、聯合勸募、限用塑膠袋、反雛妓社會運動等等（王順民，2006：59）；另外，荒野保護協會透過「行動123」活動，希望能匯集每一個人的力量，從日常生活、從周遭家人朋友，以及任何個人所能影響的地

方做起,藉以喚起民眾關懷自身生活的環境問題。

(三) 議題行銷

議題行銷是指當時興議題受到社會大眾關注時,組織將議題再次的包裝並擴大、渲染,讓議題可以受到社會更高度的關切,使大眾因為關心此議題而願意將資金或心力投入於組織當中(王振軒,2006:130)。簡言之,當一個社會事件或是政治議題受到大眾的注意後,會短暫的開啓解決這特定問題的機會,而相對的大量的資源、訊息自然而然也會趁此時源源不斷的湧入。非營利組織若能善用議題行銷,將服務接受者、政策制定者和利害關係人適時的做聯結,不但能夠提高大眾對組織的注意,也能爭取到更多資源的幫助。

國內、外非營利組織使用議題行銷的例子也不少。以國內來說,機車強制責任保險的通過,便是結合議題、政策和社會的焦點,在柯媽媽及中華民國車禍受難者救助協會多年的奔走下而成功。至於國際知名的綠色和平組織則是經常利用環保的議題做宣導,將環境的問題做成具體的報告書,告知世人生態破壞問題的嚴重性,警醒大眾需做出哪些守護地球的關懷行動。

(四) 網路行銷

網際網路是近年來受到關注的便利通路,利用網路來行銷,一方面可以解決非營利組織因資源及經費有限而造成宣傳效果不彰的情形,另一方面可以創造顧客價值與滿足顧客。非營利組織可以透過架設網站的方式,對外提供最新的活動訊息、服務方案和理念宣導,即時提供訊息給大眾,並與顧客或媒體記者保持密切的聯繫。而網路的使用也讓顧客一改過去被動的角色,能夠主動地去尋找自己所需的訊息,甚至克服時間及地域的限制直接參與組織活動,增加本身對組織的歸屬感(陳政智等,2006:103)。

此外,科技技術的改善也節省了時間、溝通的成本,解決許多傳統行

銷無法快速回應個別化或是多樣化的困境。因此，面對社會環境的迅速變遷，不少非營利組織開始投注心力在網路行銷上。以弘道老人福利基金會為例，在其網站的架設上將組織服務的項目、服務的據點、組織收支的明細清楚列出，向眾人公開組織的運作內容。平時組織也會將與老年人互動的情形拍攝成影片或相片上傳至 youtube 或 facebook 等的社群網站，吸引更多不同年齡層的大眾關懷老人的議題，進而激發其加入服務的行列及認同組織的作為。由此可知，組織透過部落格網站的宣傳，成功的讓國人正視到國家人口結構的改變，有許多老年人口的問題須待大眾來關心。

（五）策略行銷

大抵而言，任何產品都有所謂的生命周期，在不同的階段會有不同的課題及相應的行銷方式，非營利組織亦然。組織在成立初期為了建立知名度與形象，應先致力於宣導和教育的工作，讓社會瞭解組織的使命；過了創始期，應開始重視服務的品質，除了持續的文宣推廣，還須要在活動中建立形象，以找出組織的定位和樹立口碑（司徒達賢，2001：264）。因此，策略行銷乃是非營利組織考量本身的生命週期，以及組織需求所採行的有策略規劃的一種行銷方式。

非營利組織在進行策略規劃前要先決定組織的目標，分析組織外在環境及評估本身內在的優缺點，以便擬定對組織最有利的行銷策略。確立了組織行銷的使命、目標及標的群體後，則可著手開始發展核心的策略目標（王明鳳，2006：136；陸宛蘋，2000：253-254）。值得注意的是，行銷不是一個事件，沒有開始和結束的過程，而是在市場定義及再定義（審慎確定目標市場）、市場調查（瞭解目標市場真正要的是什麼）、服務設計及創新（設計滿足目標市場設計出產品和服務）、設定價格（服務對象接受服務時所需付出的代價和犧牲能否與提供服務的成本平衡）、促銷及配送（服務的輸送）和評估（組織效能的檢視）六個過程中不斷的循環（Peter C. Brinckerhoff 著，劉淑瓊等譯，2004：110）。因此，組織需時時對每個過程進行診斷並做出適當的回應，以協助組織改善服務品質，並提高顧客對

組織的滿意度。

（六）體驗行銷

　　體驗行銷是一種以顧客感覺為主要訴求的行銷方式，強調經由內外在的空間環境營造出令人滿意的服務程序，促使消費者在視覺傳達、情境體驗、心靈體會上得到更多除了經由消費實體產品外所得到的無形服務和附加價值（黃慶源等，2004：49）。這種思考模式突破傳統上理性消費者的假設，認為消費者在消費時是理性與感性兼具的，認為消費者在消費前、消費時與消費後的體驗，才是購買行為與品牌經營的關鍵（林淑馨，2008：179）；如人本教育文教基金會創辦森林小學，為了讓家長與孩子更瞭解森林小學的經營方式和教育理念，在每年七月初有辦理為期十天左右的「森林小學試讀營」，或是荒野保護協會舉辦的自然體驗活動與世界展望會的飢餓三十，都是希望藉由社會大眾的親身參與經驗，在心靈上留下深刻的印象。

（七）關係行銷

　　關係行銷是利用原有的顧客群的人際關係向外拓展，吸引新的顧客上門的一種行銷方式。這種行銷方式是建立在既有顧客對產品或服務的口碑上（高寶華，2006：124）。不同於傳統的交易行銷，關心在每一次交易的產出結果，行銷目的主要是在創造新的顧客，並希望擴展市場占有率，而關係行銷則著重在「關係」面上，其重心在於原有顧客的保留，行銷的目的是希望吸引、建立、維繫並增強顧客對組織的忠誠度。因此，一旦既有的顧客對產品或服務品質感到不滿意時，就不可能替組織進行免費的宣傳。若將「關係行銷」的概念援引至非營利組織中，無非是希望藉此吸引潛在捐款者，並與固定捐款者建立長久和互信的合作關係；如私立大學的募款過程中經常會運用關係行銷手法，向校友募款；又如社會福利慈善基金會若捐款人有共同的宗教背景則較容易運用關係行銷[1]。另外，弘道老

---

[1]　相關實証資料請參閱周逸衡、黃毓瑩、陳華寧（2005）的論文。

人福利基金會也運用關係行銷來募款，其對象包含董事、志工、企業與媒體閱讀者。

8-4 非營利組織行銷常見的問題

雖然非營利組織的行銷與營利組織本質上相同的，但由於有時牽涉的議題或行為具爭議性，因此不似一般企業組織可以容易獲取有關服務對象的資訊，且非營利組織的行銷產品多具有不可分割[2]、無形的、可變的與易逝性[3]等特性。不僅如此，非營利組織運用行銷手法改變的往往牽涉無形的社會和心理利益，而且有時成果的達成還需犧牲某部分人的利益，因此非營利組織的行銷比起營利部門而言，顯得更加困難（黃俊英，2005：79）。大抵而言，非營利組織行銷常見的問題約可整理如下（王明鳳，2006：133；陳定銘，2003：226-227；刑瑜，2006：188-189；林淑馨，2008：175-176）：

一、專注於產品導向而非行銷導向

非營利組織以追求最大多數人的福祉為目標，對於目標的實踐總是抱持著高度的理想性，盡其可能的將組織認為好的理念和價值觀強力的灌輸給服務的對象。其出發的本意雖好，但未從對方的心理需求著眼，容易造成將促銷視為行銷的誤差。

---

[2] 不可分割性是指非營利組織服務之生產與消費通常是同時進行的，這與實體產品需經由製造、儲存、配送與銷售的過程是不同的（林淑馨，2008：171）。

[3] 指非營利組織的服務是無法儲存的，若需求呈現穩定情況，服務的易逝性並不構成問題，但若需求變動較大時，提供服務者便會遭遇困難（林淑馨，2008：172）。

二、不重行銷研究與市場區隔

　　許多非營利組織的通病就是對於外界資訊缺乏敏感度。非營利組織面對的群體不僅有服務的對象、捐贈者，還有志工人員，因此在行銷時應當注意這些人的特徵和行為，進而設法深入瞭解其深層的需求、動機與期待，如此才能將組織轉化成行銷導向。另外，非營利組織和營利組織一樣，會遇到變幻無常的顧客態度和資源緊縮的情形，所以若能善用行銷的觀念，不僅可以更新產品和使命，透過市場的區隔也能吸引到更多的支持者。

三、產品的觀念不易形成

　　非營利組織所提供的產品多屬於服務或推廣性質，不像實體物品一樣能聽聞或感覺到，必須依附於具體事實以將其有形化。其次，由於服務的生產和消費通常是同時進行，隨著時間、地點、服務提供者的不同，呈現的效果也會有所差異，所以產品的觀念不易形成。因此，將行銷觀念的導入，幫助非營利組織包裝服務的內涵，讓組織得以確定本身的利基，對於顧客的需求也能夠提供正確的服務。

8-5 結語

　　面對社會環境競爭的壓力，非營利組織為求能在眾多組織中展現自我的特色，以爭取到更多的資源投入組織，開始借用企業組織的經營手法以提升組織的效能。由於行銷原先是從企業管理的觀念發展而來的，因此將其援引或應用到以追求公益、服務社會為宗旨非營利組織時，無論是對產品、價格的定位，以及顧客需求與行銷通路的使用等等，都需有相當程度的瞭解，才能避免組織「商業化」並呈現組織的特質。

　　由於行銷方式的多元，不同類型的非營利組織因本身的性質與所掌握資源的不同，在行銷手法自然有些差異。然而，無論非營利組織選擇何種行銷方式皆是希望藉此來改變人們的行為，提升服務品質和提高組織的競爭力。行銷手法的應用固然為非營利組織帶來不少的好處，但卻也讓組織產生在「使命取向」或「市場取向」中尋求平衡的困難。因此，配合時代與社會環境的變遷，雖然非營利組織運用行銷方式來解決困境已成為一種趨勢，但須注意的是，行銷只是達成組織使命的一種「手段」，而非「目的」，不可因此而本末倒置。

問題與討論

1. 請蒐集不同類型非營利組織的行銷方式，並討論不同的組織所採用的行銷方式有何差異？請以兩個不同類型的非營利組織來做比較。

2. 假設您現在是某非營利組織的經營者，當組織面臨資源不足的困境時，您該如何解決？請草擬一份行銷計畫的大綱。

3. 組織在行銷的過程當中，焦點往往會著重於與外部互動團體的連繫，試問您對組織內部行銷的看法如何？若您為組織的管理者，會採取哪些作法？

4. 請找一個您有興趣的非營利組織，嘗試幫它擬定一個合適的行銷策略。

NPO 小檔案

喜憨兒社會福利基金會的部落格行銷[4]

一、機構介紹：

　　喜憨兒基金會成立於1995年，最大的設立宗旨是讓心智障礙者獲得終身教育與妥善照顧。一般人面對生命中的不完美，也許會選擇隱藏，但基金會選擇創造心智障礙者的價值！目前基金會共設有21個庇護工作站（含烘焙坊、餐廳、台北、新竹、高雄3個烘焙工場）及創新的園藝工作隊，以社區化、正常化及無障礙之工作訓練職場，協助憨兒獲得工作技能，並視個別學員之狀態，轉介至超商、餐廳、清潔公司等一般職場就業。另一方面亦設立社區家園、樂團、劇團、憨兒童軍團、憨兒學院等，兼顧憨兒生活照顧及休閒教育層面之全人需求。

二、行銷手法：尋找愛心部落格

　　喜憨兒基金會從2007年開始尋找愛心部落格的活動，邀請一般民眾或企業加入其部落格聯播的行列。所謂的部落格聯播為喜憨兒社會福利基金會與各大知名部落格合作，邀請一般民眾或企業在其本身的部落格上放置尋找愛心部落格的標籤，讓一般民眾在瀏覽部落格時，可以點選愛心部落格的標籤連結到喜憨兒基金會的網頁，希望能藉此傳遞喜憨兒的公益訊息給更多的愛心網友知曉。而透過加入部落格聯播的方式，除了可以讓更多人知道喜憨兒的狀況，也可以吸引到更多的財源跟知名度。

---

[4] 喜憨兒基金會網站（http://www.c-are-us.org.tw/style/front001/bexfront.php，檢閱日期：2011/05/04）。
　尋找愛心部落格（http://blog.twm.com.tw/project.php，檢閱日期：2011/05/04）。

參考文獻

王明鳳，2006，〈行銷在非營利組織的運用之探討〉，《社區發展季刊》，第 115 期，頁 131-140。

王振軒，2006，〈建構非政府組織的募款能力〉，《非政府組織學刊》，第 1 期，頁 117-138。

王順民，2006，〈當代台灣地區非營利組織的社會行銷及其相關議題論述〉，《社區發展季刊》，第 115 期，頁 53-64。

司徒達賢，2001，《非營利組織的經營與管理》，台北：天下。

刑瑜，2006，〈台灣表演藝術非營利組織之行銷關係研究〉，《行政暨政策學報》，第 42 期，頁 183-234。

周逸衡、黃毓瑩、陳華寧，2005，〈應用關係行銷於非營利組織之捐助者──以社會福利慈善基金會爲例〉，《行銷評論》，第 2 卷第 1 期，頁 5-32。

林淑馨，2008，《非營利組織管理》，台北：三民。

林博文，2009，〈公共部門運用行銷概念之研究：行銷概念的擴大化與轉化〉，《行政暨政策學報》，第 48 期，頁 63-112。

俞玫妏譯，Philip Kolter, Ned Roberto & Nancy Lee 著，2005，《社會行銷》，台北：五南。

高寶華，2006，《非營利組織策略經營管理》，台北：華立圖書。

梁斐文，2005，〈宗教型非營利組織行銷策略研究──以慈濟功德會爲例〉，《社區發展季刊》，第 112 期，頁 206-215。

郭恩妤譯，Philip Kolter & Nancy Lee 著，2007，《柯特勒談政府如何做行銷》，台北：培生。

陳定銘，2003，〈非營利組織行銷管理之研究〉，《社區發展季刊》，第 102 期，頁 218-241。

陳政智、林于雯、黃千育，2006，〈非營利組織的募款新通路──網際網路〉，《社區發展季刊》，第 115 期，頁 101-111。

陸宛蘋，2000，〈非營利組織的行銷管理與募款策略〉，收錄於蕭新煌主編，《非營利部門：組織與運作》，台北：巨流，頁 247-290。

傅篤誠，2003，《非營利事業行銷管理》，嘉義：中華非營利組織管理協會。

黃俊英，2005，〈非營利組織也需要行銷〉，《突破雜誌》，第 241 期，頁 78-80。

黃慶源、邱志仁、陳秀鳳，2004，〈博物館之體驗行銷策略〉，《科技博物》，第 8 卷第 2 期，頁 47-66。

黃雯菁、黃庭鍾，2009，〈內部行銷對組織承諾影響之研究——以北部某醫療機構護理人員爲例〉，《T. S. M. H. Medical Nursing Journal》，第 15 卷第 4 期，頁 211-224。

劉淑瓊校譯，Peter C. Brinckerhoff 著，2004，《非營利組織行銷——以使命爲導向》，台北：揚智。

第 **9** 章

非營利組織的募款

前言

　　雖然金錢並非是創造社會價值的唯一工具，但非營利組織若是擁有足夠的資金，不僅能順利推動基礎業務，而且可以吸引到更多促進組織生存及成長的要素加入，進而提升服務品質。由於非營利組織並非是以求取利益為組織的目標，故其生存與經營多半是倚靠募款而來的公益資源維持。早期人們對募款的認知，多是由富有者或是捐款者定期的捐助金錢、資源給非營利組織做慈善救濟。然而隨著社會、經濟環境的改變，組織所面臨的外在環境有別於以往，再加上募款成效攸關非營利組織的發展甚鉅，因此，組織需要瞭解民眾的捐款心理與需求，探討不同類型的捐款者所適用之募款方式，同時藉由擬訂策略來增進募款的績效並減緩資源競爭所帶來的衝擊。

　　基於上述，在本章中首先介紹募款的定義，並對非營利組織所面臨的募款環境進行現況分析；其次整理非營利組織的募款要件；接著論述非營利組織的募款管道與技術；最後探討非營利組織的募款策略。

9-1 募款的基本概念

一、募款的定義

　　對於非營利組織來說，人力和財源可謂非營利組織中最重要的兩項生產要素，其中捐款的多寡則是決定非營利組織經營成敗的關鍵因素（陳振遠、湯惠雯，2000：62）。因此，非營利組織如何透過募款手段以維持財源之穩定則是相當重要的課題。

　　在臺灣實務界，「募款」一詞常與「捐募」、「勸募」等詞彙混合使用。如根據《公益勸募條例》的定義，所謂「勸募」是指「基於公益目

的，募集財務或接受捐贈之勸募行為」，而霍普斯金（Hopkins）則認為
「在懇求或陳述上，以任何形式的請求（包含直接或間接）、金錢、貸款、
財產或者其他種類的財務援助來當作慈善目的使用，都可稱為是勸募」
（轉引自陳定銘、陳彥蓉，2014：4）。根據林雅莉（2000：6）的定義，所
謂募款是指「非營利組織基於目標與需求，對政府、企業、社會大眾或基
金會等，發動募集金錢、物資或勞務的行動或過程」。基於上述，林淑馨
（2008：190-191）認為，募款一詞不僅是指金錢方面的取得，其他如物資
或勞務等都可納入募款的項目之內，雖然物資與勞務不能以金錢計算，但
從另一方面來看，募得的物資和勞務也等於減少非營利組織在金錢上的實
際支出，因而可以納入募款的內涵。整體來說，非營利組織無論採用何種
募款方式，都必須符合組織本身的目標與使命，否則便喪失了募款的真正
目的。

二、非營利組織需要募款的理由

　　非營利組織何以需要募款？作者參考相關研究（謝儒賢，2004：
6-7），歸納出三項最重要的理由說明如下：

（一）確保組織生存

　　非營利組織為何要募款？首要目的乃是為了生存。由於非營利組織
運作的基礎在於內部的工作人員，因此募款的基本動機乃是在籌募組織
內部工作人員的薪資。一般而言，人事費用約占組織內部運作經費的
40%-60%，若組織無法生存，就無需再談論其他服務事項。

（二）維持組織的發展與擴張

　　非營利組織募款的第二個理由是為了維持組織的發展與擴張。如第一
章所言，非營利組織的經營與其使命和願景息息相關。由於非營利組織的
資源有限，如何達成組織的使命與願景則需要靠募款。

（三）確保組織的自主性

非營利組織需要募款的第三個理由乃是確保組織的自主性。由於大多數的非營利組織沒有穩定的資金來源，為避免組織接受政府過多的經費補助而影響本身的營運，非營利組織需要強化自身的募款能力，才能確保組織的自主性。

三、募款環境之現況分析

我國在解嚴之後，由於社會風氣開放與法令限制的放寬，促使非營利組織如雨後春筍般的蓬勃發展，面對各式組織相繼的成立與資源的競爭，非營利組織在從事募款工作時所面臨的挑戰也更加嚴峻。大抵而言，非營利組織募款工作所面臨的壓力與挑戰如下（陳振遠、湯惠雯，2000：62；王育敏、陳雅惠，2009：61-62）：

（一）募款成本升高

由於電視媒體的商業化與競爭化，提供給公益團體免費播放公益廣告的時段逐漸減少，因此非營利組織不但要負擔製作公益廣告的成本，還得再購買廣告時段，由於電視廣告時段昂貴，多數公益團體無法負荷而形成募款壓力。

（二）募款活動需不斷創新

在資訊變動快速的年代，許多民眾已習慣新鮮事物，若行銷募款方式未能獲得適時的調整，可能難以引起民眾的注意，也得不到民眾的支持，因此非營利組織需要不斷學習創新的募款方式。

（三）市場區隔不明顯，募款資源競爭

台灣由於非營利組織眾多，同類型非營利組織市場區隔不明顯，發展定位模糊，而組織為了爭取民眾的支持，紛紛推出不同議題的行銷募款活動，因此逐漸出現多家非營利組織競爭提案或資源的情形。所以如何進行

市場區隔，維持組織之間良性的資源競爭關係，以達成組織募款的目標則
是非營利組織所需面臨的課題。

（四）缺乏有效募款策略

　　由於缺乏專業募款人員與技術，非營利組織在進行募款時缺乏策略規
劃且募款工具有限，導致募款作業難以產生實質的效益，無法讓捐贈者瞭
解募款活動的意義。

　　上述的這些困境對較大型的非營利組織或許不會造成經營上太大的影
響，但對於一些中、小型的組織而言，由於組織本身結構較不健全，資源
與設備上也不似大型組織充足，若是財源又面臨窘境，則難以實踐組織的
理念和使命，也因而非營利組織需定期檢視本身的募款來源，同時規劃募
款策略以提高其成效。

9-2 非營利組織的募款要件

　　受限於組織使命與社會責任因素，非營利組織不同於營利組織完全自
主控制其經費來源，也有異於政府有固定的稅收以支應平時所需。因此，
非營利組織需另闢經費財源，以維持組織的穩定運作。研究顯示，非營利
組織在進行募款活動時，應先瞭解本身所具備的要件，以設計出合適的募
款議題並選擇適當的方案。茲整理分述如下（黃愛玲，2007：34-35）：

一、好的募款議題

　　捐款人的捐款意願，經常取決於募款議題，議題若能與捐款人的理念
相符，則捐款人的捐款意願較高。當然，募款議題的設計也須符合組織的
任務與宗旨。例如中華民國家庭關懷者照顧總會於 2015 年 9 月到 2016 年
4 月在奇摩公益平臺發起「讓愛喘息」專案募款活動，預計募款 20 萬元，

協助對家庭照顧者進行守護，截至 2016 年 2 月下旬的達成率已有 72%[1]，顯示此募款議題深受社會大眾的認同。

二、組織具有良好的責信度

具有高知名度及曝光率的團體，社會責信度較高，也較受社會大眾信賴。規劃募款活動時若能結合事件行銷或新聞議題，不但能提升活動的曝光率也可以建立良好組織形象。

三、嚴謹的前置作業與後勤管理

為了確實達成募款活動與績效，募款活動應有嚴謹的執行計畫，如議題選擇、募款額度規劃、活動流程設計、募款對象的設定等。至於後勤管理則包括對捐款人的感謝、募款用途整理與成效報告等。

四、活動合作團隊整合

在設計議題與規劃活動前，可以考慮和其他非營利組織或企業合作，除了可以結合團隊力量外，也補強在人力動員或宣傳造勢等方面的不足。

五、社會資源與人脈關係

募款活動最大的挑戰就是社會資源與人脈關係的整合，兩者間的關係越好，募款成效越大。反之，可能會面臨資源匱乏與執行的無力感。

---

[1]　奇摩公益平臺（https://tw.charity.yahoo.com/project_donation.html?project_id=2435，檢閱日期：2016/02/23）。

9-3 非營利組織的募款管道與技術

一、募款管道

　　非營利組織在向社會大眾募款時，必須師出有名，也就是必須思考要用怎樣的名義向社會大眾募款？組織所做的事業或組織有什麼特色？要使募款方案能夠成功，除了要滿足捐款者的交換心理，使其感動能發生外，逆向思考以及掌握二八定理原則[2]，以爭取認同並獲取後續的合作機會都是要件之一（林冠宏，2010：98）。

　　Norton, Smith, Bucklin 與 Associates 認為，非營利組織可以使用人際請託、特別勸募活動與個人勸募管道。總括來說，這些募款的管道包含了單一個人的請託、人際網絡的群眾動員，以及利用事件與媒體的結合，達到特殊傳播效果的募款管道。以下分述之（王振軒，2006：127-128）：

（一）單一個人管道

　　美國勸募專家 Barry Nickelsburg 曾說：「人們有時願意捐款給他信任的人，而不一定會捐款給組織。」也就是說，個人的募款管道，對於非營利組織而言，是非常重要的資金來源。個人管道的募款，傳統上都以面對面打動或說服個人情感的方式請託為主，若參考現今社會的傳訊方式，舉凡電話、網路等都是可行的方式。

（二）組織網絡動員

　　不論是人力或物力的動員，或者是資金的募集，擅用「群體的力量」對於非營利組織來說是很重要的。對於非營利組織來說，「人情」不是負擔、壓力，而是動員、集結資源的重要因素。許多社區型非營利組織，經常就是利用口耳相傳的草根力量，募集資金與人力，充實組織的經營實力。

---

[2]　所謂二八定理原則是指以一個小的誘因、投入或努力，而產生大的結果、產出或報酬。換言之，是指完成的工作中的 80% 的成果，是來自於所付出的 20%。

（三）媒體傳播管道

　　非營利組織運用媒體，所傳遞的是公益「產品」與「品牌」的理念與活動，使顧客信任組織的公益理念與社會責信，使顧客付出公益善款。也就是說，非營利組織可運用媒體快速、範圍廣大、網路無遠弗屆的傳播管道來從事募集善款的工作，讓組織產生更大的募款效益。例如「冰桶挑戰」（Ice Bucket Challenge）乃是 2014 年於社群網站發起的一項爲「肌肉萎縮性側索硬化症」（俗稱漸凍人）的募款活動，挑戰賽要求參與者在網路上發布自己被冰水澆遍全身的視頻內容，然後邀請其他人接力，被邀請者要麼接受挑戰，要麼就選擇爲對抗此症捐出 100 美元。透過社群網站的傳播效益，在短時間內「肌肉萎縮性側索硬化症」幾乎成爲社會大眾熟悉的名詞，也幫助該協會募得不少資源。

二、募款技術

　　透過以上的募款管道，非營利組織可使用的募款技術約可整理如下（林雅莉，2000：23-30；王振軒，2006：129-131；涂瑞德，2009：137-138）：

（一）直接募款

　　顧名思義就是個人面對面接洽的募款方法，也就是捐款者是看募款者的面子或某些因素才捐贈。因此面對面的接觸可說是最有效的方式，由於工具與傳輸通路的進步，除了傳統的私人懇請（personal solicitations）外，還有以下的多元技術：

1. 直接募款：又稱爲「直效行銷」，由非營利組織的領導人或職工、志工直接與捐款人面對面會談，表達訴求、尋求幫助機會，或是利用信函，直接寄給比較有可能捐款的民眾，希望民眾會被信函內容打動，或是產生虧欠感（因附上了各種小禮物），進而捐款給社福機構。

2. 會員募款：會員制度（memberships drives）提供了組織每年穩定的收入來源，同時對其他捐款人提供關於組織合法性與接受度的證明基礎。這種方式以組織制度內正式成員（個人）對組織的歸屬感為基礎，要求會員個人對組織定期提供資金。

3. 電話勸募（telemarketing）：這是一種以打電話的方式針對個人提出募款要求的作法，雖然有人對電話募款感到不堪其擾，但這種方式通常能開發新的捐款者。不論是運用志工或職工來從事電話募款，都需事前進行電話募款訓練、撰寫通話稿以及備妥捐贈者基本資料及捐贈紀錄。就募款成本而言，相對較低，特別是志工的融入，因為潛在捐款者在與志工交談的過程中通常感到較為舒適，認為他們是為了「社會公益」付出時間，參與勸募，而不是為了賺錢而打電話，故較為有效。

4. 郵件直接募款（direct mail）：係指藉由信件來鼓勵或吸引募款，直接郵件的訴求範圍是從那些未曾接觸過的人到小額捐款、加溫與增加年度支持者的捐款或大額捐款。此種方式通常與年度募款活動、會員募款、電話募款等方式聯合使用，以期拓展其他方式接觸不到的潛在捐款者。但必須注意的是，使用此種募款方式需製作貼心的信封、信函、回函、回覆信封與相關附件，且讓捐款者用較簡便的方式捐款，以提升持續捐款的行動。

5. 年度募款（annual funds）：年度募款的作法使非營利組織可以逐漸建立一個穩定的捐款者基礎，使組織與捐款人保持密切的互動關係。募款人員也可利用這種方式，對捐款者進行分類與市場分析。另外，年度募款也可與會員募款作結合。

（二）技術募款

1. 網路募款：網路募款的主要目的是方便捐款人捐款，並使捐款人成為組織長期且固定的捐款者。網際網路對募款的好處，除了呈現在

快速便捷上，網站資料與圖片的多元豐富，也讓捐款者多了些有趣、生動的選擇方式。

2. 部落格募款：非營利組織可運用部落格易於聚集同質性網友的特性，在短時間內擴大訊息接收者的母體群，進而獲得有興趣於相同議題的公眾認同，最後還有可能得到很大的募款效益。

（三）議題包裝

此種募款技術，是利用時興議題受到社會關注的時候，將議題再次包裝，並以擴大、渲染的宣傳方式，讓此議題受到社會更高度的關切，並讓公眾因為關心此議題，而願意將資金挹注在推動此議題的非營利組織。

（四）資產募款

資產募款是非營利組織為了特定資產需求，在特定期間內所進行的大規模且金額龐大的勸募活動。資產需求一般包括新建或改建大樓、用地或設備取得以及增加原始捐贈基金（endowment）。資產募款與其他募款活動不同之處包括：募款金額龐大、必須進行可行性評估、募款的期間通常比較長而且密集以及依賴大型捐贈。非營利組織在進行資產募款時必須進行可行性評估來瞭解事前準備必須注意的事項，以及是否可以順利達成所設定的募款目標。

（五）遺產捐贈

遺產捐贈係指捐款者將遺產的一部分指定捐給非營利組織，主要類型包括：立即遺產捐贈、預期遺產捐贈、延後遺產捐贈等。非營利組織在進行遺產捐贈時，必須鎖定潛在的捐贈者並且準備相關的書面資料，必要時須與律師與會計師合作，以擬定一個合理的捐贈計畫。

（六）巨額募款

巨額募款逐漸成為募款成果及財務報表的重要部分。不同於過去等待潛在的大額捐贈者，現在的非營利組織透過計畫書與潛在捐款者接觸，瞭

解他們的興趣並增加他們對組織的參與程度，等到時機成熟時，自然願意
捐贈。但這種方法的缺點在於由於長期維持與大額捐贈者的關係，增加了
非營利組織募款人員的成本，尤其是執行長或組織少數高層管理者付出的
心力與時間，而非營利組織的各種策略計畫，也可能為了等待大額捐款者
的捐款而延宕。

（七）聯合勸募

　　意指地方組織的全國性聯合，以系統化及建立合作方式，投入志願性
的基金籌募工作。經由聯合勸募所募集的款項，可用於提供社會福利與非
營利組織機構，以及健康、教育、地方社區重建方案等的運作。

9-4 非營利組織的募款策略

　　非營利組織募款必須要達成的目標包括：（1）追求成長；（2）提升參
與；（3）增加能見度；（4）微調而追求效率；（5）確保穩定度（Warwick,
2000）。組織要能夠成功的進行募款，有下列幾項原則（許主峰，2000）：
包括訓練或徵募好的募款人員；有活動力與召集力的領導人；有具體目
標、金額與進度，能按時進行、掌握進度；且必須向捐款人清楚說明金錢
運用的狀況，以培養信任感使其在未來仍有繼續捐款的意願等，為了便於
對非營利組織的募款策略進行全面性的瞭解，可以圖9.1之觀念性架構為
基礎：

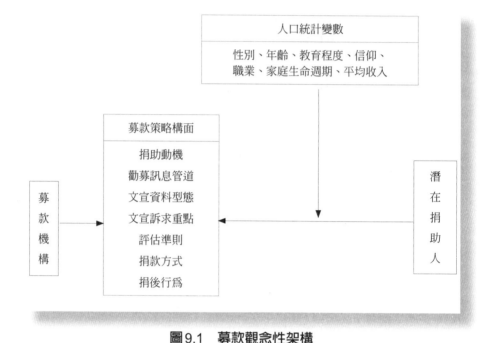

圖9.1　募款觀念性架構

資料來源：陳振遠、湯惠雯（2000：64）。

　　非營利組織之所以要規劃募款策略，是出自「開放系統理論」的基礎，認為非營利組織必須隨時注意及應付外在環境之變化，清楚現在所處之情況，以及未來走向與定位的抉擇。作者整理募款策略如下（林雅莉，2000：30-43）：

一、情境分析

　　建構募款策略的第一步驟，在於蒐集適當而完整的資料，其作用是讓決策者面對問題、爭議時，有判斷的依據。最常用來蒐集情境資料的方式為 SWOT 分析模式，即評斷組織的內在優勢（Strengths）、劣勢（Weaknesses）以及組織外在的機會（Opportunities）、威脅（Threats）。

二、確認組織的使命

在蒐集完組織內部與外在的分析資料後，最重要的是重新瞭解組織的歷史，確認組織的使命，以幫助組織確認未來的發展方向，掌握組織的需要與募款的動機。對非營利組織而言，資源的侷限性和資金募集的困難性往往使得有些機構為了籌措財源而忽略了組織原先的服務使命，甚至反果為因。因此，非營利組織應該認清募款的目的，是為了協助組織使命的實現，是手段而非目的。

三、決策過程

包括瞭解組織所追求的使命後，先訂出組織在未來三到五年的長期「目標」，再訂出12到18月內的「目的」，才能將目標轉換為特定方案，以設定組織行政，安排人事與調度財務。目標通常有兩層意義：一為理念目標，是指使命最廣泛的概念與使命最貼切的概念，會影響到整個組織；另一為操作性目標，是組織功能的擴充，例如組織服務的擴充需要更多的人力與設備，在這之前需要募集更多的資金。

四、行動步驟

非營利組織如欲達成募款目標需要有完善的募款行動步驟，主要可以整理為下列幾項：

首先要蒐集募款相關資料，包括收益來源，例如政府主計調查報告與組織財務收益分析報告等、與相似非營利組織的比較、分析募款對象的特性、陳列募款資產表等。而所謂的募款資產表包括以下內容：

（一）募款方案績效的評估：主要是對目前募款方案與運作績效的檢驗，通常由學者或專業顧問來加以檢驗，項目包括使命與願景的陳述、個案的陳述、募款計畫與時間表、募款企劃書、紀錄

報告與分析調查、發行刊物的內容、公共關係工具、代表性服務對象的檔案、感謝函內容等。

（二）透過專業以及職工的個人檢視，必須將結果送到募款團隊，以便做更詳盡的操作規劃，包括保存與更新捐款紀錄、更新潛在捐款人的範圍、捐款方式的手續或方法的制訂、對捐款人與潛在捐款人進行特性研究等。

（三）募款團隊的資料分析結果及方案建議，必須送交執行長或董（理）事會進行討論，包括哪個募款活動較好、董事會如何協助、組織制度如何激勵成員、並由其他的非營利組織經驗反省募款可能的效果等。

其次是建構組織的支持性組合（building blocks）。非營利組織的募款來源主要包括了個人、政府、企業與基金會四大類，可以依照第一步驟的資料來界定組織募款的機會，即將募款目標依不同的募款來源抓出適當的比例，創造組織的支持性組合。若能透過對每種可能捐款的來源占組織資金比例的估計，以及判斷每個方案可能帶來的資源或資金流量，則組織制訂的募款目標可能較為實際，而且也較可能達成既定的目標。

最後是執行募款計畫。經由募款團隊與董（理）事會的討論與確認後，所形成的募款計畫便正式進入籌備、實施與執行的階段，此時上至董事會，下至志工與職工應對募款計畫做全盤而完整的瞭解，充分運用各項行銷與公關工具，共同投入募款的活動中，以期達到既定的募款效果。

五、評估與反饋

主要的功能是讓非營利組織能夠隨時掌握組織募款活動的實施與發展方向定位，評估的範疇包括組織的使命、社群利益、治理性、管理、財務、策略規劃、資源配置及募款的成效等。

非營利組織對於募款活動的評估，應設定為每三個月檢視一次，而非

到活動終了才進行最後的檢討，以確認在達成目的的過程中所遭遇到的問題與需要，皆能適時適切的得到解決與修正，以使組織提早對環境的變化作出因應，增強其存續力。而評估與檢視的工作，也可適時反映修正策略並提供建議，使非營利組織的執行長及董事會理解，作出更完善慎重的審視。

　　除了上述之外，非營利組織還可以運用組織的特性或名聲，配合議題或時事規劃募款策略，其內容與作法如下（王振軒，2006：131-132）：

一、聲望募款策略

　　該策略又稱為「形象募款策略」，這種募款策略是運用組織在社會中廣獲肯定的公益形象，公眾除了信任該組織，也願意將其視為自身從事公益活動的「代理人」角色，將本身無法實踐的公益理想，藉由對該組織的金錢捐贈行動，轉化、間接地完成。然而，運用這種策略的基礎，必須立足於長期良好的社會責信，然後才能健全、長久的得到豐沛、充足的善款來源。相對地，如果非營利組織不具備基本的社會公信與責信，只是靠一時的媒體包裝，或是短暫的話題炒作，遲早會在績效不彰，以及公眾輿論或法律規範的監督壓力下，遭受他人質疑。如果策略的操作太過於誇張，還有可能遭致嚴重的負面效果。

二、事件募款策略

　　此募款策略與行銷策略中的「事件行銷」策略有異曲同工之妙，也就是利用單一事件的擴大性，創造組織的環境優勢，進而取得社會公眾的注意，甚至得到認同。在企業界而言，所得到的效益可能是產品或品牌的聲名大噪，進而得到更大量的營收。而對於非營利組織來說，可能因此單一事件的成功策略運用，獲得更多的社會支持，而獲得更多的公益資源。

三、專案募款策略

又可稱為「企業募款策略」，意即利用內容具創意、可行，執行後又可為捐款單位帶來後續效益的「專案企劃」，去吸引捐款者的注意，並願意為此專案企劃付出若干的款項，參與該專案企劃執行的慈善活動。一般的募款，大多是單向操作，捐款人只能做單一的捐款動作，卻很少能實際的從中獲利。但若從社會交換理論中「利己主義」的觀點來看，事實上很多捐款者的心態，或多或少都參有些許的「獲利」想法，而通常捐款後只能將「獲利」的想法寄情於心靈之間，而無法實際獲得利益。而「專案募款策略」就是要打破這種單向操作的迷思，特別是針對企業或政府部門進行募款活動時，如果能以好的專案企劃，獲得這些部門的青睞進而願意捐款補助，一來可以讓捐款單位得到社會形象的提升或實際業務的推展；二來非營利組織也可因此能自食其力，不必單靠單項操作的方式，央求對組織挹注資金。

9-5 結語

募款對非營利組織而言屬於長期且持續不斷的過程。為了獲取供給服務所需的資源，組織需要針對捐款對象做出市場區隔、提出相應的策略，才得以讓資源不斷的輸入。然而，綜觀現今非營利組織在進行募款時，鮮少使用募款策略，即使有策略規劃，不是陳義過高，以高層次道德或情感訴求，忽略組織須面對的社會功利真實面，就是以營利性觀點規劃，而忘卻組織本身設立的宗旨與對捐款人的承諾之重要性，導致募款目標錯置，浪費組織有限人力與資源。

因之，非營利組織在規劃募款策略時可以根據募款對象的特質與需求進行內容與方法的調整，例如社會大眾雖是非營利組織最大募款的來源，

然卻也是最容易受到社會環境氛圍影響而有所變動。因此，為能使非營利組織向社會大眾募款的效益能發揮到最大，取信於眾是留住個人捐款者最佳的方式。另外，非營利組織應嘗試多元的募款管道與技術，並分析規劃適合組織特質與捐款人的募款策略，以增加組織財源之穩定。

問題與討論

1. 請問非營利組織進行募款時，除須因應外在環境的變化外，還有哪些因素是組織應該加以注意的？試討論之。

2. 請問您是否有非營利組織向您募款的經驗？請試著分享您願意捐款的因素有哪些？

3. 請觀察不同類型的非營利組織，其所使用的募款管道與策略是否有所差異？並試著找出其原因。

NPO 小檔案

中華社會福利聯合勸募協會[3]

　　您曾夢想為社會解決問題嗎？別小看自己的力量，將愛分享給社會需要被幫助的弱勢團體，透過最專業、最優質的聯合勸募協會點燃愛的光芒，讓您的愛心捐款被合理分配給台灣各地的社福團體，照亮更多的弱勢團體。「中華社會福利聯合勸募協會」是全國性專責募款的非營利機構，擔任社會的「愛心資源專業經理人」，擁有專業完善的款項分配計畫，集結來自社會各界的善款，再合理分配給需要的社會福利機構。同時代替捐款者監督款項的運用情形，照顧需要幫助的青少年、兒童、老人、遊民、婦女、藥毒癮及身心障礙等各個弱勢團體，提供適切的協助，讓資源不浪費，讓溫暖沒有角落，每一分愛心都能把注到最需要這份幫助的人。

　　聯合勸募即透過一個專責募款的機構，有效地結集社會資源，並統籌合理地分配給需要的社會福利機構或團體，如此一來，社會福利機構得以專心推展服務計畫，而社會大眾也可避免重覆募款的干擾！台灣各個縣市都有相關的社會福利機構，也都需要社會各界善心人士的幫助，但往往會讓社會大眾比較擔心的是，那些有心人士是否假借愛心之名義，行斂財之實。聯合勸募的功能是希望社會大眾，把錢捐給聯合勸募，將募集來的錢以合理、縝密的監督，分配給全台的老人、兒童、殘障、婦女、身心障礙等機構，讓專業的社工人員到各個需要照顧的角落為他們做服務，也讓他們感受到社會善心的溫暖。因為隨著社會經濟的繁榮，人類生活水準獲得提升；在面對災難或不幸事件的同時，民間社會的愛心澎湃取代了冷漠；在此同時，更需要「社會資源的專業經理人」，統一且合理地運用社會各界的善款，並代替捐款者監督善款運用情形。

---

[3] 中華社會福利聯合勸募協會（http://www.unitedway.org.tw/，檢閱日期：2016/05/12）。
中華社會福利聯合勸募協會（http://tw.charity.yahoo.com/org_info.html?org_id=113，檢閱日期：2016/05/12）。

● 聯合勸募協會願景

1. 扮演值得信賴的中介角色

2. 開創多元勸募機制

3. 提供質量均豐的專業服務

4. 強化國際交流

● 聯合勸募的理念與功能

1. 合理的分配社會資源

2. 提供社會福利服務適切地協助

3. 縝密地監督每一筆資源的流向與運用

4. 公開資訊與透明責信

● 聯合勸募、社會大眾與資源的關係圖

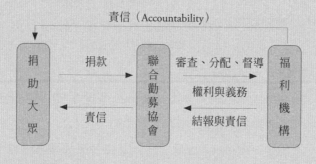

台灣因為有社福團體的良好運作，為弱勢族群也為這個社會帶來很多正向的改變，社福團體對於弱勢族群來說，不是只有金錢援助而已，對個案的輔導、轉介、安置，讓他們長出力量，才是社工專業最重要的價值，也是對受助者最適切的服務。把一份「純然的愛心」轉化成「改變的力量」，專業，是這個大工程裡面最重要的要素。

參考文獻

一、中文文獻

王振軒，2006，〈建構非政府組織的募款能力〉，《非政府組織學刊》，第1期，頁117-138。

王育敏、陳雅惠，2009，〈非營利組織募款策略之探討——以兒童福利聯盟基金會為例〉，《社區發展季刊》，第126期，頁61-74。

林淑馨，2008，《非營利組織管理》，台北：三民。

林冠宏，2010，〈中小型非營利組織募款能力建構——以台北市八頭里仁協會為例〉，《非營利組織管理學刊》，第8期，頁78-111。

林雅莉，2000，〈非營利組織之募款策略〉，江明修主編，《第三部門經營策略與社會參與》，台北：智勝，頁3-60。

涂瑞德，2009，〈非營利組織募款與慈善捐贈〉，蕭新煌、官有垣、陸宛蘋主編，《非營利部門：組織與運作（第二版）》，台北：巨流，頁133-150。

許士峰，2000，《非營利組織經營管理研究粹要——募款策略與規劃》，台北：洪健全文教基金會。

陳定銘、陳彥蓉，2014，〈從募款策略的理性選擇析探台灣公益勸募制度〉，《法治與公共治理學報》，第2期，頁1-28。

陳振遠、湯惠雯，2000，〈台灣地區公益慈善機構募款策略之研究〉，《淡江人文社會學刊》，第6期，頁61-82。

黃愛玲，2007，《從關係行銷來探討非營利組織募款——以我國私立大學為例》，台中：東海大學行政管理暨政策研究所碩士論文。

謝儒賢，2004，〈募款的基本技巧與原則〉，收錄於行政院青年輔導委員會（編），《非營利組織培力指南2》，台北：行政院青年輔導委員會，頁5-36。

二、英文文獻

Warwick, M. 2000. *The five strategies for fundraising success*. San Francisco: Jossey-Bass.

第 **10** 章

非營利組織的事業化

───────── 前言 ─────────

　　隨著國家走向福利國的趨勢，政府對於人民的照顧範圍乃企圖做到從搖籃到墳墓。政府願意為人民服務、傾聽更多人民的需求，對民眾來說無疑是一大福音。但由於政府官僚體制僵化造成的弊病，長期下來讓服務提供的品質不進反退，再加上社會經濟環境的衝擊，政府大肆擴張在公共服務上的支出，致使國家背負了沈重的財政赤字。雖然非營利組織的出現彌補了政府失靈所產生的缺口，不似企業組織營私的特質也兼顧了社會正義，給予了民眾更為周全的照顧，但非營利組織的運作主要是來自政府補助、企業贊助以及民眾的捐助。當受到同質性組織的競爭壓力及遇到經濟不景氣時，難免會因資源不足而影響服務供給的穩定性。因此，為求非營利組織的永續經營，如何為自身爭取更多的資源則是非營利組織亟需思考的問題，其中事業化乃是近年來非營利組織所欲拓展的方向之一。

　　然而，非營利組織的事業化真是解決組織財務不穩定的萬靈丹嗎？非營利組織在推行事業化時是否應先衡量組織本身的能力，以避免事業化後又陷入另一場經營不善的困境中。也因之，在本章中首先介紹非營利組織事業化的基本概念；其次整理非營利組織事業化的特色及方式；接著探討非營利組織事業化發展成功的要素；最後論述非營利組織事業化所可能帶來的衝擊與挑戰。

10-1 非營利組織事業化的基本概念

一、事業化的定義

　　非營利組織事業化的概念主要是來自社會企業化，但在此之前需先瞭解所謂社會企業（social enterprise）。事實上，有關社會企業一詞至今未有

明確的說法。根據官有垣（2008：2）的解釋，所謂社會企業是指「一個私人性質非以營利爲目的組織，致力於提供社會財（social goods），除了有非營利組織的傳統經費來源外，還有相當部分包括商業的營利收入（從政府部門撥款者與私人營利部門的消費者獲得經費），以及商業上的活動」。換言之，社會企業的「主體」有二，一是非營利組織，另一則是企業。前者如第一社會福利基金會的清潔隊與烘培屋，後者如大誌社會企業和光原社會企業。不論主體爲何，社會企業一般至少有兩個底線，一是「財務收益」，另一是「社會收益」，其中社會收益又比財務收益來的重要。由於本書是以非營利組織爲主軸，因此以企業爲主體的社會企業在此暫不介紹。

　　社會企業化，簡言之，即是藉由商業性賺錢的策略來獲取組織經營所需的資金，以實踐組織的慈善和社會使命（呂朝賢，2008：83）。這種將企業部門與社會部門融合在一起的混合型態，爲的便是希望解決福利國家的危機，且能夠更積極的介入公共事務及服務的輸送（鄭勝分，2007：67）。學者 Dees 認爲，非營利組織從事社會事業化，就是在取得資源或是配送產品服務的過程中以商業的方式來運作。相較於營利的商業組織，非營利組織的事業化不僅能提供案主產品與服務，同時也運用案主的技巧與能力提供更多服務或產品給顧客，將服務人群視爲一種投資，故營利應是一種手段而非目的。基於上述，非營利組織並不被禁止從事商業活動，只是必須將盈餘用作合乎公益的目的，即「禁止分配盈餘」與「利益不得歸自然人」（黃坤祥等，2005：452）。

　　如表 10.1 所示，由於事業化的層次很多，可以「社會事業光譜」來呈現，然因完全依賴慈善捐助或是完全商業化的組織屬於極少數，多數非營利組織還是採取將慈善和商業的部分調整成適當比例的措施（林淑慧，2010：7）。

表10.1　社會事業光譜

純慈善 ◄━━━━━━━━━━━━━━━━━━► 純商業

動機、方法、目標		訴諸聲譽	混合動機	訴諸個人利益
		使命導向	使命與市場並重	市場導向
		社會價值	社會與經濟價值並重	經濟價值
主要利害關係人	受益人	無報酬	補助金，或混合全額支付者與無報酬	依市場行情價格
	資金	捐款或補助金	資金成本低於市價，或混合捐款與市場行情的資本	依市場行情的資本
	員工	義工	支付低於市場行情的薪資或同時運用志工與全薪職工	依市場行情給薪
	供應商	捐贈物品	特定的折扣，或混和物品捐贈予全額捐贈	依市價收費

資料來源：轉引自蕭盈潔（2002：20-21）。

　　另外，Larry W. Kennedy（1991）將非營利組織從事營利行為予以分類，主要有案主企業、商業企業，以及與商業非相關的企業三種型態，分別說明如下（轉引自洪久雅，2002：16）：

（一）案主企業（client enterprise）：為失業者或傳統失業者創造就業機會，以特殊實務的途徑來讓這些人能符合服務輸送的需求，範圍包含製造業、行銷及服務業，相當類似於我國社福組織「庇護工場」的理念；例如陽光社會福利基金會開設陽光洗車中心。

（二）商業企業（commercial enterprise）：非營利組織利用本身之才能、服務或市場機制來獲利，但必須與組織的使命有關；例如彭婉如基金會提供家事服務等。

（三）與商業非相關的企業（unrelated commercial enterprise）：組織從事與使命非相關的營利活動，經常就是追求利潤為目標，但這些收入必須課稅，不影響組織其他免稅的特權。這種非相關的活動只有在利潤相當顯著、成功可能性高及消耗組織資產風險

很低時才宜使用。

在我國，使用事業化作為籌措經營財源的非營利組織以社福型居多，通常多以活動、服務的通路或門市的行銷、經營來賺取組織服務所需的經費，並給予弱勢者一個融入社會就業市場的機會。如勵馨社會福利基金會有勵馨娃娃的義賣、橄欖石少女中心的愛馨小舖、陽光社會福利基金會有陽光洗車中心、捷運古亭站附設有陽光深呼吸的庇護工場等。

二、非營利組織事業化的原因

任何一個組織會試圖進行變革以改變舊有的組織型態，是因為受到了外在環境的衝擊，迫使組織難以維持傳統的模式，故開始加入新的資源或採用創新的手法以因應外在衝擊所帶來之不便。非營利組織從傳統接受補助而提供公共服務，到漸轉尋求自立救濟或與企業合作，多半的原因都是由於資源的不足，尤其是在我國經歷了921的重大災害後，金錢及物資皆紛紛轉向災區，讓原本在資源募集就感到困難的非營利組織更是雪上加霜。

依據鄭讚源（2003：71-73）的分析，非營利組織之所以進行事業化，是國家、市場、非營利組織以及非正式部門四個部門互動之下所產生的壓力與問題，以及為了解決這些壓力與問題而發展出來的解決策略。以下將分別述之：

（一）以國家的角度

國家一方面想透過非營利組織所提供的公共服務來彌補政府服務部分的退卻，另一方面又想透過非營利組織的事業化來協助失業者及受到社會排除的遭遇者有再度融入社會的機會，例如創世基金會輔導單親媽媽賣地瓜即是一例。

（二）以企業的角度

　　企業組織面對競爭的市場環境，必須透過各種的策略聯盟來建立顧客關係及謀取資源。對企業來說，獲有越多不同層面的利益對組織的生存就越有利，因此企業不時思考以更多的創意來開發市場，其中有一嘗試的作法，就是開始探測非營利組織是否有成為商機的可能，例如統一超商與聯勸舉辦「把愛找回來」活動。

（三）以非營利組織角度

　　邁向福利國家雖讓政府的資源釋出，但政府輔助和委託所提供的穩定財源，自然也吸引了不少的競爭者。非營利組織不僅資源受到分割，同時又需接受政府所要求的責信與績效，使得組織開始有專業經營管理上的壓力。當非營利組織試著適應福利國家轉型後的改變和要求後，社會經濟環境的變動，又讓組織面臨了政府縮減預算和社會捐助下降的雙重壓力，因此不得不尋求事業化以吸引更多財源的投入。

（四）以非正式部門（家庭及社區）角度

　　我國的家戶規模不僅縮小，失業人數也增加、家庭的功能越來越弱化；而社區方面則是面臨著社區意識薄弱及再生的問題。雖然非營利組織本身一直在從事彌補家庭及社區的工作，但若能進一步事業化，將更能增加服務的供給，甚至使社區活化。

　　儘管非營利組織借用企業的經營手法來發展公共事業已成為一種趨勢，但是這種改變過去外界援助和支持的型態變革，可能為組織帶來新的機會，另一方面卻也可能存在著風險。司徒賢達和彼得‧杜拉克均表示，雖然非營利組織能自主控制人力資源和經費來源，但為維持組織任務經費與收支平衡，事業化有其必要，借重企業的管理方式來讓組織更專一於使命，這樣的變革是一種機會而不是威脅。但由於活動經費不足、缺乏專業管理人才和組織知名度不夠，促使非營利組織即使進行社會事業化，依然

可能面臨相同的情況[1]。

10-2 非營利組織事業化的特色及類型

一、非營利組織事業化的特色

非營利組織走向事業化雖有人支持，卻也有人反對。支持者認為，藉由事業化不僅能夠降低對政府財務的依賴，為組織帶來一些收入，甚至能夠減緩當前嚴重的失業問題，增進國家經濟發展，但反對者則擔憂，將企業的手段引進非營利組織，可能造成目標錯置的情況，發生「使命置移」（mission drift）的危機，或非營利組織變成「營利組織的偽裝」（for-profits in disguise），破壞社會大眾對組織的觀感（Weisbrod, 1988，轉引自陳定銘，2007：119）。所以，非營利組織是否能夠採行事業化的過程來進行變革，依 Tuckman（1998，轉引自鄭讚源，2003：78）運用 Porter 的五力分析，認為非營利組織事業化必須具有四個條件：

（一）非營利組織必須察覺額外收益的需求，且瞭解販售商品是達成此目標的可行手段。

（二）非營利組織的董監事會必須決定從販售所得以謀取利潤的行動與組織一致或至少不相違背。

（三）非營利組織必須有適合於市場販售的商品。

（四）消費者必須願意購買非營利組織所提供的商品。

而李艾佳（2003：89）也指出，非營利組織在事業化的過程中，除了需要有有形的資本，社會資本也是重要的資源。以社會資本來區隔組織行

---

[1]　104 講師中心網站（http://www.104learn.com.tw/cfdocs/edu/104coach/article_show.cfm?a=1944，檢閱日期：2016/05/12）。

為與企業追求利潤極大化的營利行為是有所不同的,因為社會資本背後代表的是這個組織所堅持的使命和願景。其次,非營利組織從事事業化追求的是社會使命和企業目的的雙目標,因此要能兼顧產值和價值的需求,意即在創造有產值的服務和商品的同時,也要一併創造出文化的、社會的或是環境的價值。如:社區發展協會及文史工作室經營社區的觀光事業,會將生產的產品著重與當地社區結合、帶動地方發展及減少對當地生態的破壞,與營利組織的觀光團有別。又如三角湧文化協會成立三峽染工坊,企圖打造藍染的精品市場。

二、事業化的類型

根據研究顯示,台灣社會企業發展從 1990 年代開始以庇護工場的形式出現。如依據「主要設立目的」來區分,台灣的社會企業有下列四種類型,茲整理說明如下(林怡君,2008:63-67;官有垣,2012:75-82;林淑馨,2013:70-71):

(一)積極性就業促進型(work integration or affirmative business)

此類型的社會企業積極關切被社會排除的弱勢團體,特別是身心障礙者,希望藉由提供工作機會將這些長期失業與弱勢者(如身心障礙者、中高齡失業者、婦女等)整合以協助其進入勞動市場或主流社會。在台灣這類型的社會企業相當普遍,多由身心障礙者領域的非營利組織所經營,透過設立工作坊或庇護工場以提供職業訓練與就業機會,一方面提供案主職業訓練與職場環境以協助案主獲得謀生能力,另一方面則將案主所生產的產品與提供的服務銷售給一般顧客,以取得自主財源。如育成社會福利基金會於 1988 年成立育成洗車中心,提供身心障礙朋友專業的洗車就業及訓練機會、改善生活品質,並進而提升身心障礙朋友個人的尊嚴。

(二)地方社區發展型(local community development organization)

主要由社區型非營利組織自行設立社會企業單位,或是扮演催化、資

源整合、市場開發與行銷管理的角色，協助社區產業、產品與服務的發展。換言之，這類型的非營利組織因瞭解當地社區狀況，有能力去動員社區居民，與其一起規劃與執行產業計畫，同時也有能力爭取並整合必要的外界資源，如新故鄉文教基金會輔導埔里桃米社區蛻變爲生態旅遊社區，而龍眼林福利協會在921大地震後結合中寮鄉十個村落三百多位地方人士從事老人送餐、老人日托等社會福利工作即是著名的案例。

（三）服務提供與產品銷售型（social enterprises providing social services and products）

這類型的社會企業是指非營利組織提供付費服務，或是販售組織所生產或代售的產品。但不論何者，這些服務或產品均與組織本身的使命有密切關聯。以販售產品而言，非營利組織所販售的主要產品通常會與組織的使命或提供服務有關，如陽光基金會販售壓力衣、荒野保護協會販售自然生態卡等。一方面除可以增加組織的營收外，另一方面還可以藉由這些產品來推廣組織形象。

（四）公益創投的獨立企業型（venture capital business created for the benefits of NPOs）

這類型的社會企業是指由一家或數家企業組織，甚至是非營利組織，投資設立具有發展潛力的公司。創投公司除了出資協助成立新公司外，也提供必要的管理支援，並監督新公司的發展。此種社會企業如有營運獲利，出資者與企業以雙方約定的回饋金、利潤分配、公積金等貨幣或非貨幣方式回饋出資者指定的公益社團。因此，嚴格來說，此種社會企業是一種營利公司，其營運目標就是要產生利潤，使之能夠重新分配給一家或數家非營利組織。值得注意的是，此類型的社會企業與前述一般非營利組織附設的庇護工場不同，企業本身並不屬於非營利組織的一部分，對社會使命的影響是間接的。如喜馬拉雅基金會所創立的「網軟股份有限公司」。

（五）社會合作社（social cooperatives）

　　以合作社形式成立的社會企業由來已久。合作社的主要特性在於強調組織內部的利益關係人透過組織共同追求集體利益，利益關係人被鼓勵積極參與組織事務，進而從中可以獲得利益。因此，此類型的社會企業之發展，對於利益關係人的權益有頗大的影響。在台灣較顯著的案例如主婦聯盟生活消費合作社。

　　由於台灣的社會企業發展較晚，規模普遍不大，大多數仍須仰賴政府補助，未能自給自足，且經營模式不夠多元。就為數最多的社會福利機構所經營的庇護事業而言，由於多數的社會福利機構缺乏營利的概念與能力，使這些機構的庇護事業無法在市場上競爭，因此只有部分達到社會公益的目的，並不能達到經濟上自給自足的目的。另外，有部分非營利組織的社會目標與經濟目標間的關聯則不易衡量，因此台灣的社會企業能否被稱為社會企業可能還有些爭議。

10-3 非營利組織事業發展成功的因素

　　非營利組織進行事業化為的是希望減少組織對政府的依賴，用以預防社會募款捐贈資源減少時，能夠藉由自籌財源來維持服務供給的品質和穩定。大抵而言，非營利組織以營利的方式來運作，雖屬於一種創新，但對組織發展來說仍多少會產生衝擊和影響，因此，非營利組織在從事社會化前應考量組織本身之條件與評估外在環境因素，藉以提高組織事業化的成功機率。以下，作者試從組織的本身與外在環境兩大面向來探討非營利組織事業化之成功要素。

一、內部條件

（一）組織本身的要件

　　有研究整理歸納非營利組織從事事業化前，需先考量的自身條件如下（葉玲伶，2005：32-33）：

1. 非營利組織的執行單位需健全，如此才有較佳的形象、專任的人員以及穩定的經費。

2. 組織的領導者要扮演著專業經理人的角色，不僅需有服務的熱忱，還要有洞悉市場動態，具備專業的協調溝通能力來進行組織的變革工作。

3. 方案的規劃需要經長期的構思和成員多次討論，如此規劃方案所列的願景才會較為可行並具有說服力。

4. 應對成員進行確實的職前訓練、在職訓練，同時鼓勵報考相關證照，以利他們能與常態市場接軌。

5. 搭配嚴謹的管理制度，對紀律不足的受僱者予以警告或辭退。

6. 與夥伴的關係密切，若組織和政府、學校或居民關係密切良好，彼此共同參與的程度高，則組織在爭取經費、募款或販售收入的成效都會較佳。

7. 組織本身宜擁有募款能力或是贊助者，以備補充政府資源不足的情況。執行的過程中也應積極的開拓收入，才能永續經營。

8. 成功的計畫易獲得媒體的報導，受媒體報導之後可以擴大成功的效果，有相輔相成的作用。

（二）母機構決策治理單位的鼎力支持

　　組織成員的態度、董事會能否提供相關專業性諮詢，以及成立之初的財務資源支持，都是影響組織事業化成功與否的重要因素。因此與母機構維持高密度連結和支持關係，是催生工作整合型社會企業的重要因素（王

仕圖等，2010：125-126）。

（三）組織領導者和成員的配合

　　非營利組織事業化成功的要件，組織的領導人扮演不可或缺角色，除了領導者需要運用個人特質，還要從組織發展的過程中由裡到外進行協調，包括人員、經營管理及外部網絡的聯結等等，以及塑造一個良善的組織氛圍以調適社會使命與營利目標帶來的衝擊。當然組織中的成員也應相互合作並凝聚向心力，配合組織提供的專業訓練，才能適應轉型事業化後所產生的種種變化。另外，組織本身也需瞭解非營利組織的事業化並沒有單一模式，隨著市場的多樣性會有不同的態樣，儘可能的從小地方來擴及財源的蒐集，能夠建立起自立互助的網絡關係，才能擺脫過度依賴外在環境的困境（許素英，2011：285-288；葉玲伶，2005：30-31）。

二、外在的政府輔助辦法

　　除了非營利組織本身對事業化需採取相關因應措施，政府方面是否對於非營利組織事業化有提供相關輔助或鼓勵辦法，也是組織重要的評估要件；如內政部發布施行《優先採購身心障礙福利機構或團體生產物品及服務辦法》，規定各級機關及公私立學校等全年採購身心障礙團體所生產之物品及服務，其金額應達年度預算的5％，否則將需受罰。如此一來，非營利組織可藉由優先採購方式，增加其銷售管道，達到保障非營利組織產品通路及承包服務的機會。

　　以喜憨兒基金會來說，目前有兩項事業化的業務，一為烘培屋，另一為複合式餐廳。該組織透過商業活動來結合組織目標，將充分接受訓練的喜憨兒們投入社區的競爭性市場工作，提供這些孩子們更多的學習環境。同時也藉由這些庇護性的工場，讓身心障礙者能自力更生，減輕政府與社會公益的成本。由於喜憨兒基金會將原本被服務者轉為服務者角色的作法讓政府補助及社會捐助降低至百分之五十以下，而該基金會平時也長期

與花旗銀行合作，透過經驗傳承與其他弱勢團體結盟，使得基金會有更多
的彈性空間可實踐公益使命。另外，組織爲解決事業化受質疑的困境，可
以考慮加入自律聯盟，以高標準來強化其財務及資訊的公開、透明，藉此
獲得政府與社會大眾的信任，也替組織做了宣傳的效果（陳定銘，2007：
145-154）。

10-4 非營利組織事業化的衝擊與挑戰

一、非營利組織事業化的衝擊

　　非營利組織事業化所可能產生的影響，一直是學者專家與非營利組織
本身所關心的議題。非營利組織進行事業化需要秉持組織成立的宗旨和目
的，由於非營利組織存在的意義往往是基於公共利益，而且有些組織可能
無法提供可以市場化的商品或是缺乏行銷人才，因此不能期待財源完全依
賴事業化所得。若是爲了追求事業化而背離組織存在之目的，可能會對組
織形象以及組織本身造成莫大傷害（李艾佳，2003：89-90）。由此可知，
非營利組織走向事業化所帶來的衝擊，不僅單是個人、組織而已，甚至整
個社會環境的運作模式都將受到改變，以下分別從個人、組織、環境三個
層次來說明之（許素英，2011：285-288；鄭讚源，2003：79；陳定銘，
2007：127-128）：

（一）個人層次

　　組織變遷轉型首當其衝的即是個人。所謂個人不一定指的是領導者，
也可能是指受服務者、組織中的職工或是志工。這些人因是組織的一分
子，因此受到的衝擊多屬心理層面。組織開始從事營利行爲，最常面臨便
是社會使命與營利目標的糾葛，過度強調企業精神及財物的回收，不僅會
造成職工、志工價值認同受到混淆，連帶也會產生許多經營管理、人才運

用等問題。

（二）組織層次

　　非營利組織的轉型在組織層次上會為組織的經營策略帶來改變。組織須發展出一套適合提供組織經費的方式來平衡社會使命及經濟目的。而正因非營利組織事業化強調的是雙重使命之達成，很容易使外界質疑是否會背離組織最初開創的使命，而且組織事業化後勢必面臨企業、公部門或是其他非營利組織等多元的競爭，因此過度追求的結果可能會使事業化從手段轉變成目的。

（三）環境層次

　　雖然組織轉型為事業化後會增加組織的自主性，但目前這樣的概念在法律與規範環境尚未能尋求到一個支持，故外界對組織的種種疑惑，會讓組織對外的夥伴和合作關係產生變化，甚而導致募款排擠效應。而且非營利組織本身享有免稅的優勢，這對其他提供類似產品或服務的企業未能有公平的待遇，恐引起公平交易之爭議。此外，非營利組織的事業化雖對組織短期的生存需求有所幫助，但長期下來卻可能難以維繫公共利益與市場利益的衡平，因而傷害了民主和公民權利，以及對非營利組織創造、維護健全公民社會之能力造成影響。

二、非營利組織事業化之挑戰

　　由於公益組織不諳企業策略與市場機制，容易被經營困境所壓垮，非營利組織若要實施事業化，有必要釐清發展成社會企業所可能面對的潛在課題（林淑馨，2008：254-257；沈慶盈、龔煒媛，2009：115-116）：

（一）組織使命遭受質疑，內部難以凝聚共識

　　非營利組織在考慮事業化的同時，最先必須面臨的挑戰就是組織的使命是否會遭受質疑的問題。在區分企業組織與非營利組織的差異時，組織「使命」是一個很重要的判斷標準，其不僅賦予組織存在的意義，對組織

內部而言更是價值體系與凝聚力的來源；而對組織外部來說，使命更是大眾認識非營利組織的價值基礎與責信的來源。一旦非營利組織社會企業化後，即必須更改原先的經營管理模式，甚至爲了維持事業部門的存續，必須仿傚企業把「市場」效用列入考量，計算成本效益，設法刪減造成損失的服務項目並尋求新的收入來源，但這樣的作法可能有違組織最初不以營利爲目的之宗旨，進而造成組織中社會目標與績效目標的衝突。

此外，目前一般社會福利機構的運作主要還是以社會工作人員負責，其對於組織事業化的發展往往還是抱持著一種較爲負面的態度，若組織的董（理）事會或高階管理者決定要發展社會企業，社會工作者可能會因爲擔心經營事業與組織之使命不一致、誤用或浪費公益善款、影響組織公益形象、自己的專業能力無法應付或增加工作量等理由，而持反對的態度，此舉亦將影響組織內部的凝聚力，使組織事業化更難進行。所以非營利組織在考量是否推行事業化的活動時，應將事業內容與組織使命進行整合性評估，並與內部人員進行充分溝通，以減少上述情形之發生。

（二）人事管理的挑戰與組織文化的落差

相較於一般企業，非營利組織的企業經營與管理能力多少會有些缺乏，若要貿然創立社會企業，可能會面臨經營失敗的危機。如要克服此困境，不是要加強內部人員的訓練就是必須向外招募專業經理人。然而，組織內部的社工人員在專業認同與工作繁重的情況下，重新培養企管能力的可能性不高，而組織在經濟壓力無法付出高薪的狀況下，能否吸引到優秀的企業經營人才亦是一項挑戰。即便聘任了企業經營人才，非營利組織要如何調整結構與職位來安排新的專業經理人員；如何維持組織薪資結構的一致性與合理性以避免打擊原有組織人員也是必須面對的課題。

此外，非營利組織還需謹愼處理其使命與企業文化差異所產生的衝擊。因慈善部門的員工對事業經營理念尚屬陌生，對事業部門的商務經營作法與提案無法接受，或事業部門的員工無法適應組織內部的運作需經無數的會議討論，以及繁複之行政程序等，造成同一組織中不同屬性的員工

組織文化之差異。最後，非營利組織強調溫暖、彈性、同理等特質，也容易和企業管理所要求的組織運作與服務之統一、秩序、工作效率與成本效益等理念產生衝突，因此必須仰賴組織推動內部教育與溝通，使組織內部能維持和諧的運作，才能將衝突的負面影響降到最低。

（三）事業經營管理能力不足

　　發展社會企業的主要目的之一是獲取利潤以達財務自主的目標。為達此目的，非營利組織必須具備創業家的精神與良好的企業管理能力。然而大部分非營利組織的事業經營能力都有待加強。有研究即指出，缺乏專業的管理知識與能力是導致非營利組織事業化失敗的最大因素。至於社會企業在運作經營時所面臨的挑戰包括：在規劃時不重視有系統而認真的「市場調查」，難以掌握市場需求與脈動、產品或服務本身缺乏競爭力、缺乏可行的企業經營模式、不能使最後的銷售收入大於投入的成本、缺乏產品的行銷策略與經驗，無法區隔及發展固定的市場等。

（四）不公平的競爭

　　非營利組織的社會事業化是透過營業的商業行為以獲取資源，就市場競爭角度而言，企業認為非營利組織這種侵入其原有市場的作法是一種「不公平的競爭」，由於非營利組織享有多重的競爭優勢，包括免稅地位、志工的參與以及社會大眾的認同等，在同樣的商品或服務供給的選擇上，基於「助人最樂」的心理，民眾多會以非營利組織為優先考量，而產生不公平的情形。

　　但事實上，非營利組織在從事社會企業的活動時也遭受到諸多限制，最顯著的是非營利組織財力不足，而經營社會企業必須要投入大量的資金，或購買新的設備、聘請專業人力等，但非營利組織受限於經費，無法做這些投資，進而影響事業化的成果。以目前台灣非營利組織社會企業化的情況來看，幾乎大部分從事事業化的組織皆面臨收支無法平衡的窘境，以致社會事業活動之財源反需仰賴組織的募款與政府的補助，違反推動社

會企業化之初衷。

　　以社福型非營利組織為例，其組織規模不大，平均工作人員不超過五人，且財務來源不穩定，管理能力也不足，可能無法負擔聘用企業經營專業人員的經費。就資金來說，發展與經營社會企業需先投入開辦成本，並需準備足夠的營運資金，以免在營運規模尚未達成損益兩平點時，因資金缺乏而無以為繼。Brincherhoff（1994）即指出缺乏足夠的現金準備，不瞭解損益兩平的概念及未進行現金流量分析及社會企業財務預測是非營利組織事業化過程中常見之錯誤。另外，就組織人力而言，非營利組織事業化後，其所僱用的身心障礙學員，或輔導員等相關員工費用都必須依勞基法規定給薪或發給獎金，而這部分經費是政府不補助的，亦將增加營運成本的負擔。

　　由上述的分析中得知，非營利組織即便擁有企業部門所認為的「優勢」，但因組織本身特質的影響，如低生產力與較高的人事支援，都可能造成社會企業化後的市場競爭弱勢，難以和民間企業進行「公平的競爭」。

10-5 結語

　　解嚴以後，我國非營利組織開始蓬勃發展，921大地震之後，社會大眾因有感於民間力量動員的快速與彈性，給予相當的評價與支持，進而促使非營利組織有如雨後春筍般成立。雖然非營利組織比政府更能掌握社會的問題，能提供給民眾更為適切的服務，但由於組織的財源大多仰賴政府的補助及社會大眾的捐助，因此當在遇到景氣不佳或是有重大災難時，便容易產生資源不足或排擠的情形。非營利組織的事業化即是為因應此困境而衍生出的一種解決方式，嘗試透過採借企業組織的營利手法與組織的使命相結合，以獲得組織經營所需的費用。組織朝事業化的方向發展固然是

一種創新的機會，但因需要兼顧社會使命和經濟目的之雙重目標，故往往會令社會大眾質疑是否會偏離當初組織所遵循的服務的宗旨。

　　非營利組織朝向事業化發展對組織來說乃是一種變革，過程中難免會使組織的內、外在團體互動關係產生變動，因此組織在考慮事業化前須先評估此方式是否合於組織的文化，組織的領導者也需做好內外協調的溝通角色，給予成員專業訓練、營造良善的組織氛圍來降低事業化所可能帶來之衝擊。不過非營利組織事業化因尚未有明確的法律規範支持，因此投身於市場競爭當中，難免會引發不平的爭議，所以資訊公開及財務透明的要求也隨之而起。雖然非營利組織事業化帶來部分的助益，但是實際運作時仍有風險存在，組織是否採行仍需多加分析評估。

問題與討論

1. 何謂非營利組織事業化？其成功要件為何？
2. 非營利組織進行事業化後可能會遇到哪些衝擊與挑戰？請分析之。
3. 請觀察分析一個有從事事業化的非營利組織，並舉出其事業化後的利弊得失。

NPO 小檔案

竹南群創家扶店[2]

　　全家便利商店、群創電子與家扶基金會,共同創設的全家便利商店「竹南群創家扶店」,2010 年 4 月 20 日這天將屆滿一週年,由於締造了累積 20 人次,扶助對象就業機會:協助 4 個孩子共計 4 個家庭,自立脫貧,創造出三贏局面。

　　苗栗家扶中心表示,竹南科學園區的群創光電現改名為「奇美電子股份有限公司」,秉持企業社會責任概念,為提供弱勢族群就業機會,於一年前 4 月 20 日促成與全家便利商店、苗栗家扶中心合作,開創了全省第一家與企業、超商通路合作的全家便利商店「竹南群創家扶店」,完全落實社會企業概念。一年來全家便利商店「竹南群創家扶店」憑藉著創業維艱、守成不易的工作態度努力經營,並以社工專業為後盾,針對受助對象,客製合適工時,提升優質的服務品質與態度,更期待能不斷突破創新,加強與全家便利商店、奇美電子關係連結,爭取後續更多的公益合作機會。

　　也因為這樣精實的工作文化,苗栗家扶中心締造了累積 20 人次,扶助對象就業機會,協助 4 個孩子、共計 4 個家庭,自立脫貧,於商店內開放一隅,作為扶助家長手工商品展售舞台,邀請家扶愛心商店媽媽,至群創廠內舉辦義賣試吃會,達到自我實現與肯定;更因店內擺放發票箱,供發票以及零錢捐助,一年來累計共 24,614 元捐款,居竹南頭份地區全家便利商店第二高。更值得分享的在於因家扶機構形象及服務被認同,受奇美電子委託辦理竹南頭份地區國小學童營養早餐補助方案,為弱勢家庭減輕負擔,提升兒童健康學習,預計 105 名學童受惠。從創業至今,更有中正大學教授、加拿大與美國 CCF 執行長,針對國內社會企業合作方案,以本店為首案,而作為研究指標,給店內不少支持。

2　劉勝樟,2010,〈竹南群創家扶店週年慶成果發表〉,民眾日報,http://www.ccf.org.
　tw/miaoli/news/990420.html,檢索日期:2016/03/13。

　　20 日屆滿週年之際，懷抱著無數的感謝，當天上午 10 時 20 分全家便利商店「竹南群創家扶店」將舉辦週年慶活動及成果發表會，歡迎民眾前往一同分享喜悅。

參考文獻

王仕圖、官有垣、林家緯、張翠予，2010，〈工作整合型社會企業的角色與功能——台灣與香港的比較分析〉，《人文社會科學研究》，第 4 卷第 2 期，頁 106-130。

呂朝賢，2008，〈社會企業與創業精神：意義與評論〉，《國立政治大學社會學報》，第 39 期，頁 81-117。

李艾佳，2003，〈第三部門發展新趨勢：非營利組織產業化〉，《新世紀智庫論壇》，第 22 期，頁 81-90。

沈慶盈、龔煒媛，2009，〈社會福利機構社會企業化之探討〉，《社區發展季刊》，第 126 期，頁 110-122。

官有垣。2008，〈台灣社會企業組織的經營管理：以陽光社會福利基金會為例〉，《多元就業開發方案——民間團體發展成為社會企業論述精選集》，台中：行政院勞工委員會職業訓練局中彰投區就業服務中心，頁 1-12。

官有垣，2012，〈社會企業在臺灣的發展——概念、特質與類型〉，收錄於官有垣、陳錦棠、陸宛蘋、王仕圖編，《社會企業：臺灣與香港的比較》，台北：巨流，頁 61-94。

林怡君，2008，〈社會企業在台灣的發展限制——以多元就業開發方案經濟型計畫為例〉，《就業安全》，第 7 卷第 1 期，頁 63-67。

林淑馨，2008，《非營利組織管理》，台北：三民。

林淑馨，2013 ，〈台灣社會企業的現況與困境：以公益創投型社會企業為例〉，《社區發展季刊》，第 143 期，頁 68-77。

林淑慧，2010，《非營利組織事業化經營策略之研究——以平衡計分卡觀點探討》，台中：靜宜大學管理碩士在職專班碩士論文。

洪久雅，2002，《我國非營利產業化之研究》，台北：國立政治大學公共行政研究所碩士論文。

許素英，2011，《非營利組織轉型社會企業之變遷衝擊分析——以菩提長青村爲例》，南投：國立暨南國際大學公共行政與政策研究所碩士論文。

陳定銘，2007，《非營利組織、政府與社會企業理論與實踐》，台北：智勝。

黃坤祥、游皓偉、黃瓊芬，2005，〈庇護工場與身心障礙者就業開發之探討——高雄縣「一家工場」之實証分析〉，《社區發展季刊》，第110期，頁450-466。

葉玲伶，2005，《非營利事業產業化——以新港文教基金會與新港客廳爲例》，嘉義：南華大學非營利事業管理研究所碩士論文。

鄭勝分，2007，〈社會企業的概念分析〉，《政策研究學報》，第7期，頁65-107。

鄭讚源，2003，〈第三部門產業化及其可能影響〉，收錄於《第三部門產業化新趨勢研討會論文集》，台北：行政院研究發展考核委員會，頁69-89。

蕭盈潔，2002，《非營利組織事業化之探討——以社會福利機構爲例》，台北：國立台北大學社會工作研究所碩士論文。

第 **11** 章

非營利組織與公共關係

───────────── 前言 ─────────────

　　現實生活中我們常常可以聽到「某人長袖善舞，很會做公共關係」、「這家公司準備了一大筆公關費」等。這些說詞，或多或少都反映社會對公共關係的誤解與偏見，彷彿組織在從事公關工作時，會蓄意運用一些不正當的手段來完成公關目標（孫秀蕙，2009：12）。長期以來，在這樣的誤解下，也造成許多政府部門或非營利組織排斥運用公共關係策略。

　　一般來說，公共關係與營利活動和競爭行為的關係較為密切。在競爭性的營利組織中若要生存發展，必須通過市場贏得顧客。因此，營利組織多會有自覺的公共關係意識和行動。但公共關係的運用並非僅限於營利組織，公共關係援引到不同的專業領域，有不同的需求和運作方式，就如同政府部門和非營利組織雖沒有營利動機，但若面對的是競爭的環境，通常也需要主動爭取公眾支持，並建立良好形象（鍾育南，2007：57），尤其非營利組織屬於晚近興起的組織，類型眾多且定義不明，社會大眾對組織的創立目的、運作功能未必能全然瞭解，因此非營利組織必須讓大眾知悉組織的目標與活動，才能有效推行其慈善服務或宣導理念，並藉由公關活動提升組織知名度及形象。

　　由以上所述可知，在資訊爆炸與競爭激烈的多元環境下，無論是政府、企業或第三部門的非營利組織皆需要妥善經營其與社會大眾的關係，以求組織目標的達成，進而確保組織的存續與發展。由於公共關係具有可以促使增加組織與公眾之間的瞭解、建立組織與公眾間穩定關係的功能，任何組織若能審慎加以運用，應可以提升自身的形象並獲得民眾支持。

　　基於此，在本章中首先從公共關係的定義，和行銷、廣告之間的差異，以及其目的與功能等面向來釐清公共關係的基本概念；其次，整理公共關係的對象與方式；接著，介紹常用的公共關係溝通理論模式；最後，探討非營利組織運用公共關係的理由，以及非營利組織從事公共關係的內容與採行之策略。

11-1 公共關係的基本概念

一、公共關係的定義

（一）緣起

公共關係（Public Relations，簡稱 PR），又稱為公眾關係[1]。過去，多數人常誤以為公共關係就是交際應酬、拉關係，但這僅是一種表象，公共關係應從組織內部做起，建立良好形象，然後才能爭取外界的支持與合作，故真正成功的公共關係被認為應建立在「誠信」的基礎之上。

「公共關係」一詞的首次出現，是在1807年美國總統湯瑪斯・傑弗遜（Thomas Jefferson）的國會演說，而真正發展成為一種專業，迄今不過一百多年的歷史。根據 Edward Bernays 在其知名著作 *The Engineering of Consent*（1995）一書中指出，公共關係最重要的工作是說服性的宣傳（persuasive publicity），因此公關人員必須盡力運用各種可以溝通的管道進行宣傳，以取得溝通對象的共識，從而促使公關活動達成目標（轉引自孫秀蕙，2009：12）。而 Bernays 認為，公共關係是以「媒體宣傳」為核心所延展的單向溝通行為。所以，公共關係主要是從事組織的訊息傳播、關係協調與形象管理事務的諮詢、策劃、實施和服務的管理職能（陳政智，2010：79-80），泛指社會組織與其公眾間的交往和連繫。另外，Kotler 則認為，公共關係是指評估民眾態度，讓個人或組織的政策及行動與公共利益一致，並計畫執行各項方案，以爭取大眾對組織的瞭解和接受的一種管理活動（轉引自徐木蘭、楊君琦、劉仲矩，1997：4）。

在臺灣，公共關係的運用其實已經有相當長的一段時間，而且以相當多元的形式在公部門或私部門中發揮作用。但真正專業化卻是在近十年受

---

[1] 研究指出，Public Relations 國人習慣譯成「公共關係」，然根據其研究內容而言，以「公眾關係」較為妥當（王振軒，2006：4；吳定等，2007：54）。然而在本章中因考慮討論的主軸是非營利部門與外在環境的互動，較適合使用公共關係一詞。此外，為了行文方便，統一以公共關係表示。

到西方公眾關係發展，以及國內政治型態轉變影響的結果。換言之，我國直到1987年以後，因報禁解除之故，才開始意識到公共關係的重要。

（二）定義

根據《韋氏大辭典》的定義，「公共關係」一詞可以從三方面來界定（陳德禹，1994：554）：

1. 增進一個人、廠商或機構與他人、特定公眾或社區公眾之間的融洽與好感。這乃是藉著傳布解釋性資料、擴展和睦交往及評估民意來達成。
2. 爲了獲得這種關係所運用的技巧。
3. 發展相互瞭解及友善的藝術或科學，並指涉從事這種工作的專業人員。

美國公共關係協會（Public Relations Society of America，簡稱 PRSA）則在1998年對公共關係做了如下的定義：「公共關係幫助一個組織和它的所有公眾相互適應對方。」而國際公共關係協會（The International Public Relations Association）則將公共關係界定爲：「係一種持續性與計畫性的管理功能，能使公、私機關團體藉此爭取並維持與其有關或可能有關之公眾的瞭解、同情與支持；其途徑爲評估關於其本身之輿論，俾盡其所能，調整政策及作業，並以廣泛而有計畫的報導，來獲得更有建設性的合作，及有關公共利益的更有效實現。」（吳定等，2007：54）至於大陸學者李興國認爲，「公共關係是社會組織爲了生存發展，通過傳播溝通，塑造形象、平衡利益、協調關係，優化社會心理環境，影響公眾的科學與藝術。」（轉引自王振軒，2006：4）。

另外，根據我國學者孫秀蕙（2009：4-6）的說法，公共關係乃指「協助個人或（營利或非營利）組織，透過多樣且公開的溝通管道與溝通策略，與不同的公眾建立良好的正面關係」。王振軒（2006：5-6）則是嘗試整合多位學者的見解，認爲公共關係是一種研究組織與其環境關係的學

問，也就是組織與內外部公眾間溝通管理的專業，因此其內容大致不脫下列幾項：（1）具有獨特管理功能；（2）重視公關主體與其客體間關係；（3）運用溝通技術；（4）重視社會責任與社會責信；（5）強調突發事件與危機的處理等五項範疇。

二、公共關係與行銷、廣告的差異

（一）公共關係與行銷的區別

　　日常生活中，公共關係與行銷這兩個概念因為相近，例如兩者都是在處理組織與外在環境的關係、運用相似的溝通工具與公眾接觸，且最終的結果都會影響組織存續等，因此常令人難以清楚釐清其中差異之處。

　　姚惠忠（2009：20-21）於《公共關係學：原理與實務》一書中提到，在營利組織中，公共關係和行銷的概念較容易明確區別。如表11.1所示，因為公共關係強調關係的建立與溝通、促進瞭解，以及和廣泛的群眾維持長期的關係。至於行銷則注重產品、顧客需求、促銷，並在意即時性的銷售成果。故兩者最大的差異在於任務（mission）和所適應環境（environment）的不同。就任務而言，行銷的目的是為了增加銷售量、市場占有率，為組織創造利潤，效果以短期較為明顯。換言之，行銷的目標著重在產品和服務銷售，以及顧客滿意度的經營，因此比較關注市場的供需變化。而公共關係的任務則在為組織和不同利害關係人建立、維持良好的互動關係，或為組織帶來各種公眾對組織的善意，進而創造或維護組織的良好形象。因此，公共關係較關注於社會輿論和公眾態度的變化。所以，公共關係不僅能為組織賺錢，更能為組織省錢，效果上比較強調長期的經營。

表11.1　行銷與公共關係的概念比較

區別性概念	行銷	公共關係
範圍	與公共關係工作項目有重疊，除定價與銷售通路外，範圍仍比公共關係小	範圍較廣，如議題管理、危機管理等
目標	產品和服務的銷售	組織的良好形象
關注焦點	市場的供需變化	社會輿論與公眾態度的變化
受眾	消費者、顧客	公眾、利害關係人
管道	運用廣告的比例較高，強調短期效果	運用新聞宣傳的比例較高，強調長期的經營

資料來源：姚惠忠（2009：23）。

（二）公共關係與廣告的區別

　　那麼，公共關係與廣告又有何差異？孫秀蕙（2009：15-16）指出兩者最大的不同之處在於：工作範圍之內所處理的媒體性質不同。公共關係主要的工作範圍之一為宣傳活動，而公關宣傳主要是透過新聞媒體來傳達個人或組織的相關資訊，或是對某一議題的看法。但新聞媒體是「不可控制」的，我們將各種公關資訊傳送給媒體，並不保證照單全收。編輯或記者會衡量資料是否有新聞價值、媒體本身定位是否需要此類消息等，來篩選過濾資料。相反地，廣告從業人員所處理的媒體是「可控制」的，因為刊登資訊屬於一種付費性質的商業行為，因此廣告從業人員對廣告訊息具有絕大部分的主控權，當然這也意味廣告預算會比公關預算來的高昂。

　　另外，公共關係與廣告兩者在「目標設定」方面也有所不同。廣告主要的目的在販賣商品，而公共關係主要的目標在增進組織與公眾之間的瞭解，並建立雙方互惠的友好關係。故廣告設定的目標對象是消費者，而公共關係設定的目標對象則更為多元化，而不局限於一般消費者，如內部組織員工、新聞媒體、社團、社區意見領袖等。兩者的差異可以參考表11.2。

表11.2　公共關係與廣告的概念差異

區別性概念	公共關係	廣告
媒體	新聞媒體（不可控制）	廣告（付費）媒體（可控制）
對資訊的主控權	無	有
目標	增進瞭解、建立良好關係	以販賣商品為主
目標對象	多元化	以消費者為主

資料來源：孫秀蕙（2009：16）。

三、公共關係的目的與功能

（一）目的

　　知名的公共關係學者 James Grunig 認為，公共關係運作的目的在於促進瞭解，培養共識，與不同的公眾建立良善的關係（轉引自孫秀蕙，2009：16），而我國學者鄭自隆（2013：12）則認為，公共關係的目的在於「確認、建立與維持雙向利益關係」，亦即協助組織與公關對象保持良好的互動關係。由此可知，公共關係的目的最主要是幫助組織與群眾建立並保持良好的雙向關係。以非營利組織而言，從事公共關係的目的在於促進社會大眾對組織使命的瞭解，建立與服務對象的溝通管道，並與所有的利害關係人維持良好的互動關係。

（二）功能

　　公共關係在組織中能否發揮影響力，與組織如何賦予公關特定的角色與功能有密切關係。公共關係的基本功能是指公眾關係活動在組織生存、發展過程中的獨特作用與影響。若整理孫秀蕙（1997）、張在山（2004）與王振軒（2006）等的相關文獻，可以將公共關係的功能歸納為直接功能與間接功能，詳細說明如下：

1. 直接功能

（1）宣揚組織的理念：為使更多人瞭解、認同組織的措施與政策用意，可以定期出版相關刊物，說明組織目標、介紹內容、推廣組

織理念並宣揚施行成果。在早期資訊尚未發達的時代，組織可藉由此模式發行免費刊物，以拉近和社會大眾的距離；近期因為網際網路發達，無論政府、企業或非營利組織皆感受到網際網路強大的傳播功能，故多透過經營網站或臉書社群來達到建立良好公共關係之目的。

（2）協助瞭解公眾需求：公眾是組織間接的外在環境因素，卻時常發揮直接的影響力，針對與組織運作直接有關的策略性公眾，探求其想法、態度、需求及行動意向等。

（3）與環境進行溝通：溝通是公共關係最原始、最基本的功能，透過有效的溝通，才能發現群眾的需求。

（4）塑造社會形象：透過公共關係可以有計畫的塑造組織在社會上的形象，除了有形的標誌、標語等，尚包括無形的組織社會責任及管理倫理等。

2. 間接功能

（1）輔助危機管理：當組織面對危機發生時，公關活動即成為降低損失的重要動作，可使組織形象不致遭受嚴重打擊。

（2）深化個人作用：深化公眾承擔社會責任，參與公益活動的社會公民精神。

（3）進行政策遊說：透過公關活動，藉以影響政府法律或政策的制定。

11-2 公共關係的對象與方式

一、公共關係的對象

公私部門因為組織性質和經營目的不同，因此公共關係運用的對象多

少有些差異，但基本上都脫離不了下列幾個對象[2]：

（一）內部群眾

在討論公共關係之前，組織應先著重內部群眾，也就是員工關係，藉以健全內部，強化向心力。因為對組織而言，員工屬於內部顧客，如果懂得善用員工力量，員工能對組織的公共關係或形象做出重大貢獻。倘若連員工都不認同組織，就很難說服外界，所以公共關係的首要對象乃是內部員工，也就是做好內部公關，讓員工採取對組織有利的態度，進而成為組織的義務宣傳員。以非營利組織而言，內部群眾包含董監事會成員、職工和志工。

（二）政府機關

以非營利組織而言，由於組織使命通常具有公益性質，加上缺乏固定的經費來源，因此，政府機關的經費補助或與政府協力則成為攸關組織發展的重要因素。也因而，非營利組織若能獲得政府機關的認同與支持，就可能得到相關協助或資源。所以，組織需將本身的使命與目標透過公共關係正確傳達給政府機關。

（三）民意代表

在民主政治體制下，政府的權力來自全民。而人民的意見則透過民意代表來表達。由於民意機關能對各級行政機關和行政工作發生制衡的作用，因此，行政機關必須和民意機關維持良好關係，否則將遭杯葛及抵制，政令即難以順利推行。相形之下，非營利組織雖與政府部門不同，但都具有公益性質，在倡議或推動相關法案時也都需要藉助民意代表的力量，如能爭取民意代表的認同與支持，應有助於組織使命的達成，因此需要跟民意代表多溝通並建立友善的公共關係。

---

[2] 此處的內容，部分是參考楊乃藩（1992：427-438）以政府機關為基礎，所整理的公共關係對象加以改寫而成。

（四）意見領袖

　　目前社會上的意見領袖多以高級知識分子為主，如大學教授、報紙主筆、專欄作家等。由於這些人具有自己的意見和看法，不易受政府機關影響，而改變立場或放棄發言。因此，非營利組織可以設法維繫和這些知識分子的關係，如事先徵詢意見、提供資料、舉辦聽證會等，以增進溝通，降低誤解，並設法爭取支持。

（五）其他民間團體

　　無論是政府部門或非營利組織都應選擇和其本身業務有關社團，推展良好公共關係。以政府部門而言，由消極面來看，可減少政令推廣的阻力；至於積極面則可能有助於政令的推行，並達減輕政府工作負擔，促成朝野間的密切合作。舉例而言，國際性的扶輪社、獅子會、青商會等，經常由社員捐款，辦理公益事宜，如果社會行政機關與其連繫配合，對於政府施政，應有相當大的助益，還能減輕政府的工作負擔。而非營利組織間雖可能由於資源有限產生競爭行為，但因非營利組織的規模通常較小，若能和其他理念相同的民間團體共同合作，應可以發揮一加一大於二的影響力，因此也需與其他民間團體建立良好的公共關係。

（六）大眾傳播界

　　在現今全民記者當道的時代，如能善用大眾傳播媒介，與社會大眾溝通，才能使民眾瞭解非營利組織的使命與運作成果，甚至激發大眾對組織產生興趣，進而有助於組織使命的宣導與推行。故非營利組織可以透過報紙、廣播、電視，甚至是新進的電子郵件或臉書等大眾媒體擴大與大眾傳媒溝通對象範疇，以提升其影響力。

（七）學校－學生

　　學校起自小學，迄於大專院校。雖然學校學生尚未有經濟能力，無法有捐款行為，但卻是可能是組織使命的實踐者和潛在捐款者。因此，若非營利組織能與各級學校之間保持良好公共關係，則可以借其力量順利推廣

理念。

（八）社會大衆

　　對非營利機構而言，社會大衆是指組織想要影響的目標對象，以政府部門來說，乃是希望民衆可以配合並支持政府的政策；而對非營利組織來說，是希望喚起這類群衆關心組織或投入組織。因此，非營利組織可以根據公關活動不同的重點，與社會大衆保持良好的公共關係。

二、公共關係的方式

　　任何組織在推行公共關係時無論採用哪些方法，仍應以「誠信」爲基礎，絕不可爲求達成目標而不擇手段。有關成功的公共關係應採行哪些方式，學者的認知多有不同[3]。由於政府機關性質與非營利組織較爲接近，在本小節中乃整理幾種較具代表性的公共關係方式如下：

（一）新聞傳播

　　所謂新聞傳播，就是公共關係人員將組織的重要訊息傳給大衆，使其瞭解組織的狀況，轉而支持。此種方式的優點在於簡便而能廣爲流布，能在花費最少的情況下得到最大的曝光率。然而，新聞傳播屬於單方面的消息傳遞，缺乏雙向的交流機會，故組織需設法建立回饋的機制和管道。以政府機關爲例，自1970年代末期開始紛紛設置公共關係室或公共關係課，後來改爲新聞室，或採取發言人制度，主要都是爲機關從事公共關係的工作。而非營利組織因受限於經費和人力，鮮少有專職人員或專責部門負責此項工作。

（二）當面溝通

　　當面溝通就是舉辦說明會、座談會、聽證會、茶會方式，邀約相關民衆與會，說明組織的某些策略與作法，以促進彼此的瞭解並尋求支持。由

---

[3]　相關論述請參閱傅肅良（1989：473-486）、陳德禹（1989：439-450；1994：586-590）、林慶翰（1992：413-418）等論文。

於這是面對面的溝通，故需講求溝通的技巧、方式、對象、內容等，才能達到預期效果。例如政府機關要採取某項措施，但反對者與贊成者參半，或有不同的利益團體，立場各異、相持不下；或者欲推行某項政策，而尋求支持者。在此情況下，舉辦聽證會或座談會，對於公共關係會有幫助。此外，隨著網際網路的發達，各級政府機關幾乎都有「線上服務」和「聯絡我們」的連結，或許無法像座談會、說明會般達到面對面的溝通效果，但網路所能發揮的立即性，以及政府的回應，應都有助於良好公共關係的建立。

（三）行銷活動

行銷活動是組織將政策、計畫透過行銷的概念，將訊息傳送給大眾的一種方法。一般人都誤以為只有企業才有行銷活動，殊不知政府機關、學術機構、非營利組織等也可透過行銷的方式，將政策或作法推銷給大眾，以尋求支持。近年來政府所採用的行銷方式相當多樣，包括成立服務中心、播放電視的宣導影片、發行政府部門的出版品，以及各級政府官方網站發布的政策、成果報告等。目的是藉由不同的行銷通路將政府相關政策的推行目的和作法告知民眾，以降低民眾因對政策的認知不清而產生之抗拒。

11-3 公共關係的溝通理論模式

有關公共關係的溝通模式，各家說法不一，難以有一致的方式。Grunig 和 Hunt（1984）兩人結合傳播學、政治學、管理學的觀點，就傳播溝通的「方向」和「目的」兩個構面來提出公共關係的溝通模式（models of public relation），並將組織與公眾之間的溝通方式區分為「新聞代理」、「公共資訊」、「雙向不對等溝通」、「雙向對等溝通」四種模式。茲說明如下（轉引自黃新福、盧偉斯，2006：159-160；王振軒，2006：

10-11）：

一、新聞代理模式（press agentry）

這種模式通常是公共關係發展初期的作法，係指以宣傳爲手段，目的是透過媒體將組織的理念、產品，或形象「賣」給公眾，以達成知名度提升、形象塑造、產品銷售之目的。其特色爲：僅止於組織向大眾的單向溝通爲主，資訊的傳遞以告知爲目的，不注重反饋訊息，不主動探知閱聽人的反應。這種以事務宣傳及媒體報導爲目標的溝通型態，所傳遞的資訊往往經過刻意的選擇，容易引發公關道德的問題。

二、公共資訊模式（public information）

此模式也是以單向溝通爲主，但相較於新聞代理模式，其目的在告知大眾正確客觀的資訊，而非試圖說服公眾。換言之，公關人員必須遵循新聞從業人員的作業準則並遵循專業道德規範。雖然不會主動提供對組織不利的消息，但起碼所提供的資訊有一定的可信度。這種模式仍不強調閱聽人的反應，最多考慮閱聽人的數量和效果，藉以得知溝通訊息是否已成功傳達給公眾；至於傳播行爲是否已成功傳達給公眾；或是傳播行爲是否使公眾改變態度或採取行動，則不在考量之內。

三、雙向不對等模式（two-way asymmetric）

這個模式強調組織與大眾間的雙向溝通，以科學說服爲主要目的，資訊傳遞者（公關主體）與資訊接受者（公關客體）之間有相互交流行動。組織有計畫地蒐集公眾的意見或態度，大量採用科學的意見調查，並進行影響效果的評估；其目標單純爲了說服公眾，提高宣傳效果，並不是眞的在意公眾的需求，所以溝通的結果往往只對單方有利，故稱爲「不對等的溝通」。雙向不對等模式可以用在宣傳一項新的觀念或新的產品，以此來

瞭解民眾的反應意見，並進一步設計出更有效果的宣傳方法。

四、雙向對等模式（two-way symmetric）

　　雙向對等模式以互蒙其利為前提，故採組織和大眾雙向交流的方法，目的在促進雙方間彼此相互的瞭解，故有較頻繁的資訊交流和回饋。這個模式最適合於處理有關衝突斡旋、談判協商，促進組織和對方的相互瞭解，以達成共識化解衝突的特殊情況。事實上，公共關係的運作原本就是雙向交流的協商，單向溝通並不符合專業化的要求。若欲營造一個社會資源連結的網絡，就需要建立與各種不同對象的關係，採取以雙向溝通為主的公共關係模式，才能獲得組織對象的真誠心信任。

　　上述四種公共關係的溝通理論模式可以整理成如下表11.3所示。

表11.3　公共關係溝通理論模式

	新聞代理模式	公共資訊模式	雙向不對等模式	雙向對等模式
溝通目的	宣傳	資訊傳布	說服	相互瞭解
傳播性質	單向	單向	雙向	雙向
	並非完全事實	事實	不平衡效果	平衡效果
傳播模式	傳播者⇨接收者	傳播者⇨接收者	傳播者⇦⇨接收者 回饋	傳播者⇦⇨接收者 回饋
研究	很少計算人數	很少可讀性	重視評估態度	瞭解程度的評估
適用組織	複雜度低 規模小 傳統型組織	複雜度低 規模大小皆可 傳統型組織或機械型組織	複雜度高 規模大 混合型組織	複雜度高 規模小 有機型組織
實務應用	運動、戲院、產品促銷	政府、非營利組織	競爭的企業	受法律規範較多的企業

任務導向	1. 說服記者披露組織的新聞 2. 設法讓組織名稱出現在媒體 3. 舉辦活動並取得最大媒介報導量 4. 避免媒體對組織的負面報導	1. 扮演組織內部的新聞記者 2. 瞭解何謂新聞價值 3. 撰寫合乎媒體需要的新聞稿 4. 對媒體提供客觀而正確的資訊	1. 說服公眾組織的作為都是正確的 2. 設法讓公眾採取組織所希望的行為 3. 以科學方法操縱公眾 4. 應用公共宣導中的態度改變理論	1. 與行動公眾進行協商 2. 應用衝突解決的理論 3. 協助高層主管瞭解公眾之所欲 4. 瞭解公眾對組織的反應,作為改進的參考

資料來源:王振軒(2006:13)。

大抵而言,上述四種公共關係模式,以「公共資訊模式」在政府部門與非營利組織中最為常用。兩者在公共關係的運用上特別強調公益的告知,以便取得社會責任度以及受到公眾認同的功能。故如能與「雙單向公關模式」一併使用,並強化接收者的回饋,對於非營利組織公共關係的發展應較為有利。

11-4 非營利組織從事公共關係的理由與內容

一、非營利組織為何需重視公共關係

(一)理由

隨著社會變遷與媒體快速發展,越來越多的企業部門增設公關部門,或委託公關公司執行公關宣傳活動,藉以建立企業形象或提高企業的知名度。相形之下,如表11.4所示,非營利組織和企業在組織目標上有所不同,自然影響其公共關係。非營利組織雖然也需要透過公關活動和社會大眾溝通,吸引服務對象、捐助者和大眾的關注,並建立組織形象或提高組

織知名度，但因受限於人力、專業、經費和資源不足等問題，鮮少有非營利組織能如企業般有完善的公關人員編制或預算，因而顯得弱勢，但這並不表示非營利組織就無需重視公共關係。每個非營利組織應以本身的使命為基礎，建立一套公共關係目標。

表11.4　企業與非營利組織的公共關係之比較

	企業公共關係	非營利組織公共關係
公關目標	建立與包裝形象	打開知名度
社會資源	鞏固社會資源	拓展社會資源
扮演角色	捐款、贊助者	募款、活動籌辦者
政治公關	遊說目標以企業利益為主	遊說目標以公眾利益為主
組織編制	大部分企業均有常設公關部門	多由非營利組織領導人身兼公關角色

資料來源：孫秀蕙（2009：23）。

（二）公共關係在非營利組織發揮的功能

Ault 與 Agee（1995）指出，非營利組織在設計某些公共關係時，均企圖符合某些共同目的，使其在組織中發揮如下的功能（轉引自王美欣，2010：51-52）：

1. 發展公眾對組織之意圖及活動的知覺——此包含了可以利用新聞媒體作為激發公眾對組織產生興趣的管道、創造具新聞價值及能吸引群眾的新聞事件，以及其他宣傳品或刊物的發行。

2. 刺激個人使用組織所提供的服務——有些人因為害羞或怕麻煩，便猶豫去使用這些由非營利組織所提供的服務，故非營利組織應可以設計吸引這些人的文字或口語素材，來強調使用這些服務的方便性。

3. 製作教育性素材——如簡介、通訊月刊或季刊發行等，快速告知群眾組織的所有資訊。

4. 招募及訓練志工——除對志工的招募及訓練外，並維繫其熱忱，使其成為組織可以依賴的長期工作者。

5. 獲得捐款以維持運作。

二、非營利組織的公共關係內容

由前述可知，若援引公共關係的概念至非營利部門，應可以將公共關係定義爲：是非營利部門爲建立組織本身和其成員與其他利害關係人的專業管理和雙向溝通技術與藝術，藉以爭取組織成員與社會大眾的認同、瞭解與接受，進而與之合作，故公共關係屬於組織的外部環境管理，具有很強的社會互動性。

由於非營利組織與政府、企業不同，因此在運用公共關係時，其內容也有所不同。整理相關研究發現，由於大多數非營利組織在社會資源方面相當欠缺，所以對於組織而言，積極開發更多社會資源，進一步拓展組織影響力乃是非營利組織運用公共關係的最終目的。爲了達到此目的，其公共關係的內容有下列幾項（孫秀蕙，2009：24-25）：

（一）出版刊物，鼓吹理念

爲了讓更多的人認同組織理念，許多非營利組織會出版刊物，說明組織的目標、介紹活動內容、推廣組織基本政策並宣揚其成就。這類型的刊物多以免費或讀者捐贈（贈閱）形式發行，由於不採行商業發行方式流通，因此在閱讀的普及方面常打折扣，傳播效果自然有限。例如家扶基金會定期出版《扶幼 E 季刊》和《愛心援外月報》等，藉此讓外界瞭解家扶的相關訊息。

（二）建立媒體關係

由於物質資源有限，所以非營利組織會更加珍惜近用新聞媒體資源的機會，因爲一則對該組織有正面報導的新聞，不但能拓展組織的知名度，也能爲組織帶來許多實質的資源，如讀者的好奇、詢問、興趣，甚至是捐款等。對於非營利組織而言，媒體報導可視爲是免費的宣傳（free publicity），如何以最節省的方式達成最好的宣傳效果，是非營利組織公關

最重要的目標。例如食安問題頻傳時，董氏基金會、主婦聯盟等組織因其食品安全專業，常受到電視新聞媒體採訪，這也是免費宣傳組織的最佳時機。

（三）政治遊說，推動立法

多數非營利組織成立的目標之一，就是要充當特定的公眾代理人，透過與一般社會大眾及政治人物溝通的方式，爭取特定的公眾權益。近年來，台灣有許多弱勢團體，如殘障聯盟、婦女團體、勞工團體、環保團體等，在爭取立法保障弱勢權益的過程中非常積極，也有越來越多的組織對於公關媒體的操作日趨嫻熟，其媒體造勢與公關策略的制度化，並不亞於一般企業組織，例如勵馨社會福利基金會推動性侵害犯罪防治法、人口販運防制法、兒童權利公約施行法等。

三、非營利組織的公共關係策略

就非營利組織來說，宣傳理念、招募志工等都是重要的議題，而善用文化資源，吸引媒體的注意與報導，則是非營利組織致勝的公關策略。研究顯示，非營利組織在公關策略的運用上，可以有下列幾種作法（陳一香，2007：224）：

（一）找尋具有新聞性的人物合作，如明星藝人、政府名人、學者專家等共同宣傳理念，或合作舉辦相關活動，如街頭義賣、演講、演唱會、出版書籍、簽名會等，增加組織在媒體的曝光率，藉此推廣組織理念。

（二）爭取在社會上有一定公信力的專家認同，共同開創智慧場域，如在電台 call-in 節目或網路部落格上創造社會關心的公共議題，可增加社會大眾對組織宗旨與活動理念的支持與認同。

（三）與其他組織宗旨相近的機構合作，邀請其他較大的組織共同參與，結合彼此資源，截長補短，對組織理念的推行有所幫助。

（四）積極招募志工，並普用口耳相傳效果。

（五）建立組織的識別體系（Corporate Identity System, CIS），除可加深大眾印象外，更可以讓大眾瞭解組織理念，有助於增強傳播效果。

（六）宣傳文字與視聽資料力求活潑，也可增加傳播效果。

11-5 結語

　　如本章開始所述，大部分人對公共關係一詞多抱持較負面的印象，因此，除了民間企業外，非營利的政府部門和非營利組織較少正視公共關係對組織發展的重要性。然而，近年來受到整體環境的改變與資源競爭的激烈，特別是非營利組織為了生存與發展，除了需要積極行銷組織外，還必須與外在環境建立良好的互動關係，並透過雙向溝通管道，爭取認同、瞭解與接受，所以公共關係不同於行銷或廣告，屬於組織的外部環境管理，具有社會互動性，可以透過訊息傳播、關係協調和形象管理來達到其目的。

　　但不同於政府部門或民間企業，非營利組織受限於人力、物力與專業，一般多由領導人身兼公關角色，鮮少有專人或專門單位來負責公共關係事務，通常僅能透過出版刊物或網頁，來說明組織的理念與目標，卻較不擅長主動與媒體建立關係，或運用積極的公共關係策略，因而公共關係成效有限，這些都是非營利組織未來需要面對的問題。

問題與討論

1. 何謂公共關係？公共關係與行銷、廣告有何不同？
2. 非營利組織為何需要重視公共關係？試說明您的看法。
3. 試以一個非營利組織為對象，觀察該組織如何運用公共關係？並分析其成效為何？

NPO 小檔案

甘霖慈善基金會[4]

　　1945 年，台灣戰後滿目瘡痍之際，一位被尊稱爲「台灣孤兒之父」的美籍牧師高甘霖遠從美國前來參與創立東部慈善醫院、盲人關懷機構及育幼院，並在台灣各縣市開設家扶中心與基督教門諾會。有感於高甘霖牧師之善行，且爲了讓這有意義的工作能再擴大及深化，遂成立「財團法人台中市私立甘霖社會福利慈善事業基金會」。

　　基金會成立之目標在於創造「幼有所養、老有所終」的安和社會，讓老人及幼童等弱勢族群皆能感受到社會的愛和關懷。基金會延續門諾林森松柏中心、林森托兒所的原有工作，包含老人工作和兒童工作二大主軸。

　　在老人工作方面，分爲長青大學、日間照顧及送餐到府三大項重點工作，以日間托老導向爲主，讓高齡者白天過有尊嚴的生活，晚上在家享受天倫之樂。青年大學提供許多專爲老人設計的課程和活動；日間照顧則是以照顧失智長輩爲主，白天由照顧員陪同進行生活照顧及健康促進相關活動，讓高齡者得到如同「家」的照顧；送餐到府則是滿足長輩飲食上的特殊需求，也解決家屬照顧家中高齡者午餐的難題，同時從送餐過程中關懷高齡者的生活起居，遇有緊急狀況時協助通報及處理。至於不便外出的獨居老人除了提供送餐服務外，亦積極尋覓適合的地點將設立「老人會館」提供二十四小時全日照護，以達到更完善的老人服務。

　　在兒童工作方面，則考量目前社會結構及單親家庭所產生的社會需求，擬結合所長、教保人員與托兒所、安親班內所設置專業的幼童社工提供全方位的服務，使幼童得以獲得更貼近需求的照護。

　　爲了呼籲民眾參與愛心公益活動，基金會更推動單車傳愛活動，邀請民眾在耶誕節前夕，擔任一日志工，扮演耶誕老公公或天使，除了騎單車

4　甘霖慈善事業基金會（http://www.glsf.org.tw/htm/a01-1.asp，檢閱日期：2016/03/04）。甘霖基金會樂多家園（https://www.facebook.com/glsfph/info/?tab=page_info，檢閱日期：2016/03/04）。自由時報（http://news.ltn.com.tw/news/life/breakingnews/1163369，檢閱日期：2016/03/05）。

送餐盒外，還加贈一份耶誕禮物，透過這些工作及活動更加落實對老弱幼孺的關愛。

參考文獻

王振軒，2006，〈非營利組織與公共關係〉，《非營利組織管理學刊》，第4期，頁1-26。

王美欣，2010，《倡議型非營利組織的公共關係策略研究》，台北：國立台灣大學政治學研究所碩士論文。

吳定、張潤書、陳德禹、賴維堯、許立一，2007，《行政學（下）》，修訂再版，台北：國立空中大學。

林慶翰，1992，〈公共關係的真諦〉，收錄於銓敘部主編，《行政管理論文選輯第七輯》，台北：公保月刊社，頁403-419。

姚惠忠，2009，《公共關係學：原理與實務》，台北：五南。

徐木蘭、楊君琦、劉仲矩，1997，〈非營利組織公關策略之研究〉，《民意研究季刊》，第204期，頁1-25。

孫秀蕙，2009，《公共關係：理論、策略與研究實例》，台北：正中書局。

陳一香，2007，《公共關係：理論、策略與運用》，台北：雙葉。

陳政智，2010，《非營利組織管理》，台北：華都文化。

陳德禹，1989，〈公共關係概念分析〉，收錄於銓敘部主編，《行政管理論文選輯第四輯》，台北：公保月刊社，頁453-486。

陳德禹，1994，〈公共關係理論與實踐〉，收錄於銓敘部主編，《行政管理論文選輯第九輯》，台北：公保月刊社，頁553-593。

張在山，2004，《公共關係學（三版）》，台北：五南。

黃新福、盧偉斯，2006，《非營利組織與管理》，台北：國立空中大學。

傅肅良，1989，〈做好公共關係取得民眾支持〉，收錄於銓敘部主編，《行政管理論文選輯第四輯》，台北：公保月刊社，頁469-486。

楊乃藩，1992，〈政府機關的公共關係〉，收錄於銓敘部主編，《行政管理論文選輯第七輯》，台北：公保月刊社，頁421-450。

鄭自隆，2013，《公共關係：策略與管理》，新北市：前程文化。

鍾育南，2007，〈非營利組織公共關係若干問題探析〉，《北京工商大學學報（社會科學版）》，第22卷第4期，頁57-61。

第三篇
實際運作篇

第 **12** 章

非營利組織與社區發展

─────────── 前言 ───────────

　　台灣從貧困的農業社會生活過渡到現今，在走向高科技的工商業社會過程中付出了不少的代價。在這之中為了追求經濟的成長，人們所生存的環境、都市景觀逐一被破壞殆盡，長年下來嚴重影響居住的生活品質。隨著經濟穩定的成長，國家漸意識到過往一味追求經濟發展而忽視對生態保育的工作是不當的，因此近年來除了極力展開環境保護的相關工作外，更是積極的推動社區營造理念，讓人民得以由下而上的參與自身生活相關的公共事務，憑藉自身的努力建立出獨特的社區文化和提升居住的生活品質。然而，政府雖釋權給民間，也規劃經費來進行社區改造工作，但由於政府供給的資源、人力不足，以及過往封閉的統治形式，社區裡往往缺乏自主性的組織或經費，使得社區發展工作的執行不甚理想。

　　但上述的情況在解嚴後開始有所改變。解嚴後，新興的非營利組織為民間社會注入一股新的活力，除了在社會福利、環境保護等議題上扮演服務、倡導、教育的角色，也積極推動社區發展的工作。此時，由於政府體認到公民社會的重要性，同時瞭解地方性組織和團體的參與可以成為政府推動社區發展的助力，於是展開系列的方案與計畫，因而促使社區議題成為 1990 年代政府重要的施政方針（王仕圖，2013：187）。如內政部早期的「祥和計畫」、文建會（1994）的「社區總體營造」文化建設計畫、社會司（1997）的「福利社區計畫」等。

　　在本章中即以社區非營利組織為觀察的焦點，來論述社區非營利組織的角色功能和發展困境。因此，首先介紹社區的定義和社區發展的意涵；其次整理社區非營利組織的類型，探討社區非營利組織所扮演的角色和具備的要素；接著闡述社區非營利組織關注的議題與面臨之困境；最後整理非營利組織推動社區事務時可資運用的策略。

12-1 社區的相關概念

一、社區的定義

　　「社區」是源自於西方社會的產物，涵蓋著社群及共同體的概念，對我國來說近似於耳熟能詳的聚落或是庄頭。社區是個人與社會最緊密的連結，也是參與社會公共事務最基礎的環境。依據1999年頒定的《社區發展工作綱要》第二條規定，「社區，係指為經鄉（鎮、市、區）社區發展主管機關劃定，供為依法設立社區發展協會，推動社區發展工作之組織與活動區域。社區居民指設籍並居住本社區之居民。」由此可知，社區的建立不單是僅有一定的地域範圍，尚須有社區居民投入共同意識，協力推動社區的事務，否則社區將只會是個名詞的代稱，並處於一個零散的狀態。

　　社區之所以形成，是因為人們擁有的資源有限和面臨機會之限制，為了解決單獨個人無法解決的問題，而組成在一起（馮燕，2000：21）。對於社區的見解眾說紛紜，但總不脫離以下五個要素，其分別為（呂文皓，2003：5）：

（一）居民：社區由人所組成，但不限定須達多少的規模才可組成一個社區。

（二）地區：社區的地理要素包括社區自然形勢、天然資源、公共設施、交通及建築等，在此地區之內，居民互動的頻率較高。

（三）共同的關係：過去社區共同的關係著重於共同文化的背景，但自工業化、都市化後，社區的關係卻反而以共同的需要、共同的利益、共同的問題、共同的目標為重要的因素。

（四）社會的組織：社區居民必須有代表其若干關係的社會組織，此種組織可為正式或是非正式的，用以解決共同問題、達成共同目標。

（五）社區的意識：居住於某一社區的人對這個社區有一種心理上的
　　　結合，意即同屬感。

因此，總的來說，社區的特質必須至少包含有特定的地理區域或特定
範圍，成員之間須具有社會互動與認同及享有相互依存的共同關係或集體
意識（徐震，2002）。社區不只是地理範疇的象徵而已，還有社區中的人
群爲了共同的利害關係，發自內心的爲共同的訴求努力。

二、社區發展的意涵

依據社區發展工作綱要的規定，所謂的社區發展是指社區居民基於共
同的需要，循自動與互助的精神，配合政府的行政資源、技術指導，有效
運用各種資源來從事綜合建設，以改進社區居民的生活品質。由於社區發
展是一種造人和造產的組織動員過程，要使人們能快樂富足的生活於社區
中，關鍵便在於須改變社區居民的價值觀念與態度，讓人民可以產生自覺
自治的意願與能力（林勝義，1999；蔣玉蟬，2004）。在聯合國文獻中也
指出：社區發展的過程需要有兩個要素的協調配合，其中之一就是人民需
要自己參與並盡可能的靠自身的努力創造並改善其生活水準。另外，政府
需要以技術或其他的服務讓社區的民眾或組織更有效的自覺和互助，如此
才能促進社區多方面的進步（林瑞穗，1996：3）。

至於社區發展工作之推動，依社區發展綱要的規定，須經過調查、研
究、諮詢、協調、計畫、推行及評估等方式來辦理，學者 Capraaro 更是進
一步的提出三個階段的發展模式（參照圖12.1）：首先，社區裡的組織須
動員相關的學習機構，包括家庭、正式教育的學校機構、非正式教育的社
教機構一同創造社區人力資本；其次，社區的領導者須透過溝通與對話建
立起共同的願景，結合組織展開行動；最後社區才能展現社區商業機制的
成果（Capraaro, 2004，轉引自蔣玉蟬，2004：244）。

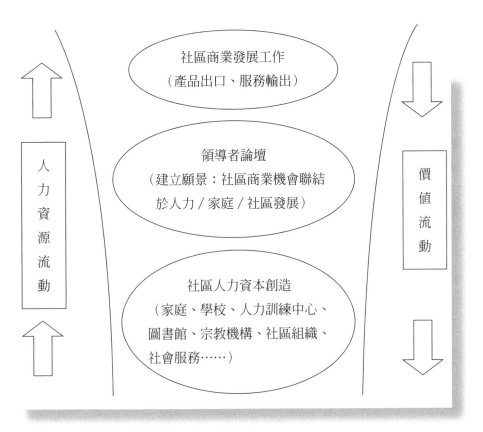

圖12.1　社區發展模式

資料來源：蔣玉嬋（2004：244）。

三、非營利組織與社區營造

　　社區營造是文建會（現已經改為文化部）在1994年為因應社會變遷所推出的一種整合性文化政策，希望以社區共同體的存在和意識作為前提和目標，藉著社區居民積極參與地方公共事務，凝聚社區共識，建立屬於自己地方的文化特色。其理念在激發社區的自主性與自發性，透過社區參與的民主方式，凝聚利害與共的社區意識，藉由知識教育、社造經驗的觀

摩學習,以及人力培訓與組織動員,喚起社區居民的在地意識之覺醒,以及關懷社區公共事務的熱情(廖俊松,2006:83)。而其目的乃是進行城鄉社區的特色形塑,為地方社區尋找最適合的發展,並設計學習的機制,整合社區組織、文史工作、文教基金會等非營利單位全力投入社區文化經營,喚起社區居民勇於關心、參與周遭公共事務,透過共識凝聚共同的願景,從經營自己的社區做起,由下而上呈現多元價值(郭瑞坤、王春勝、陳香利,2007:99)。

非營利組織因以追求社會公益為職志,關懷社會中特殊或弱勢的團體,及參與特定的議題,所以在社區營造的過程中,常可見非營利組織的參與,或是主導協助社區內的活動,一方面向地方社區伸出援手,形塑運動的價值觀,另一方面則有可能接受政府的邀請,參與政治體系的運作,藉此表達地方社區及民間社會在公共政策方面的主張,因此,非營利組織可以說是政府及社區之間的重要橋樑,對社區營造也產生重大的影響(徐世榮,1999:9)。

12-2 非營利組織參與社區發展的行動

一、社區非營利組織的類型

社區非營利組織基本上是以其所生存的社區作為關懷的起始點,這類型的組織多數利基於社區在某方面的資源不足(如照顧、文化、生態、休閒、環保等),而由一群熱心人士集結社區人士,為某一特定議題而努力,期望改善或解決該項議題。雖然每個社區所關心的議題不盡相同,但都是以社區為出發點,其行動者基於共同的價值理念,展開行動為社區尋求良好的發展,並不能單就少數幾個人的熱情,而是必須要動員社區的人力、物力,甚至是結合外部資源,才能達成其目標(王仕圖,2013:

193）。

　　社區非營利組織的分類依學者 Smith 與 Lipsky 的觀點，可以基於非營利組織與社區連結關係的差異，概分出三種不同類型（Smith & Lipsky, 2001，轉引自吳建昇，2005：30）：

（一）傳統的社會服務機構：此類型的組織甚少仰賴政府或是其他機構的資金的援助。因此，不受單一服務契約的約束，而可以提供較為多元的服務。

（二）與政府簽訂長期契約或因政府服務方案而成立的組織：此類型的組織大多仰賴政府經費的支援，因此，提供的服務或倡導的議題多半與政府政策相關。

（三）為了回應為滿足的社區需求而成立的組織：該類型的組織致力於解決當地所關注的議題需求，並運用志工去協助減輕社區問題。

　　社區非營利組織參與的服務項目多樣且豐富，會隨著社會環境需求的不同而有所調整，但因為非營利組織本質的特殊，故這些組織在參與社區事務時所扮演的角色和發揮之功能多少會受組織本身的規模及擁有資源的多寡所影響。

二、社區非營利組織扮演的角色、功能與具備要素

（一）社區非營利組織的角色

　　非營利組織在社區裡除了解決居民的問題、提供滿足居民需求的服務外，也協助居民爭取權益、倡導社區的議題。非營利組織投身於社區工作，不僅組織管理社區結社的力量，更替社區居民發聲並監督政府的作為。依據學者 Milofsky（1979）分析，在社區層次的非營利組織至少可以發揮下列三種影響力（馮燕，2000：22-23；官有垣、李宜興，2002：

89；蔣佳吟，2005：6-7）：

1. 社會力的展現

非營利組織的結合能夠形成一股力量，產生輻射發散的效果，其展現的效果有：使在發展中的社區顯得更為蓬勃與均衡、提供遭受到挫折或困難的個人一個適當的溝通方式及管道、給予安撫或支持的力量，具有穩定個人情緒的功能。

2. 社區整合

非營利組織在組成的過程中可凝聚社區成員共同的理想與需求，形成共識而產生互助合作的力量，以成就共同的目標。不僅如此，非營利組織的成員重疊性高，無形中也會加速社會流動，打破封閉社會中原有的階級界限，促進社會的交流。

3. 實踐人類最高層次需求目標的達成

非營利組織為個人開闢了更多自我實踐的管道，使個人有機會發揮自己的潛能，運用所長來貢獻社會。

由此可見，社區非營利組織提供社會一個民主實踐的場所，而透過組織的協助，輔導社區居民參與社區事務、活動，讓民眾成為社區的支持者和具體社區工作實踐者，使居民得以瞭解民主社會運行的寶貴經驗，也為公民社會奠定深厚的基礎。

（二）社區非營利組織的功能

晚近隨著工業革命及資訊改革的發展，社會劇烈的變化衍生出不少的社會問題。政府無力逐一解決，導致政治環境開放後社會團體蓬勃的竄起。90年代末，各地區陸續成立了許多社區文史工作室、社區發展協會或社區基金會，一同在社區積極推動鄉土關懷和土地認同等等的事務（陳其南、陳瑞樺，1998）。非營利組織在社區裡扮演著不可或缺的要角，其發揮的功能有下列幾項（蔡宏進，1996）：

1. 有助於發展個人能力以適應各種不同條件的社區生活：個人可從組

織的參與及與不同組織互動的過程中獲得多元的觀點和知識。如此
一來，不但有助個人能力的增長，也會增加適應社區的能力。

2. 增加工作效率並促進個人及社區整體利益：在社區服務提供的過程
當中，有投入參與的群體皆可獲取社區共享的利益，而且個人參與
社區組織的行動，還能幫助個人累積社會資本。

3. 社區組織的存在能有效制約個人的心理與行為，使其符合社會表
現。

4. 使個人獲得情緒與感受上的滿足：志願參與社區組織進行利他助人
的行為，可使個人獲得情感上的滿足。此外，社區組織具有強烈的
凝聚力可以提供成員心靈的寄託和支持，增進成員之間的關係。

（三）具備要素

　　目前社區非營利組織推動的業務內容主要以社區健康營造、社區環保
推動、社區安全維護、社會倫理建設及福利社區化等項目為主。一個社區
經營之所以能夠有聲有色，不僅非營利組織本身要有能力和遠見，社區裡
的居民也需要齊力的配合，以下歸納幾點成就良善社區應具備的要素（賴
兩陽，2004：69）：

1. 社區組織的領導人須有熱誠的感召，以消彌工業化及都市化對社區
造成的疏離感，否則社區的工作無法進行。

2. 社區工作的推動須有一個工作團隊為班底，故需要居民積極的參與
和支持。

3. 社區組織須具有方案規劃的能力，將社區的需求轉化為實際執行的
能力，帶動居民的參與。

4. 社區組織不僅需要有整合資源的能力，甚至還須具備發掘資源能
力，社區才得以永續經營。

5. 社區組織需要能夠掌握社區的特色，配合計畫的推動實施將特色加
以發揚光大，成為凝聚社區向心力的所在。

6. 社區組織須具有體察時代動脈的能力，不墨守成規，規劃出令人耳目一新的社區活動。

12-3 社區非營利組織關注之議題與困境

一、社區非營利組織關注之議題

　　非營利組織的定義廣泛，而且各個組織皆有自身特定的服務宗旨及定位，以社區非營利組織來說，成立的宗旨主要是靠著在地性的情感與社區居民建立感情，盡其所能的回應地方居民的需求。這類型的非營利組織除了配合政策落實福利的社區化，更重要的是以社會改革為己任，幫助社區居民爭取與政府對話的機會，說服政府聽取居民的訴求。作者嘗試歸納社區非營利組織倡導、改革所關注的議題如下（呂文浩，2003：10-12；李永展，1996：107-109；羅秀華，2004：152-153）：

（一）政經發展議題

　　台灣社會由農業變遷到現今的工商業社會，而工業化與都市化的現象，促成了家庭型態、人際關係的改變，人們對於地方事務缺乏參與的熱忱，對於新遷入的土地也欠缺共同體的意識和認同。不僅如此，在社會經濟快速的轉型下，地方文化因無法與資本主義相抗衡而逐漸消失殆盡。因此，社區非營利組織多致力於在地文化的推廣和傳統技藝的保存，如：社區影像的紀錄、社區劇場的展演、社區文化館的建立。

（二）居住品質與空間議題

　　工商業的發展讓自然生態遭受到無情的破壞，再加上都市建設的腳步趕不及都市人口的成長，造成交通混亂、垃圾淹腳目、噪音肆虐、公共安全堪虞等問題出現，讓民眾的生活品質、財產受到了挑戰。近年來非營利組織以其專業的能力協助居民解決社區的問題，藉由全體的力量來改

善鄰里空間,從事相關的規劃和推廣工作。如:社區生態環境改造、社區綠、美化、從事反污染的自力救濟運動(反國光石化、反六輕、反核廢等等)。

(三) 傳統產業衝擊議題

由於農村地區青壯年人口大量的流失,傳統產業面臨前所未有的挑戰,如何改善民生、消滅貧窮,社區非營利組織則可以發揮發掘和整合社區特色資源的能力。如:精緻農業、觀光果園、工藝技術的宣傳。另外,社區非營利組織也可協助農村社區居民極力爭取在權益所遭受到的損失,以獲得保障及補償救濟。

二、社區非營利組織發展之困境

一般來說,社區非營利組織以社團法人的性質居多,組織的成立標準規範不似財團法人般嚴格,因此在呼應社區居民多元需求下而成立的組織數量往往不少。社區腹地狹小,本身在資源上就不甚豐富,因此在面對眾多組織競爭的情況下,多半會面臨資源困窘的情況。再加上常會有民眾參與不足、專業人才不足等變動因素的干擾,故這些非營利組織在經營上所遭遇的困難,不會比在其他領域裡的非營利組織來的少。作者整理社區非營利組織可能遭遇的困境如下(賴兩陽,2004:70-71;黃文彥,2006:12-13;王仕圖,2007:111):

(一) 社區組織自主性不足

社區組織與村里辦公室有些功能會部分重疊,使得組織受制於村里辦公室,淪為政府行政體系指揮。再加上我國社區乃是由上而下所建構而成,政府單方面的指導和執行政策,使得社區組織往往缺乏應有的活力和自主性。

(二) 對政府經費的依賴

在社區組織的經費取得方面,除了整合社區內既有資源外,政府部門

的補助通常是主要經費的來源。然而政府的補助經費通常有時效性，當政策性任務告一段落之後，補助的金額可能日益減少，最後甚至中斷。因此，社區組織如欲永續經營，則需確保經費來源的穩定性，發展出一套社區自籌經費的模式，以降低組織對政府經費的依賴，並提升組織的自主性。另外，社區評鑑前後政府經費的投入也會影響社區組織的發展。通常社區組織在參加評鑑前，因有政府補助的經費得以推展社區活動、展現社區成果，但評鑑結束後，缺乏政府資金的投入，是否尚能維持水準乃頗受質疑。

（三）社區居民參與不夠

社區非營利組織的成員占居民的比例仍太少，而且社區的活動參與者也總是侷限於少部分的民眾，因此帶動力往往不足。其次，因為社區是公共財的一種，不僅無法排除他人的消費，一人消費也不會降低其他人對於該財貨的獲得。對居民來說，參與社區事務及活動需要付出成本，但個別不付出也可以坐享其成，因而讓社區的居民對於社區事務的參與產生怠惰的心態。

（四）社區受服務者轉化為服務者的功能仍須加強

社區活動往往會形成以有錢有閒者為主要的受服務者。然而若能創造一個學習平台，並以培養在地人的第二專長，並鼓勵這些人加入志工隊，回饋社會，應可以將社區受服務者轉化為服務者。

（五）社區發展工作呈現多頭馬車的情況

由於社區的劃分與鄰里行政區域相當一致，社區裡同時存在與居民生活最貼近的機構：村裡的地方政治組織和非營利組織，使得社區發展或意識有時呈現多頭馬車的情況。尤以在地方選舉時更是會糾纏不清，容易造成偏離凝聚社區意識的行動。

（六）社區資源缺乏整合

社區非營利組織的腹地及資源都是相當的有限，組織若缺乏整合的機

制，容易導致組織間資源的競爭。在此情況下，社區非營利組織若不能從外尋求援助，組織資源的競爭將會有害於社區發展工作的推動。因此，如何成功整合各項資源則考驗著社區組織領導者的智慧。

12-4 非營利組織推動社區事務的策略

非營利組織追求的宗旨與特性，在某種程度與社區擁有相當連結，因為彼此皆是基於共同的意志而行動，故雙方的合作將能為社區居民謀求最大多數的幸福。社區透過非營利組織的作為，具體表現公民與社區的力量，而非營利組織則是藉由滿足社區需求的過程去彰顯對社會公益的維護（吳建昇，2005：30-31）。非營利組織在社區裡雖彌補了政府及市場失靈的問題，讓與民切身相關的事務能被有效的處理，但由於社區事務具公共的特性，使組織在推動上容易遭遇困難，影響社區事務的推動成效，使其面臨事倍功半的窘境。因此，在本章最後將整理社區非營利組織推動社區事務可資運用的策略（汪憶伶，2004：433；蔣玉蟬，2004：248-250；王本壯，2005：30；許世雨，1997：39）：

一、建立社區志工隊

以社區當中某種特定的事件（社會問題或需求）來找出社區中最有可能的參與者，透過各種途徑引起這些群體的注意並引領其採取有效的行動解決。當居民投入志工行列後，除依個人的專長分配合適工作外，仍須教育其瞭解服務方案的效果及效益，以激勵其繼續參與的意願。例如龍潭鄉旗艦社區成立志工隊造訪當地教養院、老人安養中心、療養院等，即是機構與社區交流的最佳典範。

二、建立社區學習型組織

由於社區發展人力資本的創造是最基礎的工程，因此需要結合社區各種的學習資源和管道一起來推動。善用對話的學習方式，規劃學習的課程內容以對居民進行教育，讓居民可以從服務接受者轉變成服務的提供者，共同創造集體在地踐行的情境。例如宜蘭社區大學試圖改造地方社會的政治性參與公共事務的運作邏輯，讓民眾更具公民素養，透過參與者經歷「社造員培訓」過程，從過程中改變人心，並將新的思維帶回到所在社區的日常生活現場[1]。

三、觀念的調整

政府、非營利組織及社區民眾應屏除傳統的上下依賴關係的觀念。政府應先行開放社區的參與，而非營利組織乃扮演中介、潤滑的角色，讓民眾擁有公共事務的決策能力，並學習民主制度的過程，如此才能從上下依賴的關係轉化過渡到三角互補的關係。例如宜蘭仰山文教基金會積極推動宜蘭厝，十分受到政府的重視，因而促成內政部營建署城鄉新風貌改造計畫的形成，即是一件成功轉換上下依賴關係為夥伴關係的個案。而苗栗縣「社區規劃師專案管理中心」透過宣導政府對社區營造的需求及反映社區民眾在進行社區再造行動過程中的意見，使政府與社區民眾在開放的溝通平台上瞭解彼此的需求也是觀念調整為三角互補的實例[2]。

四、資源的互通交流

社區非營利組織因區域特質較強，較不容易吸引全國民眾的注意，因此在資源的取得能力也較弱。為了強化這類組織的經營能力，社區非營利組織可以嘗試與其他的非營利組織進行資訊的交流與合作，以互通有無，

---

[1] 方雅慧（2008：78-79）。
[2] 王本壯（2005：24）。

避免資源的浪費。此外，也可採行策略聯盟的方式以有效運用人力、物力並擴大影響力。如以文山社區大學為例，其合作的非營利組織包括人本文教基金會、崔媽媽社區服務中心、全景傳播基金會、自然步道協會、主婦聯盟、看守台灣協會等，不僅增加社區大學的課程內涵和學習內容，更可廣納社會資源與促進師資多元化[3]。又如長榮社區發展協會結合鄰近的成功大學附設醫院，利用長青食堂用餐時間與健康管理站的諮詢功能，推廣運動與健康概念[4]。

五、專業能力的提升

　　一般而言，相較於全國性的非營利組織規模較大，較容易吸引專業人才，社區非營利組織因有其在地的區域特性，組織規模有限，也不容易吸引外地的專業人才，因而限制組織的發展。為了解決此項困境，組織除了呼籲社區居民和志工主動學習並落實相關的專業訓練之外，可以考慮和當地的大學或教育機構合作，藉以吸引專家學者加入，以提升組織的專業度。如位於嘉義縣新港鄉的新港文教基金會在公部門文教機構和各界的支援下，於1998年以鄉村社區的能力舉辦國際社區兒童藝術節，證明了其長年經營累積豐厚的資源與經驗，使社區營造工作從地方走向國際[5]。

六、建立組織形象

　　組織可以先在社區、鄰里裡樹立口碑，再藉由傳播媒體及行銷的手段行銷組織。當組織的形象及公信力受到了他人的肯定，不但可為服務的社區帶來充足的資源，也可為組織本身爭取到更多與其他組織合作的機會。如1991年開始嘉義縣環保局與新港文教基金會合作，由基金會召集鄉內各志願性社團，在「環保若做，媽祖會呵咾」的活動號召下，推動所謂的

---

[3] 陳翠娥（2002：389）。
[4] 王仕圖（2007：131）。
[5] 官有垣、李宜興、謝祿宜（2006：30）。

「淨港計畫」，共同推行媽祖繞境期間環保、清潔工作，並藉此推廣環保概念[6]；又如花蓮縣社區健康營造中心推動「社區健康營造」計畫，藉由社區資源的投入及民眾參與，發掘社區的健康議題，建立社區健康機制[7]。

12-5 結語

　　台灣過去一直是由少數的政治菁英壟斷決策的權力，直至解嚴後民間的社會力量才得以發聲。早期在社區中組織是依附在政府的保護之下，協助政府推行社區的福利政策，但隨著政府態度的轉變及民智的開化，社區裡開始出現非營利組織。非營利組織自主的在社區裡建立網絡並與社區緊密結合，一方面彌補政府及市場失靈所造成的服務不足，另一方面，更是促使政府改變以往由上而下的治理模式，改由讓社區居民得以由下而上的提出訴求。由此可見，社區非營利組織不僅和其他類型的非營利組織一樣具有服務性的功能，還具備在地性的特質及發揮政治效用的功能。

　　對社區非營利組織來說，由於社區的腹地狹小、資源有限，並非每個社區的非營利組織都能夠獲得充足的資源，再加上社區公共事務有公共財的特質，容易限制社區事務的推動。雖然非營利組織在社區運作過程中面臨政治、資源、參與等困境，但是由於其所接觸的群體不只是組織的服務對象，也可能同時成為組織活動的主要成員，故組織應努力開發在地的人力資源，透過教育將居民轉換成服務的提供者而非接受者，以降低組織在社區內推動公共事務的阻礙。至於組織經常面臨的資源短缺之窘境，則可以嘗試藉由培養發掘社區特色的能力，帶動社區的商機，或是與外在組織建立策略聯盟，為社區爭取更多資源來加以彌補。因為唯有充足的資源與專業人力之投入，社區非營利組織才能夠提供更多元且完善的服務給社區居民。

---

[6]　蔣佳吟（2005：7）。
[7]　蔣佳吟（2005：8）。

問題與討論

1. 試問社區非營組織具有哪些特質是其他領域裡的非營利組織所沒有的？

2. 請問您認為在社區發展裡，非營利組織扮演了哪些角色和功能？試舉出一個實際案例。

3. 請問社區非營利組織在運作過程中會遇到哪些困難？針對這些困難又該如何解決？

NPO 小檔案

桃米生態村自然保育及生態旅遊協會[8]

● **背景介紹**

　　清道光年間洪雅族先進駐墾植，咸豐後閩粵漢人陸續進入開墾遂形成聚落。早期因魚池五城缺乏米糧，需至埔里購米，挑米經過之坑谷故取名「挑米坑」，光復後因戶籍普查調整時筆誤改為「桃米坑」；921震災後積極社區營造，因生態資源豐富，生態教育極為成功，故取名「桃米生態村」。桃米生態村旅遊協會位於埔里鎮西南方5公里處，是中潭公路（台21線）中之一個村落據點，面積18平方公里，海拔介於420-850公尺之間，區內80%丘陵地，少有開發，所以林相豐富，蘊育多樣性之物種。

　　透過文建會的小額核定計畫，經費雖僅區區柒萬元而已，但桃米協會非常有信心，發揮螞蟻雄兵的團隊精神，展現「桃米」的堅強意志力，無私無我奉獻，將草湳濕地一花一草一木，調查清楚，有系統的整理，分期分段的報導給社會各界分享。用實際的行動表達協會愛鄉護土的決心，也進一步證明「桃米解說員」的潛力是無限的。

　　桃米生態村所營造的就是要讓人感受不一樣，「健康、溫暖、希望、快樂、幸福」就是追求的目標。桃米協會的終極目的就是要「提升我們的心靈層次與生活品味」；竭誠的希望，從認識植物春夏秋冬的各種變化得到最好的啟示，讓桃米生態村的未來充滿希望。

● **人文資源**

　　全村369戶，人口約1,264人，主要寺廟有福同宮、祿天台，其他大小寺廟、道場達16座，以道教為主，佛教為輔。學校2所（暨南大學、桃源國小）。

---

[8] 桃米生態村自然保育及生態旅遊協會（http://www.taomi.tw/，檢閱日期：2016/03/13）。

● 自然資源

　　擁有好山、好水的桃米，地勢是生物多樣性最豐富的區位，維持相當面積的自然及低開發地區。具有得天獨厚多采多姿，複雜而多樣性的森林、河川、溼地及農業生態區，野生動植物及原野景觀豐沛。溪流大小共6條，溼地有草湳溼地、田份仔溼地、茅埔坑溼地，可供生態旅遊、教育研究之用。原生植被有水生植物、濱溪植物，天然林次生林各種林木及近百種的蕨類。這豐富的生態資源，比其他鄉鎮更具優勢，也是發展生態村的利基點。

● 產業概況

　　農業以竹筍、筊白筍、菇類、薑、蘿蔔、茶、花卉及金線蓮為主要。生態旅遊也結合村內導覽解說及產業體各種套裝遊程設計，已漸漸成為社區居民另一項收入來源之一。協會服務項目包含：埔里住宿、行程安排、旅遊諮詢、生態導覽解說。其他設施包括：精緻風味餐廳、停車場、桃米生態村特色民宿。

參考文獻

方雅慧，2008，〈偏鄉社區營造之啟動：宜蘭社區大學的課程案例〉，《教育實踐與研究》，第21卷第1期，頁65-96。

王仕圖，2007，〈社區型非營利組織資源動員與整合：以社區發展協會為例〉，《台灣社會福利學刊》，第5卷第2期，頁103-137。

王仕圖，2013，〈非營利組織在社區照顧服務的協調合作：以社區照顧關懷據點為例〉，《臺大社工學刊》，第27期，頁185-2287。

王本壯，2005，〈公民參與社區總體營造相關計畫執行之行動研究——以苗栗縣推動社區規劃師運作模式為例〉，《公共行政學報》，第17期，頁1-35。

吳建昇，2005，《探討社區型非營利組織與社區之互動：以新港文教基金會為例》，嘉義：中正大學社會福利研究所碩士論文。

呂文皓，2003，《社區發展中非營利組織其角色與功能之研究：以船仔頭文教基金會為例》，嘉義：南華大學非營利事業管理研究所碩士論文。

李永展，1996，〈社區環境之用續發展〉，《社區發展季刊》，第73期，頁106-113。

汪憶伶，2004，〈社區志願組織發展歷程之探討──以台中縣東海村社區志工隊為例〉，《社區發展季刊》，第107期，頁426-443。

官有垣、李宜興，2002，〈地方民間組織與政府在社區營造的夥伴關係：以嘉義新港文教基金會推動淨港計劃為例〉，《研考雙月刊》，第229期，頁87-98。

官有垣、李宜興、謝祿宜，2006，〈社區型基金會的治理研究：以嘉義新港和宜蘭仰山兩家文教基金會為案例〉，《公共行政學報》，第18期，頁21-50。

林勝義，1999，《社會教育多元論》，台北：五南。

林瑞穗，1996，《社區發展與村里組織功能問題之探討》，台北：行政院研究發展考核委員會。

徐世榮，1999，〈新社會運動、非營利組織與社區意識的興起〉，《中國行政》，第6期，頁1-20。

徐震，2002，《社區與社區發展》，台北：正中。

許世雨，1997，〈非營利組織的社會服務功能〉，收錄於司徒達賢等著，《非營利組織經營管理研修粹要》，台北：洪建全基金會，頁29-44。

郭瑞坤、王春勝、陳香利，2007，〈居民社區培力與社會資本、社區意識關聯性之研究──以高雄市港口社區為例〉，《公共事務評論》，第8卷第2期，頁97-129。

陳其南、陳瑞樺，1998，〈台灣社區營造運動之回顧〉，《研考報導》，第41期，頁21-37。

陳翠娥，2002，〈非營利組織與公民意識〉，收錄於江明修主編，《非營利

管理》，台北：智勝，頁69-402。

馮燕，2000，〈非營利組織的定義、功能與發展〉，收錄於蕭新煌主編，《非營利組織部門：組織與運作》，台北：巨流，頁1-42。

黃文彥，2006，〈合作與參與：社區發展的困境與策略〉，《社區發展季刊》，第115期，頁408-417。

廖俊松，2006，〈非營利組織與福利社區營造──龍眼社區之經驗分析〉，《環境與藝術期刊》，第4期，頁81-94。

蔣玉蟬，2004，〈地方文化產業營造與社區發展〉，《社區發展季刊》，第107期，頁241-251。

蔣佳吟，2005，〈非營利組織與社區的關係：公民社會文化的延伸〉，《理論與實務》，第16期，頁33-57。

蔡宏進，1996，《社區原理》，台北：三民。

賴兩陽，2004，〈社區發展協會推動福利社區化策略分析〉，《社區發展季刊》，第106期，頁68-78。

羅秀華，2004，〈社區自主與政策的對話〉，《社區發展季刊》，第107期，頁146-157。

第 **13** 章
非營利組織與社會福利

────────── 前言 ──────────

　　隨著政治開放與經濟成長，社會發展日趨多元，公民的權利意識逐漸
被喚醒，對於許多公共議題開始提出了各種不同的需求。而針對特定的社
會議題，當政府與市場無法滿足公民需求時，一群具有共同理念的公民，
自動自發組成團體，期許促使社會問題的改善與解決。伴隨著大型災難的
陸續發生、人們需求的多樣化，以及高齡化社會的到來等諸多因素，眾多
學者對於非營利組織在處理政府與市場侷限性的事務方面，亦產生了濃厚
的興趣以及重視。簡單來說，非營利組織興起遠溯於人類的互助與慈善行
為，不但反映出社會的需求，也代表著個人的社會價值可以透過群體來加
以實現。

　　近年來，隨著少子高齡化問題的日益深刻，單靠政府單一部門所提供
之公共服務已經難以滿足社會大眾多元的需求。因此，為解決公共服務不
足的問題，政府部門不得不向外尋求外部資源的協助，非營利組織即是在
此種背景下所興起之產物，特別是社會福利服務輸送型非營利組織（以下
簡稱「社福型非營利組織」），受到高齡化與社會福利需求日益增多的影
響，其所扮演的角色與功能日漸增強，直接涉入福利服務的供給或議題的
倡導，在我國社會福利服務的輸送上具有舉足輕重之地位。

　　基於上述，本章首先整理我國非營利組織與社會福利的關係；其次闡
述非營利組織在社會福利輸送上與政府的合作模式，以及產生的優缺點；
最後則探討非營利組織在執行社會福利輸送時所可能面臨的困境。

13-1 我國非營利組織與社會福利的關係

一、社會福利的源起

　　社會福利的觀念始源於 17 世紀，從英國所通過的《濟貧法》呈現出國家對於窮人的生活負有公共責任與社會連帶責任後，接連其他的國家也逐漸重視，如美國於 1824 年公布的《葉慈報告》強調福利與服務的施行對象應是具有工作能力的窮人，而無力工作者應強迫其勞動習慣和自力更生的價值觀（社論，2005：1-2）。國家對窮困階級群體的照顧一直持續至今，除了正視貧窮的議題之外，隨著政治、經濟、社會環境的變遷，老人、婦女、兒童等弱勢群體也漸納入了社會福利關懷的範圍。政府將解決社會產生的問題視爲是國家治理重要責任之一，而人民接受國家的救濟也是一種應得的法定權益。

　　依據我國憲法增修條文第十條第八項的規定，社會福利是指社會救助、福利服務、國民就業、社會保險、醫療保健等福利事項。因此，社會福利的意涵是指國家爲了預防或解決其社會成員因遭受疾病、生育、勞動災害、失業、殘廢、老年及死亡等社會問題，導致所得中斷或減少而引發社會或經濟困境等問題，所提供的公共設施與各種給付。也就是針對解決個人因社會風險發生的問題，所爲的公共措施或給付（李玉君，2003：76）。

　　當前我國社會福利推展的情況有：（1）兒童方面：重視兒童托育服務、推動兒童人權、兒童保護服務、早期療育服務等；（2）少年方面：輔導興設少年福利機構、辦理兒童及少年性交易防制工作、配合司法體系辦理少年轉向安置工作等；（3）婦女方面：促進婦女權益發展、落實婦女人身安全保障、提供特殊境遇婦女各項生活扶助等；（4）老人方面：提供經濟安全、教育及休閒育樂、辦理老人安養服務方案、提供居家、社區照護服務等；（5）身心障礙者方面：提供經濟保障服務、辦理托育養護及社區

照顧服務、規劃財產信託制度等；（6）執行性侵害及家庭暴力防治工作的推動；（7）社區發展與志願服務方面：凝聚社區力量推展社區發展工作、辦理志願服務法相關事項[1]（行政院經濟建設委員會，2001：13）。

二、我國社會福利發展過程

　　從經濟發展來看，我國社會福利發展的過程背景可以分為下列三個階段，分別說明之（林慧芬[2]，2003；邱瑜瑾，2009：321-322）：

（一）早期農業社會時期的社會福利

　　早期農業社會的台灣生活相當貧困，社會救濟的工作在民間的廟宇、地方慈善和公德會等地方常零星可見。在1940-50年代的台灣社會，本土型民間非營利組織並不發達，主要的社會福利還是由公部門所供應。在此時期的福利提供，無論行政組織與預算配置都是中央集權又集錢，不僅地方政府所提供的殘補式服務皆要仰賴中央政府的經費才有辦法推動，即使民間要加入福利輸送的行列，絕大部分的經費來源也還是要透過政府的供給。1950年台灣為因應政策及社會發展的需求，接受了外國的援助，由國際非營利組織「基督教兒童福利基金會」（CCF）引進了社會工作專業的服務模式和制度，讓政府單方面的服務遞送也能與非營利組織一同來分擔，發揮更有效率的救濟貧窮與災難援助工作。

（二）中期經濟發展階段的社會福利

　　1961-1980年代的台灣雖以進口替代帶動了經濟的起飛，但政治上卻因退出聯合國而少了國際的援助。國家面臨政治、經濟的重大轉變，為了鞏固統治政權的合法性推動了各種社會福利政策與措施。1960年代初期，台灣的非營利組織還停留在移植國外的模式，後期才開始朝向援外組

---

[1]　行政院經濟建設委員會（http://www.cepd.gov.tw/m1.aspx?sNo=0008930，檢閱日期：2011/03/20）。

[2]　國家政策論壇（http://old.npf.org.tw/monthly/0304/theme-207.htm，檢閱日期：2016/03/13）。

織在地化與本土化發展，非營利組織不僅提供服務，也開始發揮倡導者的角色，並擴大服務範圍，深入社區進行社會關懷。如：基督教兒童福利基金會從專門收容貧困的失親兒童，延伸至關注兒童保護的權益問題；而世界展望會則將資助兒童的關懷中心遍及於全國各山地區。

（三）後工業化社會福利的發展

1980 年代初期，台灣社會的產業結構從勞力密集轉變成資本密集的高科技產業，大量的人口由鄉村往城市遷移，加速了都市化的程度。不僅如此，經濟的發展也使得社會與家庭結構發生變遷，致使人民不但對居住與公共服務的要求不斷增加，社會更出現了老人、兒童、低收入戶、身心障礙者、失業人口等更多照護的需求。為了滿足福利照顧、安養照護及經濟安全的保障，政府接連通過了許多社會福利的法案，如老人福利法、社會救助法與身心障礙者保護法等等。1980 年代末期社會運動因解嚴而蓬勃發展，民間自主性的崛起要求國家有建立更完善的社會安全體制的必要性，因此福利多元主義的概念引起了相當廣泛之討論。

近年來社會福利的發展有下列幾項趨勢：（1）福利私有化趨勢：在福利的提供上，公部門不再只是唯一的提供者，開始有社會福利的方案委託、公設民營、照顧服務產業化等的態樣出現。（2）社區提供福利服務趨勢，強調「在地老化」、「在宅服務」等福利社區化的提供概念。（3）福利服務的去中心化（decentralization）：指將原本由中央政府統籌分配的社會福利補助款，改為一般性的補助款，由地方政府基於財政自主性的原則自行運用。但社會福利的主導權在下放到地方以後，雖減輕中央政府的業務壓力，卻使得社會福利變成「一國多治」，各縣市政府對福利內容的給付標準門檻不一，而所提供的福利措施也各縣市不同。

總結上述，過去台灣社會福利的施行絕大多數是仰賴中央或地方政府提供，或是由其挹注經費協助私人福利機構推動。隨著國家社會經濟結構的變遷與社會福利多元的需求，現今社會福利的供給模式，政府已不再是

單一選項，民間非營利組織逐漸成為了政府的合作夥伴，而組織也不再僅重視弱勢者的個人需求，開始走向以家庭或是社區為單位，從服務的過程或活動中發現更多衍生的社會需求，積極的運用社區資源聯合策略以執行服務計畫，改善社區成員的勞動生產條件，用以照顧成員的生活品質（邱瑜瑾，2009：331）。

13-2 非營利組織在社會福利上與政府的互動

一般皆認為傳統社會福利輸送是政府的職責，但1980年代晚期受到新公共管理（New Public Management, NPM）思潮的影響，國家被要求釋放權力，朝向小而美的型態發展，故在此基礎上由民間組織承接社會福利相關業務的規劃與執行乃成為一種趨勢。

在台灣，近20多年來因政治的自由化、民主化及教育的普及，使得非營利組織在數量、經營型態及品質上皆呈大幅增加。伴隨非營利組織大幅成長及各級政府所推動的社會福利方案不斷的增加，兩者之間的協調合作關係也呈現多元化的方式（劉麗雯，2004：6-7）。在社會福利走向公設民營、方案委託等合作模式的過程當中，政府與非營利組織間相互截長補短、分工支援。透過新的合作方式，一方面可以發揮政府服務資源的穩定與公平正義，另一方面也可藉由民間機構彈性、創新等特性，為弱勢族群提供具體適切的服務。然而，基於政府部門與非營利組織性質的差異，雙方仍可能會因各自角色定位不明或信任度不夠而發生摩擦與衝突，因而彼此的合作可謂是一種既競爭又合作、既依賴又自主的關係（行政院經濟建設委員會，2001：7；鄭讚源，1997）。

一、非營利組織與政府在社會福利上的合作模式

　　以往，社會福利服務的輸送政府總是努力創造各種服務或是擬定各種福利政策，盡量撥經費來照顧弱勢族群。但若單純以政府的力量來提供社會福利服務可能會面臨以下三個問題：（1）以政府有限的資源與財力，越來越難以面對民間無限的需求；（2）社會福利預算的大量花費，並未能如預期達到目標（如：降低社會貧富不均）；（3）政府以科層體制提供社會福利，可能會慢慢演變成許多資源只是為專業人員、政府官員或是民意代表而服務，並未能讓案主真正感受到。因此，現今社會福利的領域開始結合民間資源與力量來推展各項社會福利方案，讓福利的責任由政府、營利部門、非營利部門及家庭社區共同來負擔（黃慶讚，2000：292-293）。

　　為了使政府與民間組織合作能順利進行，內政部於1997年公布了《推動社會福利民營化實施要點及契約書範本》，以契約的方式委託依法登記的財團法人或公益社團辦理非營利的社會福利服務，目的是希望結合社會資源，委託民間共同推展社會福利服務（蘇麗瓊、陳素春、陳美蕙，2005：8）。台灣地區政府委託民間辦理社會福利的經驗可歸結如下（林萬億，1997：27-33；黃源協，2001：20）：

（一）70 年代前主要以「個案委託」的方式

　　個案委託是依服務對象的特殊需求而做特定的服務委託，委託服務的產生是因政府公辦的收容所不敷使用所致。當時委託的對象以長期需要照顧的無依老人、兒童、殘障者和精神病患為主，而委託的經費則是以收容的人數或單位來計算。對於辦理或救濟成效佳的組織，政府也有明訂辦法予以金錢獎勵或是公開表揚來答謝其幫助。

（二）70 年代則是以方案委託為主

　　指政府將預定要從事社會福利的方案或活動委託給民間機構執行，政府利用方案委託的方式一方面可解決人員編制的問題，另一方面也藉此扶植及監督民間的社會福利事業發展。此類型的委託經費以預定完成整體方

案的金額做計算，以身心障礙者的職業訓練與安置和重病癱瘓院民看護業務委外為主。經由委託方案的分散，不僅可使社會資源達到再分配的效果，也讓非營利組織建立起知名度和公信力，為組織爭取資源以改善其設施。

（三）80 年代公設民營模式崛起

在此階段，受託單位的甄選由主動徵詢特定對象的意願轉變為公開招標，再依據應徵者的計畫內容和機構聲望作為評選的標準。政府部門會規劃福利服務提供的方式、項目、對象，並提供大部分或全部經費、設施、設備，透過與非營利組織建立的契約關係，將服務委由民間來執行。如：1985 年台北市政府委託第一兒童發展文教基金會辦理的台北市博愛兒童發展中心，即首開國內公設民營之先河。

二、非營利組織承辦政府社會福利工作的優缺點

政府委託民間辦理社會福利服務已是一種趨勢，這樣的方式不僅可以提升公共服務的品質與效率，也能夠適度的解決非營利組織在籌措資源時所遇到的困難。以下將分別說明非營利組織承接政府社會服務工作的優缺點（江亮演、應國福，2005：63-66；黃琢嵩、吳淑芬、劉寶娟，2005：150-153；林萬億，1997：40-41；劉淑瓊，2001：42-45；邱瑜瑾，2009：328-329）：

（一）優點

1. 可以拓展服務項目、服務對象與地區。
2. 可增加政府補助的收入，並瞭解各種社會資源而加以有效運用。
3. 可提升組織人員的工作士氣和補充各種專業人力與服務人員。
4. 可獲得政府在機構場地與設備方面的支援。
5. 可以增加提高組織的專業形象。

（二）缺點

1. 政府援用的法令及契約的規範過多，在合約的限制下營運的自主性恐受束縛與干預，或是造成使命轉移的問題。如：在徵求公告、業務、收費標準、服務對象的限制。

2. 委辦的補助經費不足或是未能補助專業人力的費用，致使無法提升服務的品質。

3. 配合政府要求對特定服務對象辦理特定的工作項目，將影響組織在其他服務項目的推展，同時亦會造成組織管理的不便和對外市場競爭上的不利與負擔。

4. 合作雙方難擺脫各自的本位角色，過度的依賴或是監督皆會造成運作上的不便，同時也難以建立對等的互動關係。

13-3 非營利組織執行社會福利服務的困境

我國自解嚴後，由於社會環境的變化與人民團體法開放民眾自由結社，促使社會團體快速的成長，其中又以「社會服務及公益慈善團體」的數量最多。雖然非營利組織在政府提倡社會福利私有化的政策下，承接了不少福利事業的業務，但是民間社福型非營利組織並無法像政府可以經由稅收來維持其運作，也無法像企業組織般可以輕易地經由投資、生產、銷售而產生利潤來維持生存，所以必須仰賴其他管道來籌措財源，以實現使命及確保服務的品質與連續性（鄭怡世、張英陣，2001：2）。此外，社福型非營利組織是人力密集的產業，再加上因為涉及專業服務的提供，民眾對於組織的要求自然也會特別重視，以下將針對非營利組織執行社會福利服務可能遇到的問題進行說明分析：

一、經費短缺的問題

在台灣，社會福利組織除依法接受政府定期輔導、評鑑外，亦有權參與各級政府所委託的業務。由於社會福利提供的服務涉及的議題多且廣，因此在數量上，此類型的組織自然會比其他類型的非營利組織來的多，而較容易出現資源競爭的情形。另外，政府的福利資源有限，無法滿足所有社會福利團體的需求，再加上施政有其優先順序，並非所有社福團體所需的業務皆能編列在預算中，即使政府另外提供社福團體獎補助，仍屬杯水車薪，無法嘉惠所有的團體[3]。不僅如此，政府在推動外包、公設民營及方案委託時，也會進行組織評估與參考往年的合作關係，在此情況下，對於小型或是知名度不高的組織會造成排擠的現象，以致出現社福組織大者恆大、小者恆小或消失的局面[4]。

對社福型非營利組織而言，除了政府的委託是不可或缺的財源外，社會大眾更是組織募集資源的主要來源。近幾年來在報章新聞的版面上常可見到，社福型非營利組織經費告急，亟待社會大眾援助的消息，即使是大型、知名的社福團體也聲明募集的經費也較往年縮減了不少，造成組織運作上的困難。此外，社福型非營利組織的經費容易受到經濟景氣波動的影響，導致民眾捐款的意願及額度降低。不僅如此，重大災害事件的發生也會左右社會大眾的捐款，因為此時社會大眾的目光通常關注於災區，導致資源的流向轉移（鄭讚源，2003：71-73）。例如2011年日本發生311大地震，台灣民眾雖發揮愛心踴躍捐款，但卻因捐款全部湧向災難捐款，而排擠到國內小型社福團體的募捐[5]，因此，維持經費來源的穩定可說是社福

---

[3] 國政評論（http://www.npf.org.tw/post/1/9015，檢閱日期：2016/03/13）。

[4] 自由時報電子報（http://www.libertytimes.com.tw/2007/new/mar/15/today-life8.htm，檢閱日期：2016/03/13）。

[5] 以育成社福基金會為例，日本311地震前後，該基金會的郵政劃撥捐款足足少了30%，而至善社會福利基金會也指出，往年的原住民小朋友「陪你長大計畫」，若以徵求800位助養人為目標，每位助養人提供600元，以往訊息一出，1週內就可達到2、3成目標，但今年訊息出來後1週就遇到日本311地震，經過了1個月助養人數也才約22位。而雲南貧童助學計畫，有300位貧童需認養，但目前也才22位認養人，影響非常大（http://

型非營利組織亟需解決的重要課題。

二、服務提供的問題

近年來，「全面品質管理」的思潮受到各界的重視。若以此觀念來分析非營利組織參與社會福利的現況，可以有下列幾項重要的問題（邱瑜瑾，2009：334-336）：

首先在制度問題上，由於台灣社會福利服務機構在制度的過程當中越來越朝向同質性發展，為了爭取經費，往往使得非營利組織方案的重疊性過高，將焦點著重於老人照護、兒童課輔、外籍配偶群體等服務，對於少數需求的特殊個案，如愛滋病、同性戀、遊民等的服務就較忽視。其次，在服務體系的雙重性方面，非營利組織與營利組織有時會進行同類型服務的提供，雖然非營利組織有專業的人力，但是數量、種類不足，也缺乏行銷、募款方面的人才，往往無法與營利組織競爭。最後，在服務品質與績效問題上，由於非營利組織所提供的服務多以無形方式出現，服務的績效難以量化，僅以受益者滿意度作為衡量標準則稍嫌不足，至少還要納入捐贈人滿意程度、組織提供服務的成果及組織提供服務內涵的項目在內。

三、人力結構的問題

社會福利是人力密集的產業，而這些人也因為從事專業的工作服務，所以往往被課以較高的要求。彼得‧杜拉克曾說過這類的人員需在平權、獨立且自主性高的組織氛圍下工作，才能發揮個人的潛力，達到高品質的工作表現（邱瑜瑾，2006：330）。然而，台灣的社會工作在近一、二十年，因為兒童福利法、性侵害犯罪防治法、家庭暴力防治法通過，以及各縣市性侵害暨家庭暴力防治中心的成立，使得社會工作領域越趨專業，增加社工人員的負擔。社工人員平時除了要承受許多被害人的身心困境壓力

news.chinatimes.com/society/110503/132011041700386.html，檢閱日期：2011/04/18）。

外，還要面對加害人或案家的騷擾與暴力傷害，甚至還須在夜間備勤或出勤，因此，最近不斷的爆發出社工人員過勞死的事件[6]。整體而言，台灣社工的需求量驚人，但是因為社工福利不佳、工作權未受保障，造成社工的流動性居高不下。因此，希望社會服務提供品質能夠良好，重視員工們相對的權益，給予合理的給薪制度都是迫切需要改進的。

　　非營利組織從事社會福利的工作，經費及人力是兩大不可或缺的資源。在台灣，民眾參與社會服務的意願有增加的趨勢，這雖然可以減輕非營利組織在人力經費上的支出，但是這些志願服務仍有許多的困難和瓶頸的存在，需要政府機關和非營利組織在規劃運用上加以協調。以下將分述非營利組織在運用志願人力時所可能面臨的問題（曾華源、曾騰光，2003）：

（一）非營利組織除了財力及物力缺乏，在人力資源的應用上，也常常無法招募到適任和足量的志工。

（二）國內志工服務網絡不完備，參與資訊管道流通不足，使得有興趣的志工無法參與或是造成許多服務重疊和資源浪費。

（三）志工可能因能力、工作倦怠、服務熱忱降低而促使流動率偏高，讓服務效果不易持續，業務無法順利推展。

（四）非營利組織內部運作體系若未臻健全，對志工角色定位不清，會對志工缺乏拘束力。如果再因為未能與外在環境條件充分配合，無法建立良好的組織氣候，更是會造成志工效率低落及離隊率高。

（五）志工的工作多從事重複且經常性的工作，或是瑣碎及次要性的工作，這對志工來說缺乏挑戰性，常使其覺得不受重視。

---

[6]　現代婦女基金會（http://tw.myblog.yahoo.com/mwf38mwf38/article?mid=1034&sc=1，檢閱日期：2011/03/20）。

四、未能建立策略聯盟網絡

　　策略聯盟原本是企業界提升競爭力的重要策略，目的在透過合作的關係，共同化解企業本身的弱點、強化本身的優點，以提升企業整體的競爭力。這個概念後來被援引成為許多組織學習的重要管理策略（林淑馨，2008：58-59）。在社會福利領域裡，非營利組織中也有許多聯盟的方式存在，尤其是在議題方面，若組織擁有共同的願景而願意參與推動，則能促使策略聯盟的產生。目前各類非營利組織的發展情況，組織之間的聯盟關係較常發生於倡導性的社會運動或者政治行動組織（劉麗雯，2004：53）。尤其是台灣社福型非營利組織，有著經營時間短、規模小、市場化不足等三大特徵（呂朝賢、郭俊巖，2003：3）。加上政治、經濟、社會、文化，以及技術等不同面向的大環境變遷，使得非營利組織無論規模大小皆必須面對環境和資源的不確定性。因此，社福型非營利組織如能透過策略聯盟的方式，藉由同質性非營利組織間合作關係之建立，適時整合各項資源，以減輕組織的負擔，同時增強組織的影響力，將能創造效益最大化的空間。

13-4 結語

　　早期社會福利的功能著重在於救濟貧窮，除了部分慈善家願意提供支助外，此類型的服務多半由政府所提供。爾後，隨著國際情勢的改變，國家不再有外援的幫助，政府為自立自強，將國外移植的福利輸送制度轉換為在地的發展，甚而與非營利組織一同合作，以彌補自身在社會服務供給上的不足。近年來非營利組織在社會福利的需求上扮演的角色越趨重要，政府與非營利組織在互動上漸消除上下監控的關係，雙方透過個案委託、方案委託、公設民營等的方式來提供服務，不過這樣的方式多少會產生一

些問題，如角色定位的混淆、商業化、組織自主性、服務無法持續的情況
發生。雖然非營利組織參與政府委託服務仍存有些問題，但是雙方的合作
乃是一種社會趨勢，對於所存在問題的隱憂，政府跟非營利組織皆要有所
重視，正視這些問題並加以探討解決。

　　此外，對於從事社會福利工作的非營利組織而言，穩定的經費固然重
要，但專業人力的獲得與充足志工人力的確保更是不可或缺。然因現今台
灣社會存在政府對專業人員的保護及志願服務制度的不足，導致人力流失
與資源浪費的現象，同時部分非營利組織也出現規劃和運作不當的問題，
致使服務的效果無法持續進行。在此情況下，意味著社會福利服務的供給
品質產生了瓶頸，未來如欲增加非營利組織在社會福利輸送的完備性，政
府的首要之務應是協助處理非營利組織在執行社會福利工作時所可能遭遇
的種種困境。

問題與討論

1. 請分組觀察我國成立 5 年、10 年和 20 年的社福型非營利組織，在
   社會服務供給上有何變化？
2. 請分組討論非營利組織承辦政府社會福利工作的優缺點？並各找一
   個個案來說明之。
3. 請分析台灣非營利組織在福利服務供給上面臨哪些問題？

NPO 小檔案

財團法人主婦聯盟環境保護基金會[7]

一、組織緣起

　　1987 年初，一群主婦有感於社會型態的急遽變遷，身為社會的一份子，不能再坐視生活週遭的種種環境病態、教育缺失。於是他們以「勇於開口，敏於行動，樂於承擔」自許，決心從自己做起，來改善環境，提升生活素質，「主婦聯盟」於是誕生。1989 年主婦聯盟正式立案，成立「財團法人主婦聯盟環境保護基金會」。

二、組織使命

　　結合婦女力量，關懷社會，促進兩性和諧，改善生活環境，提升生活品質。

三、服務內容或運作方式

　　由參與者合作思考，共同決策，分組執行的民間組織，其組成可分成台北總部與台中工作室兩區，首先台北主婦聯盟之服務內容與運作，可分成五項功能業務之委員會：環境保護委員會、教育委員會（親子數學小組）、婦女成長委員會、消費品質委員會及會訊編輯小組。接著在 1990 年成立台中工作室，以促進中部地區婦女廣泛社會參與，關懷人文及自然環境，喚醒民眾加入綠色消費行列，提升生活品質，促進兩性和諧為目標成立。

　　主婦聯盟服務內容與運作方式如下：

（一）環境保護委員會：提供環保新知；透過環境教育研習，培養環境保護宣導人才，共同推動環境保護理念；以生活實踐方式改善生活品質。例如環保媽媽營、廚餘堆肥與回收皂製作、自備

---

[7] 整理自財團法人主婦聯盟環境保護基金會官網（http://www.huf.org.tw/bulletin/int01. htm，檢閱日期：2016/03/13）。

環保餐包及共組「反核行動聯盟」、「生態保育聯盟」等跨團體組織。

(二) 教育委員會（包含親子數學小組）：結合關心教育的家長，共同關心學校教育與教育政策，提升教育品質，並普及學習權與父母教育權的觀念。例如親子數學小組、「校園步道」、「數學步道」以利於鄉土教學之進行、參與學校教育有關政策之制定與參與教育改造活動等。

(三) 婦女成長委員會：以互助合作方式，開發婦女潛能，關懷婦女權益，培養婦女自信，促進兩性和諧，提升婦女參與社會服務之能力。例如：開辦講座與成長團體等。

(四) 消費品質委員會：思考「生活」本質，實踐簡樸的、綠色的消費生活，以期環境問題獲得改善。例如：舉辦「生產者之旅」的產地參觀、藉由「共同購買」協助弱勢與鼓勵好的生產者。

(五) 會訊編輯小組：結合喜愛寫作的婦女，經由社會參與，透過文字呈現本會工作目標與組織動態，培養採訪、編寫能力。例如：編輯每月會訊、協助出版本會摺頁、書籍。

參考文獻

江亮演、應國福，2005，〈社會福利與公設民營化制度之探討〉，《社區發展季刊》，第 108 期，頁 54-72。

呂朝賢、郭俊巖，2003，〈地方政府與福利型非營利組織之關係：以嘉義地區為例〉，《國立空中大學社會科學學報》，第 11 期，頁 143-175。

李玉君，2003，〈社會福利民營化法律觀點之探討〉，《月旦法學》，第 102 期，頁 74-93。

林淑馨，2008，〈社福型非營利組織與政府在服務輸送互動上之困境分析〉，《社區發展季刊》，第 122 期，頁 47-61。

林萬億，1997，《社會福利公設民營模式與法制之研究》，台北：行政院內

政部。

社論，2005，〈超越依賴與對抗──福利民營化的思維〉，《社區發展季刊》，第108期，頁1-2。

邱瑜瑾，2006，〈台灣社會福利暨慈善基金會〉，收錄於蕭新煌、江明修、官有垣主編，《基金會在台灣：結構與類型》，台北：巨流，頁307-357。

邱瑜瑾，2009〈非營利組織與社會福利服務〉，收錄於蕭新煌、官有垣、陸宛蘋主編，《非營利部門：組織與運作（第二版）》，台北：巨流，頁320-341。

曾華源、曾騰光，2003，《志願服務概論》，台北：揚智。

黃琢嵩、吳淑芬、劉寶娟，2005，〈社會福利團體承接政府公設民營服務之省思〉，《社區發展季刊》，第108期，頁147-154。

黃源協，2001，《社會福利民營化──發展脈絡、實踐省思與出路》，台北：內政部社會福利工作人員研習中心。

黃慶讚，2000，〈從社會福利的發展看非營利機構與政府之互動〉，收錄於蕭新煌主編，《非營利部門：組織與運作》，台北：巨流，頁291-313。

劉淑瓊，2001，〈社會服務民營化再探：迷思與現實〉，《社會政策與社會工作學刊》，第5卷第2期，頁7-56。

劉麗雯，2004，《非營利組織：協調合作的社會福利服務》，台北：雙葉。

鄭怡世、張英陣，2001，〈非營利組織與企業組織合作募款模式之探討──以民間福利服務輸送型組織為例〉，《東吳社會工作學報》，第7期，頁1-36。

鄭讚源，1997，〈既競爭又合作、既依賴又民主：社會福利民營化過程中政府與民間非營利組織織角色與定位〉，《社區發展季刊》，第80期，頁79-87。

鄭讚源，2003，〈第三部門產業化及其可能影響〉，收錄於《第三部門產

業化新趨勢研討會論文集》，台北：行政院研究發展考核委員會，頁
69-89。

蘇麗瓊、陳素春、陳美蕙，2005，〈社會服務民營化──以內政部所屬社
會福利機構業務委外辦理為例〉，《社區發展季刊》，第108期，頁
7-21。

第 **14** 章
非營利組織與環境保護

———————————————— 前言 ————————————————

　　在過去的三十幾年裡，人類為追求高度的經濟發展和物質享受，不間斷
的從大自然中開發環境資源，如此無限制且不知節制的攫取自然資源，使得
生態環境逐漸不堪負荷，開始出現反噬的現象。一開始，人們處於安逸的生
活並不自覺環境的惡化，直至自然反撲的現象危及到民眾的生活安全時，才
警覺到環境保護的重要性，也因此引發許多團體對環境問題的重視。

　　在台灣，關心環保議題的非營利組織帶領人們維護生活家園、灌輸人
們環保觀念，雖然過程中所使用的方式不盡相同，有從激烈抗爭到和平協
商，也有從地方宣導擴展至全國聯盟，但不論形式為何，各團體都是為生
存的環境默默奉獻和付出。因此，在本章中，將先從環境權與台灣環保運
動的歷程開始談起；其次說明非營利組織與環境保護的關聯性；接著整理
環保型非營利組織的意涵與分類；最後藉由觀察環保型非營利組織與政府
的互動關係，來協助讀者瞭解此類型非營利組織的運作情形。

14-1 環境權與台灣環保運動的歷程

一、環境保護意識的興起

　　隨著民主政治的開放，社會運動不僅日益走上制度化，也發展出一套
別於以往階級、民族主義的政治鬥爭，轉而關注於與日常生活較密切的議
題，如生態、和平、婦女等問題。這一波由下而上的新社會運動，意圖透
過草根式的參與來重建免於資本主義支配的自主性生活（何明修，2004：
70, 76）。也因而，環保意識的興起可以視為是個人在經濟發展之後，因所
得提高而有穩定的生活水準，但卻面臨生存環境遭受到嚴重污染的問題。
所以，人們覺悟到一味追求經濟發展，忽略對環境的保護並不能實踐環境

永續發展的理想，故考量在發展經濟的同時須對會造成污染的情況加以管制，才能保有高質量的舒適生活（傅篤誠，2002：43-44）。

　　環境倫理（environmental ethic）是近幾十年來各界相當關注的焦點，學者 Waks 曾將環境權納於公民權的類型之中，該學者認為環境權的發展可以分為下列三個階段（Waks, 1996: 144-145，轉引自江明修等，1998：15）：

　　第一階段為**有效的道德環境訴求**。剛起步的環境權僅是邊際團體和個人的道德訴求，雖然在60、70 年代環保運動儼然是當時文化勢力的重點，而且也促進了一些環保法令及機關的成立，但仍無法完全的落實環境權。

　　第二階段為**環保聯盟與生態浩劫**。環保團體在此階段是採取較中庸的策略，吸引同類團體和政治菁英的加入，進而建立政治聯盟，不過幾次的環境浩劫和環保運動尚不足建立一個新的政治生態秩序。

　　第三階段為**生態管理與永續發展**。80 年代末期不僅許多的國家首領表現了對環保的重視，不少跨國企業也體驗到環保服務的商機，重新評估生態意識的管理成本。政府、民間企業及非政府環保團體各方皆積極的盡一己之力，共同推動長期的環保永續發展運動。

二、台灣環保運動與環保組織的成立

　　台灣的環保運動在眾人的印象中多是從事反公害的抗爭運動，大體而言，這類的運動直至今日仍有許多是以區域性的個案抗爭作為主要的型態（李永展，1998：100）。根據李永展、翁久惠（1995：2）及李永展、陳柏廷（1996：55）的研究顯示，地區居民們會表現出鄰避情結（Not-In-My-Back-Yard, NIMBY）來反對建立污染性設施，主要是由於鄰避設施所帶來的效益雖是全體社會所共享，但卻需由附近的居民承擔負的外部效益。不僅如此，居民與專家彼此在認知上也有所誤差，居民對於成為邊陲群體有

所不平，且總是擔心若鄰避設施未做好妥善處裡，將會造成嚴重後果，因此強烈訴求開發的單位需要停工、關廠、遷廠或是給予損失補償。

　　台灣的公害問題從 60 年代工業化之後就慢慢浮現，不過礙於當時國家尚處於戒嚴的氛圍中，並未能成爲大眾討論的焦點。一直到 80 年代解嚴以後，人們才開始展開激烈的自力救濟行動。若根據鄰避設施的分類，台灣的環保抗爭可分爲四個階段（李永展，1998：100-101；丘昌泰，2002：36-42；李丁讚、林文源，2003：62-63）：

（一）以中小型工廠污染爲抗爭對象的萌芽階段（1981-1986）

　　從社區居民的角度來看，台灣雖然處於經濟起飛的階段，但是工廠林立所排放出的烏煙和廢水卻污染了住家環境。爲了維護自我的權益，地方性的居民以自力救濟的方式，成立社區性的反公害組織，向廠商要求問題的改善和爭取賠償。在此階段擁有環境污染受害意識者是環保抗爭運動的根源，以正在營運中的污染性工廠爲抗爭重點。

　　另外，由於人民早期是處於封閉的政治環境裡，在民主政治轉型後對於政府的治理能力失望，也對政府是否能夠協助居民向廠商爭取應有的權益感到質疑。所以，居民們以先前從事反對政治運動者作爲學習效法的對象，用自身的力量來解決環境污染的威脅。不過，卻因承襲了不少反政府體制運動者所賦予的資源和意識型態，因而可以發現，在這類的抗爭行動中廠方與受害者往往會產生激烈的衝突。

（二）以石化業及核能設施爲訴求焦點的高潮階段（1987-1991）

　　1986 年國家解除戒嚴令後，不僅民主政治邁向多元化的發展，經濟結構也一再的創造奇蹟，相對地，環保抗爭運動在此階段也邁入了巔峰時期。在這階段中，較重要的公害陳情案例是對於核能設施及大型石化工業的抗爭，如：台東縣蘭嶼鄉反核廢料案、台北縣貢寮反核廢料案及宜蘭縣反六輕設廠案、楠梓後勁地區反對中油設置五輕廠事件、台中縣大里鄉反三晃農藥工廠案、新竹反李長榮工廠案等等，皆是當時社會各界注目的

焦點。而該階段的抗爭特色仍是起因於為保衛家園而對抗大型的鄰避型設施，所以民眾不再是一盤散沙，受害的社區幾乎都有成立草根性的反公害組織，以長期性的抗爭及圍堵的方式來迫使廠商就範，且抗爭的焦點脫離不了回饋基金的訴求。儘管這些抗爭在府院專家的介入下暫時獲得解決，但可喜的是抗爭民眾的環保知識逐漸增加，不再只是停留於環保意識階段。另一方面，受到國際環境議題的影響，民眾也開始體認到要使抗爭更具有正當性，需擴展議題的範圍。

基於上述，在此階段全國性的環保組織相繼出現，如主婦聯盟、消費者文教基金會、綠色消費者基金會……等等，以較溫和理性的型態出現，不僅改變過去民眾對於環保團體激進抗爭的印象，也同時發揮環保教育的角色與功能。

（三）以設廠作為抗爭主題並與訴求議題掛勾的轉型階段（1992-1996）

由於前兩階段的抗爭運動訴求較侷限於地方發展的利害關係，故給人的印象多是一群以暴力企圖爭取環保回饋的烏合之眾。相較於從前，此階段的環保抗爭運動似乎開始轉型，第一階段的轉型關鍵是以「公民投票」來解決衝突性的鄰避設施，例如反核四、反拜耳、反海渡電廠等都提出過這樣的訴求；第二階段轉型的關鍵在於環保議題國際化，特別是在第二次世界環境會議召開後，國際性的環保公約與組織不斷衝擊我國以地方議題為主的區域性環保團體，使得以地球村為主的世界社區與以反污染、衛家園為主的地方社區融合在一起，這也象徵我國環保運動中開始出現全球環境主義的意涵。

在這段轉型期間，台灣環保組織開始展現出高度的環保調查與分析能力，懂得運用媒體和知識社會的力量，對民眾展開普遍性的環境教育和宣導。因而，我國的環保抗爭運動不再僅是侷限於消極的反制，進而邁向更專業化的體制內運動。

（四）以電廠與焚化廠爲主體的成型階段（1997-2001）

1997 年以後，台灣環保抗爭對象以興建規劃中的民營電廠和焚化廠爲主，像是台塑六輕電廠、花蓮火力發電廠、嘉義大林焚化爐案、澎湖草蓆尾垃圾場延用案⋯⋯等等。抗爭的重點大多是聚焦於賠償、健康、生態及生活等問題。在此階段民眾所從事的環保抗爭運動，因環保知識的提升與訴求主題有相當的學理基礎，不再流於情緒之爭。然另一方面，抗爭行動也趨於複雜，有時還能見到黑白兩道介入的情事。至於政府也開始著手建立制度化的機制，以環境警察來解決環保流氓的情況，並成立公害糾紛處理機制及與司法部門合作，協助民眾解決公害的紛爭。

總結上述得知，環保問題在台灣解嚴之前便已存在，但礙於當時國家社會環境的封閉，這類事件未能引起廣大的關注，直至解嚴以後受到了黨外團體的協助，才開啓了新一波的高峰。台灣環保運動隨著時代的變遷與人民接受了國內外新知，使抗議活動類型漸由激情走向理性。同時，在環保型非營利組織與政府的教育及協助影響下，民眾也開始懂得以協商、公投與法律的途徑來爭取自身的權益。

14-2 非營利組織與環境保護的關聯性

如前所述，非營利組織獨立於政府以及市場之外，兼具個人及公眾的特質，有利於將人們組織起來扮演一個倡導的角色，聚集集體的意見以協助社會進行改革。在環保議題的參與上，常見組織協助居民與鄰避設施協商。除此之外，也因爲非營利組織本身是自發的結合，行事作爲較爲彈性，因此在推展環境教育時自然會比政府機關來的有成效，所以環保觀念的宣導也多半由其負責。

一、非營利組織是環保議題的倡導者

倡導的行動目的不僅是爲了捍衛社會中弱勢團體的利益，更會針對法律所無法處理的社會問題提出挑戰或是給予新的政策建議（韓意慈，2009：398）。在環保意識高漲的今日，常可見環保組織協助人民爲環保請命、遊說，甚至發動示威抗議來展現愛鄉愛土的情操以及對自然環境的尊重（江明修等，1999：271）。這主要是因爲民主體制當中的弱勢者無力獨自推翻現狀結構，只好透過組織的幫助來伸張公平正義與其他成員進行策略結盟，集合更多的外界力量以爭取充足資源和鄰避組織做意見的協商（湯京平、邱崇源，2007：99）。依 Kanter（1994）的觀點，成功的策略聯盟會歷經下列五個磨合階段（江明修等，1998：16）：

（一）求愛期：欲相互結盟的對象須先依本身情況的要求，瞭解哪些團體能給予幫助，接著也應評估彼此是否有相似的經歷、價值觀，以及對未來的期望是否相容。

（二）訂約期：經過前一時期的認識決定正式合作後，應要取得組織其他成員的認同和訂定彼此合作的承諾。

（三）料理家務期：在此時期需要注重廣泛的參與，解決中低層不關心結盟的情況。當發現雙方在行事、思維上出現差異時，應設法溝通、尊重以降低差異和歧見。

（四）學習合作精神：追求一種積極合作的精神，包括共同發展出新的結構、程序及技術，以有效管理組織與人際差異，進而共創合夥事業的價值。

（五）內部變革期：合夥關係的建立，將促使雙方相互比較，進而彼此學習觀摩，因而在此階段應做到充分授權，讓聯盟團體自主經營，以及成立跨功能團隊，使聯盟更具學習能力、可適應變動的環境。

二、非營利組織是環境保護觀念的教育者

　　由於非營利組織是民間團體，組織結構與政府機關不甚相同，在處理議題或偶發事件時具有充分的彈性。其次，因非營利組織對行事目標的設定有充分的彈性和選擇，可以針對某項議題做系統化的設計和推動。一般來說，對社會大眾進行環境保護的再教育時會針對特定的議題來發揮，但因受限於組織的主客觀因素，不太可能納入所有的環保議題，所以也多以自身能力可影響到的最大範圍作為教育的對象。基本上，各個非營利組織在執行環境教育時通常會視其設立宗旨、工作型態來採用適當的策略，以印製媒體、視聽媒體、社會活動、人員講習或是參觀解說的方式，一點一滴的將環境訊息傳達給學習者。以下將對這些方式略為說明（周儒，1995：40-42；梁明煌，2000：84-86）：

（一）印製的媒體

　　非營利組織因應各自不同的目標，將訴求的理念以圖文並茂的方式呈現於紙製的宣傳品之上。此種方式是最被廣泛的應用，如：對於減量的觀念的推廣，新環境基金會曾製作了「幫地球減肥、我有垃圾要回收」的折頁；在國外，像 Acterra 的環保組織甚而會將傳單直接送至居民的家中，透過傳單來協助人民如何過綠生活，若有意願還可與組織聯繫，請志工到家裡講解如何省電、省水、減少垃圾。除了上述各組織印製的環保資料之外，也可透過報章雜誌刊登一些環保訊息的公益廣告，藉由刊物的發售將訊息傳遞出去。

（二）視聽的媒體

　　由於視聽媒體能夠突破時空的藩籬，故非營利組織也常利用這種方式傳達在環保方面的訴求。尤以現今資訊傳播的方便，組織會製作許多關於環境保護和自然保育的錄影帶、錄音帶或是紀錄片，利用不同的場合和機會播放給民眾觀賞或使用，加深民眾對環保的認知。如一個致力於以實際的行動去積極保護地球、世界和平的環保組織——綠色和平組織，會將志

工平日的活動情況、觀察到的環境問題或組織做出的檢驗報告，以影像的方式拍攝真實的畫面，然後上傳至網站供民眾分享和傳遞。透過媒體的力量不僅可以監督政府與企業，也替人們做好把關的工作。

（三）社會活動

由於非營利組織進行環境教育的對象，本身的背景、價值觀差異甚大，因此不同的機構只能根據組織的特色和定位，在社會上推出能喚起民眾注意的活動，期許藉著活動的推展帶動媒體的報導，以短暫密集的曝光資訊來吸引大眾目光，以達到重要觀念和訊息傳遞的目的。如：環保生活促進會擅長的是主辦大型的活動，邀請有關的團體、學校機構在人潮集中處舉辦教育的宣導和活動。不過隨著媒體報導的減少，活動的效果可能會降低。因此必須配合固定的展示、座談會和演講的穿插舉辦，才能讓活動有系統的延續。

（四）人員講習

要保持團體持續的擴張和延續，人員的教育與訓練乃是相當重要的課題，但由於組織的經營不以追求利潤為目標，且資源有限，因此多數組織在此方面的投入自然較少。如：主婦聯盟的「綠人」，組織就曾經透過自然步道設計（虎山、象山自然步道解說活動、仙跡岩、軍艦岩自然步道解說活動等等）、討論消費行為等活動對會員們進行教育宣導。

（五）參觀解說

藉由實地的參觀獲取第一手經驗是教育中很重要的步驟，從觀察人與環境不斷地互動，可以激發參與者的好奇心與深入探究的動力。但是參觀解說必須配合有良好訓練的解說員作為自然環境與人民間的橋樑，所以組織必須想辦法長期培育這些富有熱忱的志工，藉其熱情一點一滴的在社會中引起催化作用。如：荒野保護協會的「自然鮮體驗」是荒野進行環境教育的一種方式。荒野在全台灣共有48個自然場域的定點觀察站，解說員每個月在觀察站持續進行著自然觀察，記錄其中的四季變化，並在定點舉

辦各類型單日或過夜的戶外推廣活動，期望藉由荒野解說員的引領，帶領民眾走入自然、體驗自然、瞭解自然，進而喜愛自然、珍惜自然，並做到關懷保護的行動。

關注環境保護的非營利組織在與人民的互動過程中扮演著議題倡導及教育的角色。這些組織在從事環保活動時要謹記，不能僅秉持著吾愛吾鄉的心情，更是要時時加強組織成員的素質和提升環保意識，並融入世界變遷所引進的新觀念，如此才不至於讓活動的推展或教育流於貧乏和空泛。

14-3 環保型非營利組織的意涵與分類

一、環保型非營利組織的意涵

由於國際環保問題日益嚴重，國際組織經常召開環保會議與協定。1992 年地球高峰會後訂定的 21 世紀行動綱領中明確指出，環保型非營利組織將成為未來推動環境保護的主要力量之一，因此，近年來國際間環保型非營利組織有迅速增加的趨勢（陳怡君，2006：53）。

根據國際非營利組織之分類標準（the International Classification of Nonprofit Organization，簡稱 ICNPO），所認定的非營利組織活動範疇有：(1) 教育與研究；(2) 健康；(3) 社會服務；(4) 文化休閒；(5) 工商團體和專業組織；(6) 住宅與開發；(7) 國際事務；(8) 市民與鼓吹議題類；(9) 環保；(10) 慈善；(11) 宗教；(12) 其他（轉引自顧忠華，2000）。

另外，美國慈善事業統計中心（Nation Center for Charitable Statistics）的統計分類，將全美二十四種的非營利組織分為九種主要團體：(1) 藝術、文化和人文；(2) 教育；(3) 環境和動物；(4) 衛生；(5) 人群服

務；（6）國際活動；（7）公共和社會利益活動；（8）信仰；（9）其他（轉引自江明修、許世雨、劉祥孚，1998：14）。由以上分類得知，無論分類標準爲何，凡推行環境保護活動之非營利組織則可稱之爲環保型非營利組織。

二、環保型非營利組織的類型

關於環保型非營利組織的分類，說法紛紜，在本小節中乃根據組織關心的議題，以及組織運作來予以分類，並說明如下：

首先，若以組織關心的對象與議題來予以區分，則環保型非營利組織可以分爲下列幾種類型（梁明煌，2000：84-86）：

（一）生態保育類之環保型非營利組織

台灣最早出現的環保型非營利組織爲中華民國動物保護協會，其次爲自然生態保育協會，其他尚有溪流環境協會、國家公園協會、林學會、戶外遊憩協會、溪流環境協會等。生態保育類之環保型非營利組織善於運用科技及政治策略，以專業知識參與國家政策制定、規劃及協助研究與教育計畫。

（二）草根類之環保型非營利組織

我國最早成立的草根環保型非營利組織有台灣環保聯盟、台灣綠色和平工作室、新環境基金會、主婦聯盟等團體。這種草根類的環保型非營利組織常使用社會批判、行動策略來監視環境及自然資源保育政策，且訴求議題廣泛，包括能源政策、石化污染性工業、公害、森林濫伐、環境權、綠色思想、環境立法等。這類型組織的成員年輕，多關懷本土環境問題，願意獻身行動，堅持環保應優先於經濟發展對開發案。

（三）環境保育類之環保型非營利組織

主要的團體有綠色消費基金會、美化環境基金會、關懷生命協會、稀有動物保育協會及環保生活促進會。美化環境基金會關懷的議題包括：醫

療廢棄物、容器回收、幼兒教育及野生動物貿易;關懷生命協會反對狩獵、動物試驗育種、動物皮草、飼養及虐待動物等;環保生活促進會較擅長於主辦大型的活動,常邀請有關團體及學校機構參加;稀有動物保育協會扮演環境公關的性質,海洋哺乳動物受到重視後,開始有動物學者籌組中華鯨豚協會推動救難鯨豚。

(四) 國外來台設立之環保型非營利組織

1990 年初期,有四個國外環保團體進駐台北,開始對我國野生保育政策及執法狀況進行監督,包括信賴地球基金會來台對台灣漁業界流刺網誤殺海洋哺乳動物進行調查;中華民國自然保育生態學會對我國交易瀕臨絕滅野生動物及其產品的數量,如犀牛角和其他的中藥使用量,進行調查及監視,協助政府收集國際野生動物貿易訊息;台灣巴哈伊教環保處則偏重在國內自然教育及環境教育方法的推廣上;人猿基金會係針對紅毛猩猩的走私問題而來的,曾協助保育教育、人猿義診及送人猿回印尼等活動。

另外,Rosenbaum 由組織運作面切入,將環保組織分為下列三種類型(轉引自王俊秀,1993:287):

(一) 主流型

主要為全國性組織,有地方分會且持續積極參與環保事務。此類型的組織又因意識型態的差異可以分為保育主義派、休閒主義派、反公害主義、全方位派與法制派。

(二) 盟友型

此類型的組織雖非環保專業團體,但強烈認同與同情環境訴求。在美國,有些科學團體常作為環保團體的盟友兼聲援者,而部分地方政府為了獲得中央或聯邦政府的重視及補助,也常成為環保團體的盟友。

(三) 聲援型

這類型的團體和環保問題幾乎毫無關聯卻常常相互支援,例如工會在工作有保障之餘會支援環保團體及議題,包含工作安全、衛生及毒物性

質，因爲支持環保團體等於支持自己的工作安全免於受害的權利。

三、環保型非營利組織的成就

梁明煌（2000：86-87）指出，國內環保運動的成就，可謂是不勝枚舉。許多團體除了設立總會外，也會在各地設置分會。其主要的成就可以整理如下：

（一）參與立法程序：部分環保團體曾參與法條的草擬及立法程序，並爭取到政策制定參與的監督機會。

（二）進行策略聯盟：當組織遊說及動員專業人士與志願人員的能力逐漸增強後，會開始從事聯盟行動，如犀牛角粉、黑面琵鷺、水源保護區等議題上都出現了強大的聯盟在組織集會、遊行法的規範下運作群眾運動。

（三）介入選舉：甚至有些組織與環保人士還直接參與政黨、介入選舉行動或轉任國會助理，希望讓國會能切入保育立法與政策監督。

（四）從事環境教育與調查研究：環保組織除了倡導保育理念外，也兼顧環境教育及調查研究，使用數據、理論增加論政的品質。部分團體逐漸學術化，辦理國際學術研討會，或主動參加國際會議，介入國際自然保育議題，與國外資源相互應用，參加地球高峰會議、簽署各項國際公約，如主婦聯盟參加婦女高峰會議。

14-4 環保型非營利組織與政府的互動

如前所述得知，根據關心議題的不同，環保型非營利組織有不同的分類，自然也會影響組織與政府的互動模式。以環保型非營利組織與政府在「非核家園」上的互動關係來看，並沒有因「非核家園」議題的敏感性高，爭議性大，而造成兩者之間只有衝突敵對的緊張互動關係（張巧宜，2007：128）。為了增加讀者對此類型組織運作的瞭解，在本小節中，乃以「非核家園」為例，來觀察分析環保型非營利組織與政府的互動情形（張巧宜，2007：108, 129-130）：

一、政策面之互動關係

在「非核家園」的議題上，環保型非營利組織透過非核家園推動委員會內的政策參與，獲得承接政府委託計畫案的管道與機會，同時藉由參加官方會議，並表達意見，發揮補充政府主張，提供不同意見思維的功能。另外，環保型非營利組織也經由與立法院永續會的互動，在資訊與利益互惠上形成合作關係。由此可知，環保型非營利組織透過政策參與、監督政府，以及提供政策資訊等管道，與政府形成政策面之互動。

二、體制外面向之互動關係

體制外的互動是指環保型非營利組織與政府的非正式互動關係，包括組織與執政黨政府在過去在野時的互動，以及組織人才進入政府部門後，所產生的代表個人與環保型非營利組織之間的非正式管道等。事實證明，環保型非營利組織透過這些體制外的非正式管道，可以促成組織與政府的合作關係，降低兩者間的衝突與敵對。

三、對社會大眾教育與宣導面向之互動關係

　　環保型非營利組織藉由舉辦或參加會議來達成教育、宣導的功效，補充並替代政府提供社會大眾瞭解更多「非核家園」的資訊。或是透過由政府提供資源，而環保型非營利組織執行教育宣導計畫的互動方式來進行對社會大眾的教育和宣導。

14-5 結語

　　在台灣，隨著生活環境的富裕以及所得水準的提升，發展經濟似乎已不再是國人唯一關注的事項，也因而環境保護議題開始受到社會大眾的重視。過去 20 多年來，環保型非營利組織在我國環境保護的推動上扮演著重要的角色。雖然許多環保型非營利組織早期都以協助受害民眾進行反公害抗爭活動，而難以獲得企業的贊助，導致此類型的組織通常有「小而貧」的特質[1]，僅能仰賴政府補助與民眾的小額捐款，以維持組織的運作，但卻絲毫未減緩這類型組織對環境的熱誠與使命。

　　由本章論述得知，環保型非營利組織在社會中扮演議題倡導、教育推廣及執政監督等多重角色，一方面協助政府宣傳環境保育的理念，另一方面也站在民眾的立場為其生活環境品質而努力把關。從「非核家園」的個案發現，儘管面對衝突性高的議題，環保型非營利組織與政府的互動關係也非侷限於衝突敵對，透過正式的政策參與和非正式的體制外管道，環保型非營利組織嘗試尋找出與政府互動的雙贏關係，也顯示環保型非營利組織在策略手段的運作上已擺脫過去激烈方式而漸趨成熟。

---

[1]　相關論述請參閱林淑馨（2008：309-310）。

問題與討論

1. 請試著找出兩個關注於環保議題的非營利組織，同時指出這些組織曾經倡導過哪些環保議題，並試著分析這些議題與組織使命的關聯性。

2. 請比較戒嚴前後，非營利組織在環保議題關心面向上所呈現的差異？並討論造成這些差異的原因為何？

3. 環保型非營利組織為募集資源而與其他組織進行策略聯盟合作時，應該注意哪些事項？

中華民國保護動物協會[1]

　　全國第一個保護動物團體，歷史沿革溯及民國49年，當年先總統蔣介石鑑於當時國人保護動物觀念不足，虐待動物的情形時有所聞，遂指示主管機關籌組保護牲畜團體，加強宣導保護動物觀念，而於民國49年6月10日成立了「中華民國保護牲畜協會」，民國62年再擴組更名為「中華民國保護動物協會」。並匯集愛心人士，設立「流浪動物之家」，救助流浪貓、狗，宣導「愛牠、養牠、不要遺棄牠」的理念，並推動以人道方式結紮流浪狗貓替代捕殺，進而敦促政府訂定動物保護法，期盼能以法律、教育、絕育等途徑達到無流浪動物的目的。我國民情風俗、經濟活動、教育觀念、宗教禮儀等，尚未將正確的「尊重生命保護動物」完全落實在日常生活中，對於保護動物的觀念與實踐仍存在很多有爭議的「灰色地帶」，因此藉由召開「2004動物保護公共議題論壇」，透過公開討論及激烈辯論之方式，尋求共識，作為主管機關施政或民意代表問政之參考。

　　保護動物協會的流浪動物之家保育場首設於永和福和橋下，民國80年間保育場遷至淡水，命名為「淡水流浪動物之家」，89年10月遷至八里鄉現址，更名為「中華民國保護動物協會所屬八里保育場」。90年中保育場管理作業進入電腦化階段，陸續完成電子化管理系統，落實場內犬隻植入晶片並拍照建立犬籍口卡，登錄其特徵、性格、健康狀況、預防注射、醫療等紀錄，嚴格要求每位管理員除做場地清潔與犬隻飼餵外，同時隨時掌握自己管理區域犬隻數目、性格、行為等，並列入工作績效考評項目，此項措施，不僅使場內環境大幅改善，也讓收容動物生活品質大大提升，讓每一位捐款人的善心奉獻都能達到最有效率的運用。就減少流浪動物方面採取絕育動物、以領養代替購買、幫你的動物家人入戶口等措施。此外，保護動物協會還進行保護禽畜、保育野生動物、對流浪動物之救助等工作。

---

[1]　中華民國保護動物協會（http://www.apatw.org/，檢閱日期：2016/03/13）。

參考文獻

王俊秀，1993，〈歐、美、日主要環保團體行動策略之探討及分析〉，《中國社會學刊》，第17期，頁281-302。

丘昌泰，2002，〈從「鄰避情節」到「迎臂效應」：台灣環保抗爭的問題與出路〉，《政治科學論叢》，第17期，頁33-56。

江明修、許世雨、劉祥孚，1998，〈我國環保類非營利組織策略聯盟之初探──以生態保育聯盟為例〉，《中國行政》，第63期，頁11-35。

江明修、許世雨、劉祥孚，1999，〈環保類非營利組織之策略聯盟〉，收錄於江明修主編，《第三部門經營策略與社會參與》，台北：智勝，頁271-304。

何明修，2004，〈當本土社會運動遇到西方的新社會理論：以台灣反核運動為例〉，《教育與社會研究》，第7期，頁69-97。

李丁讚、林文源，2003，〈社會力的文化根源：論環境權感受在台灣的歷史形成：1970-86〉，《台灣社會研究季刊》，第38期，頁133-206。

李永展，1998，〈從環保運動之演變思考台灣環保團體之出路〉，《規劃學報》，第25期，頁97-114。

李永展與翁久惠，1995，〈鄰避設施的主觀環境生活品質影響之探討：以居民對垃圾焚化廠之認知與態度為例〉，《經社法制論叢》，第16期，頁89-117。

李永展與李柏廷，1996，〈從環境認知的觀點探討鄰避設施的再利用〉，《國立台灣大學建築與城鄉研究學報》，第8期，頁53-65。

周儒，1995，〈民間團體與環境教育的推展〉，《台灣教育》，第532期，頁37-46。

林淑馨，2008，《非營利組織管理》，台北：三民。

張巧宜，2007，《我國環保類非營利組織與政府互動關係之研究──以「非核家園」為例》，台中：東海大學行政管理暨政策研究所碩士論文。

梁明煌，2000，〈台灣地區環保團體的角色與環保糾紛解決機制的變遷〉，

《環境與管理研究》，第 1 卷第 1 期，頁 79-95。

陳怡君，2006，《環保類非營利組織的志工管理》，台中：東海大學公共行政研究所碩士論文。

傅篤誠，2002，《非營利事業管理──議題導向與管理策略》，台北：新文京開發。

湯京平、邱崇源，2007，〈多元民主、政治吸納與政策回應：從台鹼污染案檢視台灣環保公益團體的政策角色〉，《人文及社會科學集刊》，第 19 卷第 1 期，頁 93-127。

韓意慈，2009，〈非營利組織的政策倡導〉，收錄於蕭新煌、官有垣、陸宛蘋主編，《非營利部門：組織與運作（第二版）》，台北：巨流，頁 395-417。

顧忠華，2000，〈公民結社的社會結構──以台灣非營利組織的發展為例〉，《台灣社會季刊》，第 36 期，頁 123-145。